JN045447

性魔術の
バイブル

聖なるセックス

SACRED SEX

あなたのエロスを覚醒させる方法

The Magick and Path of the Divine Erotic Gabriela Herstik

ガブリエラ・ハースティク[著]
Gabriela Herstik
西山レオン[翻訳]
Leon Nishiyama

『聖なるセックス』称賛の声

「どの時代、どの地域にも当てはまり、今の時代に完璧マッチする、オカルト的セクシュアリティへの道を開く博識なガイドブック。ページをめくるたびに新しいあなた自身と出会えるだろう。」

―ミッチ・ホロヴィッツ、PEN Award受賞

“Occult America”, “Uncertain Places” 著者

「1人ラブという目的地へと至る、私たち全員が探究すべき魔法の旅。パートナーがいる人も、1人の人生を行く人も、セクシュアリティのレンズを通して内在神の秘密を探訪することは楽しく、また癒やしをもたらす。この本が旅のガイドとなるだろう。」

―ダミアン・エコルズ

“High Magick” 著者、“Ritual: An Essential Grimoire” 共著者

「官能と肉欲を取り戻す準備はできているだろうか？　生きることへの欲望に働きかけ、心の奥底に眠る願望を実現したいだろうか？　セックスを魔術にしたいだろうか？　本書はタロット、儀式、魔術、アファメーション、知恵を散りばめた現代的・包括的なセックス礼賛書だ。ガブリエラの筆致はわかりやすく実用的で、性魔術の達人にも初心者にもちょうどよい指南書だ。ガブリエラのやさしい導きにより、あなたの中のエキセントリックな一面を引き出し、信仰や祈りをベッドルームに持ち込み、本能的な荒々しい欲望とつながり、エネルギーレベルを上げ、あなたの人生をうっとりするような魔法の世界へと変貌させるだろう。」

テレサ・リード

"Twist Your Fate: Manifest Success with Astrology and Tarot" 著者

「ガブリエラ・ハースティクはこの挑発的な本で、あなたの羞恥心や不安の種を扉の外に追い出し、官能と快楽が持つ魔術的な力であなたをエスコートする。パートナーの合意や自他の境界線の順守を厳格な倫理基準とし、ハースティクは、聖なるセックスは自分自身から始まると主張する。洞察力あふれる振り返りの質問集は、読者諸氏が自分とセクシュアリティとの関係を評価・反映するのを助ける。本書にはまた素晴らしいエネルギーエクササイズ、瞑想、儀式が書かれている。魔術的快楽主義のパワフルな潮流を呼び起こす。聖なるセックスは、自分の内面を掘り起こし、性別や性的嗜好にかかわりなく自分の魔術体験に新たな刺激を求める人のためのファンタスティックなガイドである。」

マット・オーリン
"Psychic Witch and Mastering Magick" 著者

「ガビーの滴るような知識は、あなた自身とあなたの人生との新しくエロティックな関係へと導いてくれる。それはたぶんあなたがこれまでずっと恋焦がれていた未来だ。」

アレクサンドラ・ロクソ
"Fuck Like a Goddess" 著者

「スリリングで重厚な情報満載の性魔術&聖なるセクシュアリティのガイドブック。エロスの神に至る道を複数提示しているので、どの読者も少なくとも1つは自分に合った道が見つかることだろう。ハースティクはそれぞれの道の歴史からタロットカードの使い方、アファメーションまで用意して、あなたが一歩ずつ旅を進められるように導く、愛情深いガイドだ。」

カサンドラ・スノー
"Queening the Tarot" 著者、"Lessons From the Empress" 共著者

「ニュアンス、ウィット、火花が散るほどの熱意から、自分への欲望による癒やしまで、ハースティクは歴史の文脈、振り返りの質問、タロットカード、魔術、儀式マニュアル、その道のエキスパートへのインタビューなどを通じて読者の羞恥心や決めつけを処理し、セクシュアリティとスピリチュアリティの美味なる多様性の表現の手軽な実践法の数々を掘り下げている。『聖なるセックス』は、自らの快楽の僧侶・尼僧になるための滴るような、変容を促す魔術を、衣服を脱ぐように明らかにしている。」

クリステン・Jソレー
"Witches, Sluts, Feminists" 著者

「ガブリエラ・ハースティクはセクシュアリティの魔術を真正面に捉え、個人の変容の旅へといざなうベテランのガイドのようだ。この大作には、歴史や神話、聖なるセクシュアリティにかかわる知識のほか、段階的に進めるエクササイズ、儀式、アファメーシ

ョン、占い、そしてスピリチュアリティの実践に健全なセクシュアリティを取り入れたいと願うすべての人に役立つアドバイスがふんだんに盛り込まれている。自他の境界線、マインドフルネス、月の周期の使い方、道徳からの逸脱、風俗従事者その他のトピックに触れ、スピリチュアル初心者も熟達者も、人生を肯定する本書に価値を見出すことだろう。」

ストーム・フェアリーウルフ
"Satyr's Kiss" 著者

「本書を読んだ人に与えられる素晴らしい許可証。神聖さと世俗性の障壁を溶かし、読者が自らの真のセクシュアリティを受け入れ、自らの中に神を見出す……こんなことができるスピリチュアル系、魔術系書籍はめったにない。ガブリエラ・ハースティクの、恥じらいのない水瓶座的鋭さとやさしさと実用的叡智によって書かれた本書は、多くの人にとって薬となるだろう。」

ジェイク・コブリン
アーティスト、魔術師

「羞恥心や、心の奥に根差したメンタルブロックを手放すためのレッスンにフォーカスした、美味しい生活のためのロードマップ。ガブリエラはエクサイズ、儀式、アファメーションの本であなたが学び、充足感をもたらす、持続可能な自分への欲望と性魔術の実践のための基盤づくりのインスピレーションを届ける。本書にはデートの仕方、セクシュアリティ、ジェンダーなどが含まれ、多種多様な人々のインタビューも随所に書かれている。」

ベイビー・レックレス
ミュージシャン、ミックスメディアアーティスト、オカルティスト

「挑発的でありながらソウルフルな魔術と自分というミステリーを解き明かす探究の中で、俗っぽさと神聖さが出合う。そこであなたは高揚し、パワーアップし、かつてないほど身体にしっくりと収まるだろう。これがハースティクの真骨頂。言葉の1つひとつで魔術を操り、鳥肌が立つような聖なるセクシュアリティの世界へと導いてくれる。」

デヴィン・ハンター
ベストセラー“Modern Witch”著者

「性的エネルギーを使った個性化と自己能力向上のための、極度に有効で楽しめる入門書兼実用マニュアル。これが中世だったら、ハースティク女史はスピリチュアルな伝統ではよく知られた概念でありながら、長い間厳しい規制により禁じられてきたことをあからさまに示したという罪により、魔女として間違いなく火あぶりの刑に処されていたことだろう。今日、彼女は私たちが文字通り自分自身、他者、心理の深い層、そして肉体との一体感を築くために、楽しそうにエロスの啓示の炎を燃やす。」

カール・エイブラハムソン

"Resonances", "Occulture", "Anton LaVey", "Church of Satan", "Source Magic" 著者

性魔術のバイブル
聖なるセックス
あなたのエロスを覚醒させる方法

ガブリエラ・ハースティク

ババロンへ

目次

第2部
聖なるセックスへの道
エロスの旅のコズミックガイド

魔術実践法リスト

第1章

聖なる自慰（1人ラブ）の実践
イエス・ノー・メイビーのリストをつくる
聖なるセクシュアリティのための祭壇をつくる
聖なるセックスのグリモワールに聖なる力を注入する
振り返りの質問集
聖なるセックスとのつながりを理解するためのタロット
あなたのセクシュアリティを充実させるアファメーション
塔と星のカードで羞恥心を手放し、性の主権を迎え入れるためのタリスマンと魔除け

第2章

エロスの再定義――言葉による魔術
コンドームの祝福魔術

第3章

第4章

第5章

第9章

第10章

イナンナ降臨のインスピレーションによる肉体の性的魅力開発の儀式

カバーデザイン　森瑞（4Tune Box）
編集協力　西山レオン
校正　麦秋アートセンター
本文仮名書体　文麗仮名（キャップス）

第1部

基本ぽくない基本の話

第1章

聖なるセクシュアリティの世界へ

ひと呼吸するごとに、大輪の薔薇がふわりと花開くように心は解き放たれる。その下では生涯最高の情熱と、苦痛と快楽にまみれたイニシエーションの炎が燃え盛る―そして神聖なる欲情によって護られた微かな感覚の変化。身体は霊を迎え入れる肉の神殿と化す。これが聖なるセックス。性の密儀。神聖なる破壊への道。

聖なるセクシュアリティ。この言葉を見ただけでも物議の気配が漂う。大袈裟で手垢の付いた表現に呆れて天を仰いだだろうか。この言葉の持つ真実の波動に共振し、あなた自身の内なる叡智が反応しただろうか。それともどちらでもない中道の、慎重かつ楽天的な視点で、この本はタントラ密儀辺りの中身の薄い本かもしれないと不安に感じただろうか。聖なるセクシュアリティの意味は多岐にわたり、多様な文化と伝統の文脈の中に息づいている。スピリチュアルや魔術の分野がそうであるように、この言葉の定義はあなたの個人的な体験によってつくられるものだ。しかし、そこに通底するただ1つの真実があるとすれば、それはあなたのセクシュアリティとの意識的・密儀的・献身的な結合―そしてそれを神聖なものとする決意―は、あなたの人生を変容させる力があるということだ。

本書でいう聖なるセクシュアリティの定義は「意識的快楽に根差したスピリチュアルな哲学と実践、そして内なる叡智、魔力、そして進化へと続くセクシュアルな自分自身との結合」と捉えてほしい。聖なるセクシュアリティとはあなた自身のエロスの本質との合体であり、あなたが生まれつき持っているセックスの主権、欲望、直感の泉、そして魂を解放する妙薬だ。それはセクシュアリティをあなたのスピリチュアルな探求の中核に据える手法だ。エロスの神とは、全宇宙に浸透し、脈打つセクシュアリティの潮流だ。それはあなたが無限にアクセスできる生命エネルギー、それが聖なるセクシュアリティだ。聖なるセクシュアリティとは、その対象が単数複数のパートナーであれ自分自身であれ、あなたが快楽と情念を育み、挑発する僧侶・聖職者になるということだ。

社会通念がどれほど否定したとしても、聖なるセクシュアリティとは外界に属するものではない。恋愛やパートナー関係の他者がいる時だけ起きることでもない。聖なるセクシュアリティとは、超越意識とそこにある悦楽の恍惚とした境地へのポータルだ。それはあなたの世界・ハート・人生を変える性的エネルギーをつかさどる揺るぎない能力でもある。聖なるセクシュアリティは、あなたと肉体自我とを結びつける。そして、それはあなたの中で解放されるのを待っている、神聖にして破壊的な自分の一部であり、あなたの内なる女神だ。そしてその手法をひとたび手にすれば、あなたは「他者と分かち合いたい」と望むだろう。

私の考えでは、あなたの聖なるセクシュアリティ、聖なるセックスとの関係はあなたの内面から始まる。その考え方は他の識者とは異なる面があるかもしれない。もしはじめから他者を介在させると、あなたのエロスのパワーがフルに生かされなくなると私は考えている。恋人がいても結婚していても、誰か（複数、単数を問わず）と真剣に交際していても、それはあなたの内面から始まるものだ。それはあなたに属し、他の誰とも共有されない。十分な時間をかけてあなたの思いを尊重し、情念の炎を燃え立たせ、自身への忠誠を見出したのち、あらん限りの官能的な姿となってパートナーと対峙するべきものだ。聖なるセクシュアリティとはエロスの元型、エクスタシーの超次元にアクセスするための扉、1人ラブと喜びを巡る儀式の創造、あるいは実践的性魔術を意味する。それは神々への奉仕であり、倒錯やタブー、あるいはエロティックな物語を読むことや装飾品や魔法を使うことのようでもある。また自慰やパートナーとの交わりを意味するかもしれない。セックスを巡る羞恥心、性欲やセックス愛好への恥じらいの解体という意味もあるだろう。『ミーン・ガールズ』（訳注：2004年アメリカの学園コメディ映画）の主人公ケイディ・ヘロンが言うように、「限界なんてない」のだ。

今あるがままのあなたをスタート地点にすればいい。独り身でも、恋人がいても、新婚でも、半世紀以上連れ添った配偶者がいても、未亡人でも、離婚していても、複数の交際相手がいても、交際否定論者でもかまわない。ジェンダークイアー（訳注：既存の性別の枠組みに当てはまらない、または流動的な）、ノンバイナリー（訳注：男性にも女性にも分類されない）、異性愛者、バイセクシュアル、インターセックス（訳注：すべてのジェンダーアイデンティティや性表現の人々に対して性的魅力を感じる）、ゲイ、レズビアン、またはアロマンティック（訳注：他者に恋愛感情を抱かない）でもいい。キリスト教徒、ユダヤ教徒、無神論者、異教徒、多神教者、ヒンドゥー教徒、仏教徒、何でもかまわない。五体満足だろうが身体障害者だろうが変わりはない。上記のどれでもない人も、全部に当てはまる人も同様だ。その立ち位置にいるあなたに、「ようこそ」と言いたい。セクシュアリティは本質的にどんな教義や宗教、規範にも縛られるものではない。それは人類という種の保存に不可欠なだけでなく、人類全員が共有するという意味において、人としての経験の中核をなすものだ。セックスは他者、あるいは自分自身に橋を架ける、最も原始的な手段だ。

〝聖なるセクシュアリティ〟について、それでも釈然としない読者のために、以下に追加の定義を記しておきたい。あなた自身による定義や、思うことをリストに適宜加えてほしい。聖なるセクシュアリティとは……

✧快楽を自己認識や自己内在性・拡張性・進化へと至る道として尊重する、官能的かつ密教的哲学。

✧エロスの魔力を通じて自らの力を取り戻す方法。

✧何よりもまず自らの性的エネルギーと個人的な関係を持つ。

✧セクシュアリティをスピリチュアルな探求や進路と統合する方法。

✧呪文・儀式・魔術を通じて、あなたの周りの現実を性的エネルギーで捉えなおす方法。


聖なるセクシュアリティはエロスの神（あなたに内在する最上級のエロティックセルフ）を探すことだが、聖なるセックスはその実践を指す。聖なるセックスとは、あなたのセクシュアリティを自分自身や他者と分かち合うことだ。自己拡大、グノーシス（自ら悟る知識、または神との合一）、進化、顕現、魔術、あるいは単に快楽を目的として、エロスを自らの中に取り入れる時のことだ。それは聖なるセクシュアリティを自らの存在の定義とするアートだ。これは頭で考えて実現するようなものではなく、身体、心、魂を盛んに働かせて初めて起きることだ。単独でもパートナーとでも、聖なるセックスの実践にはまず何より自分自身との親密な関係が求められる。それには自分の最も弱い部分や限界を知ること、自分の欲望や怖れを知り尽くすことだ。それを進んで肯定し、エロスの限界まで追求する意欲が必要だ。それは望みさえすればすべての人に開かれているが、その錬金術の炉は燃え盛っている。炉に入ればあなたのそれまでの自己認識や人生計画といった、既存の枠組みを溶かしてしまうだろう。そしてゆっくりと、まったく新しいあなたの枠組みが再構築されていく。そこにはあなたにとってもはや不要となった（もしかしたら初めからそんなものは必要なかったであろう）ゴミが入る余地はない。聖なるセックスはエロスの死と再生だ。生まれ変わったあなたは以前よりも強く、とんでもなくセクシーになっていることだろう。

ここまで読んでもまだ、「いったいこの魔女は何をほざいているんだろう？」と感じている読者のために、私が考える聖なるセックスの定義を以下に列挙しておきたい。聖なるセックスとは……


✧自己の変容、魔術、グノーシス、エクスタシーを目的とした意識的意図的合体。

✧セクシュアリティを自分自身・他者・愛する人・世界中と分かち合う行為。

✧スピリチュアルな気づきをエロスの世界に持ち込む。

✧宇宙とセックスする。

✧意図・目的に合わせた性的エネルギーの回路をつくる。

✧セックスに対する社会の定義を書きなおし、ペニスとヴァギナという二極性が神聖なセックスに不可欠とするスピリチュアル・オカルトコミュニティの認識を変える。

二部構成の本書を通じて、あなたは自らのセクシュアリティについて理解を深め、それがなぜこの上なく神聖なのかが腑に落ちることだろう。まず第1部では、聖なるセクシュアリティを紐解いてみたい。文化や歴史の文脈に織り込まれてきた経緯に触れ、それが性魔術の実践や、性的エネルギーで物質領域に変化を起こすこととどうかかわるのかについて考察する。あなたが意識・無意識を問わず抱いている羞恥心や罪悪感は言うまでもなく、読者の既成概念の制約や限定的信念体系を解体していく。そして最新の性教育が、セックスについてより発展的理解をもたらすだろう。

第2部では、聖なるセックスへの道について詳説し、その準備の仕方について語る。前提としてはあなた自身が何回か、あるいは1度だけでも行動を起こしてこそ、あなた個人の聖なる旅路に統合されていくものだ。あなたが独身でも、貞節な既婚者でも、複数の恋人がいても、また恋愛否定論者でも、あなたの立場にかかわりなく各章を読み進むことができるので、状況が変わった暁には何度でも本書に立ち返り、参照してほしい。はじめのいくつかの儀式はあなた1人で行うもので、実践に向けた基礎固めとなる。しかしそれ以降のほぼすべての内容は1人または複数のパートナーと一緒に取り組めるようにできている（1人でやることが推奨される場合はその旨を明記する）。

本書の全編にわたり、あなたの多面的でミステリアスなセクシュアリティをよりよく理解する助けとして、まじないや儀式、振り返りの質問集、アファメーション、そしてタロットの叡智による元型的インスピレーションが登場する。本書の執筆にあたり、聖なるセクシュアリティの世界へのアプローチをより情報豊かに、より微細な面を網羅するために、セックスセラピスト、占星術師、セクスパート（セックス問題専門家）、セックス労働者（売春婦・風俗店従業員）、官能アーティストなどへの聞き取りを行った。彼らが語った言葉があなたの探究心を刺激し、日々の折々の時間でのあなたのセクシュアリティ実践へとつながることを願ってやまない。主たる目的は、あなたのエロティックな欲望に時間を使うことは「馬鹿げている」とか「間違っている」とか「不謹慎」だとかいった考えを払拭することだ。また同時に、喜びとはあなたが専らパートナーに提供するもので、自分のためのものではないという思い込みを手放すことでもある。あなたのセクシュアリティは「恥ずべきこと」、あるいは「美しいものだ」と誰かに言われていたとすれば、それはいずれも間違いであり、どんなものかを判断するのはあなたの専権事項だ。聖なるセックスはあなたの人生のあらゆる面にもっと愛と欲望をもたらし、そこに個人的知識やグノーシスが加われば、それはあなたを心底自由にするだけでなく、あなたの全人格がエロスの神の力に満たされる可能性を秘めている。

さらに、セックスがスピリチュアルである、あるいはそれ以前に何らかの価値があるとみなされるために、何か特別な条件は必要ない。カジュアルに、楽しみとして、あるいは仕事をするように追求すればいい。もしあなたの理想のセックスは純粋に肉体の快楽で、一切の精神性を認めないとしたら、それはすごいことだ。あなたのセックスの肯定とは、一夜限りの関係、セフレ関係、あるいは完全な禁欲主義であろうと、本人の決断を全面的に支持することを指す。それが2人の大人の合意に基づく行為である限り、フェアなゲームとなる。あなたとあなたのセクシュアリティとの関係性こそが、神聖なものなのだ。

この話を持ち出したのは、スピリチュアルな習慣を取り入れ、自分の信じるものを最善として傲慢に他者を批判するのは、それが大切なものであればあるほど簡単だからだ。自分自身について何かを学んだ時、他の人にも同じ経験をしてほしいと願うのは自然なことだ。もし本書のレッスンが自我の変容を促すと感じ、人生を変える方法を誰かにも伝えたいと思ったら、私からの最善のアドバイスは「ただ行動で示すのみ」だ。弱さを隠すことなく勇気をもって、自ら生きて見せることだ。セクシーさを炸裂させて輝くあなたの姿を見せることのほうが、自分の見つけた真実を誰かに力説することよりはるかに雄弁な説得力を持つだろう。あなたが自らのセクシュアリティと自己表現に忠実で、正直でいるだけで、あなたは周りの人々もあなたのように生きるように誘う。この生き方に意義を見出す人々のほうがあなたを見つけ出すだろう。

これまでの道程

聖なるセクシュアリティは、21世紀に生まれた新しい概念ではない。セックスを神聖な行為だとする考え方、セクシュアリティを聖なる生き方とする考えは千年以上前から存在する。それはカバラ、キリスト教神秘主義、スーフィズム、仏教、ヒンドゥー教タントラ（密教聖典）、錬金術、儀礼的魔術、女神信仰などの他にもたくさんの伝統の中で語られてきた。エロスと恍惚感を重ね合わせる概念はまた、肉体の経験を中心に据え、地球の周期性に同調し、性と死の神秘を祝福する異端信仰や魔術にも見られる。セクシュアリティとスピリチュアリティを重ね合わせる文化や伝統について知ることにより、両者が合体することの極意をあなたなりの背景と考え方で結論を出してほしいと私は願っている。そしてあなたの属する文化、宗教、信条の中で、豊かで潤いのあるスピリチュアルでエロティックな慣習を創出してほしい。人類が何千年も前からそうしてきたように。

カバラ

カバラ（Kabbalah）は13〜17世紀に生まれたユダヤ教の神秘的宗派のことだ。（同じユダヤ教神秘思想から生まれた密儀としてのカバラ＝Qabalahとは別のもの）ユダヤ教にはミツヴァと呼ばれる教義、聖なる儀式があるが、それは結婚した夫婦は性行為ができるというものだ。カバラの基本的文献のひとつゾーハルには、（性別と日付を記して）愛する者との性的な結合を通じて、夫は神格を降ろすことができる、そして夫が神になるにあたり、愛する妻はシェキナーと呼ばれる神の女性性の顕現となる。これが抽象的すぎてわからないと思うなら、こんなくだりもある……この神聖でスピリチュアルな力は精液の1滴に宿っている。ユダヤ教の経典にある、もう1つのエロティシズムの言及例は『ソングオブソングス』別名『ソロモンの歌（雅歌）』のなかにある、以下の文章だ。「このナツメヤシの木に登り、その枝に取りつこう。どうか、あなたの乳房が、ブドウの房のごとく、あなたの息の匂いがリンゴのごとく……」（第7章）。「わが愛する者よ、あなたの愛の甘さよ。あなたの愛は葡萄酒にまさり、あなたの匂い油はどのスパイスよりかんばしい」（第1章）

ヒンドゥー教タントラ

恐らく西暦0年から千年紀の間に始まったと言われるタントラは、仏教、ヒンドゥー教、ジャイナ教に広まった。タントラの語源は「伸ばす」、「織る」という意味で、「理解を発展させるもの」と定義していいだろう。それは自我の領域の知的探求システムであり、自我の領域とは神の領域と同一であると捉える。

タントラにはたくさんの流派があり、大きく左道密教（LHP）と右道密教（RHP）に分けられる。左道密教は文字通りの性的合体（ミトゥナと呼ばれる）を唱える一方、右道密教では恍惚的な男女交合を、神との一体化の象徴《メタファー》として扱っている。左道密教の信奉者にとって、神聖なるものと忌み嫌うべきものは本質的に同一視される。したがって慣習に逆らう行為、たとえばインドの社会では牛肉や、ある特定の穀類を食べること、ワインを飲むこと、異なるカーストに属する人との性交など何でもあり、最も不敬なものこそ神聖なるものとなる。

タントラのゴールの1つに、シャクティとシヴァの活性化が挙げられる。つまりそれは、女神の創造力と男神の意識の流出を意味する。身体に宿る生命力はクンダリーニエネルギーと呼ばれ、実践者はこれを骨盤底部、またはルートチャクラでとぐろを巻く蛇の姿（シャクティの象徴）として捉える。タントラの目的の1つに性的エネルギーの変容による覚醒があるが、これはとぐろを巻いたクンダリーニが背骨沿いにある各エネルギーセンター

（チャクラ）を辿って上昇し、頭頂部のクラウンチャクラに到達することを指し、それによってシヴァ、つまり神なる意識の完全なる覚醒が起きたと考える。

タオ

タオはダオとも言われ、「道」を意味する中国哲学の一派だ。タオとはスピリチュアルな道を指し、宇宙的タオの場合はすべての存在に意識が内在するという教義を持つ。タオとはすべての矛盾を内包し、陰と陽の統一を意味する。陰とはすべての生命の女性的な局面を指し、湿った、冷たい、暗い性質を持つ月に象徴される。陽とは男性的な太陽、光と熱を象徴する。タオは目に見える世界と見えない世界からなり、人の人格においても見える部分と見えない部分の両方を含む。タオはモノであり習慣（非物質の神格化されたもの）でもある。

タオイストは、氣（丹田と呼ばれるエネルギー貯蔵庫にストックされている）と呼ばれる生命エネルギーに注目することにより、物事の内面にフォーカスする。氣を引き出し、また集結して自我の変容と開発を起こす。錬金術の実践者がやる方法の一つに、性的エネルギーを使って「性的エッセンスをスピリチュアルな光へと変容させる」というものがある。具体的には性的エネルギーを骨盤底部から背骨に沿って頭頂まで上昇させ、身体の前を下って骨盤底部に戻り、ループ（小宇宙の軌道）をつくる。

ヴァジラヤーナ：タントラチベット仏教

仏教と、チベットの土着の宗教、ボン教とを合成したもので、形あるもの、物質はすべて空《くう》（emptiness）とみなされる。至福の境地を模索し、無について熟考し、ヨギ（ヨガ修行者）はゆっくりと幻想の世界から抜け出していく。背骨に沿って（「秘密のチャンネル」を通って）エネルギーを上昇させることで実践者は静寂、ただ在ること、純粋な心を創出する。実践者は特定の瞑想を通じて、母（赤い雫）と父（白い雫）からなるセクシュアルでスピリチュアルなエッセンスに等しいエネルギーを獲得するが、それらのエネルギーが混ざり合う時、至福の喜びが訪れる。ヴァジラヤーナはヒンドゥー教タントラ同様、グルなどのスピリチュアルな指導者が必要で、タントラのセクシュアルな分野の指導はイニシエーションを受けたものに限定される。

グノーシス主義

グノーシスはタントラ同様複数の原始キリスト教宗派の集合体で、１世紀から5世紀にかけてキリスト教から異端思想として迫害を受け根絶された。グノーシス主義者の思想とは、人類の１人ひとりが神とつながり、実際、神と一体であるが、物質界の幻想と目を曇らせる環境によってそれを忘れてしまっている。それを思い出す唯一の方法は、神《グノーシス》と自分との個人的な関係を結ぶことだ、という考えだ。グノーシスを通じて魂は神、そしてその片割れであるソフィア（知恵を意味する、神の女性的側面）との一体化を経験する。この神秘思想のゴールは物質界の諸々の制約から解放され、霊的領域に回帰することだ。グノーシスは女性のリーダーシップや指導者を旨とするため、そこがキリスト教との大きな分かれ道となった。同時に近年の女性差別を撤廃するコミュニティの先駆けとなっている。どこかでグノーシス信奉者が精液を飲んだり乱交パーティーに興じるという噂を聞いたことがあるかもしれないが、グノーシス主義者のほとんどは肉体を牢獄と捉え、身体を意識しない生活を基準としている。前述のような噂が絶えないのは、タガの外れた性的エネルギーの暴走を怖れたキリスト教者によるものだ。

以上あれこれ書いてきたが、あなたが自らの聖なるセクシュアリティとつながるためにこれらの性的錬金術や魔術のどれを信奉する必要もない。必要なのは自分の中にゆるぎないパワーがあると信じることだけだ。そのことを思い出し、それを実践する方法の１つに、元型を使うというやり方がある。

元型的エロスの力

本書の全編を通じて、異なる元型が醸す力について紹介していく。元型のエネルギーを取り入れることにより、あなたの中にある特定分野をより引き出しやすくすることができる。元型とは、あらかじめ人の精神にプレインストールされているパターンだからだ。20世紀初頭に精神分析学者カール・ユングが、すべての人類に共通するテーマや概念を指す単語として、元型《アーキタイプ》という言葉をつくった。元型は人の集合的無意識の中にある。私たち全員の意識には顕在意識（自覚がある）と潜在意識（自覚がない）という2つの側面があるため、元型は集団として機能する。集合的無意識には、人類に共通する怖れ、比喩的表現、シンボル、イメージなどがあり、それぞれが特定の人類共通のテーマと結びついているため影響力を発揮する。それらは人が夜見る夢や芸術作品、宗教、文学、映画などに登場する。例を挙げると世界を救うスーパーヒーロー、悪い少女、神、処女、娼婦、セクシーな女といったキャラクターなどがある。個々のシチュエーションに通底する元型には動物たちや神々も含まれる。

魔術やスピリチュアルなテーマを取り入れるすべての人々にとって、元型を扱うことはとても重要だ。なぜならそれはあなたの個人的な体験を超越し、個を超えたパラダイムにアクセスできるからだ。こうしてあなたは自らの狭い世界観を超越できる。たとえばあなたが強さと力を得るための儀式をするとしたら、ライオンやセクメト（ライオンの頭を持つエジプトの女神）を召喚するといい。あるいはあなたがただそこにあることや静謐な心の修行をしているなら、仏陀の元型エネルギーを想起するといい。このようにあなたの目指すものを達成した先駆者の道を辿ることで、ゴールが近づくのだ。

エロスもセクシュアリティも個人の経験に深く染みついているため、元型はあなたの足かせとなっている抑制的思考を取り払う強力なツールとなる。聖なるセクシュアリティとは、進化し続けるセクシュアリティのことだ。それはこれまでの経験や世界観をぶち破ってひと回り大きく自由な世界へといざなう。多くの場合、そこはあなたに馴染みのない世界だ。エロスの元型は、個を超えたより大きなスピリチュアリティと内面でつながるセクシュアリティの在り方を提案する。元型を、性的体験に内在する多面的なセクシュアリティの青写真と捉えるといい。

世間はセックスに関してあまりにも多くの矛盾した、眩暈がするようなメッセージを発信し、私たちの価値観や道徳観をぐらつかせる。しかし1歩下がってあなた自身の元型パワーを紐解くと、セクシュアリティがあなたのスピリチュアリティの一面だということがわかるだろう。そしてその習慣はスピリチュアリティ同様、セクシュアリティも不変ではなく、常に形を変えるものだ。聖なるセクシュアリティは行き先が決まっている旅ではない。始めた頃に比べて、あなたの求めるものが変わるたびに進路が変わり、聖なるセックスとの付き合い方も変化する。元型に取り組むことは、今のあなたに何が1番ふさわしいかを知るためのパズルのピースとなるだろう。

タロットに見る元型の力

多様な元型が使われているものの1つにタロットがある。タロットとは、78枚1組のカードで、4通りのマークによる分類の他、大小のアルカナカード（アルカナの語源はラテン語のアルカナム、意味は秘密、奥義）という2種類、そして絵札《コートカード》で構成されている。タロットは恐らく15世紀頃にイタリアでトランプ遊びの1種として作られたものだと考えられているが、それよりずっと以前にエジプトで始まったとする説もある。タロットカードのユニークさは、その構成にある。大アルカナカードは22枚あり、各カードが人の精神の成長の過程を段階的に辿っている。40枚の小アルカナカードは４つのマーク、つまりワンド、カップ、ソード、ペンタクルに分かれ、エースから10番までの各10枚がある。最後に16枚の絵札にはペイジ（小姓）、ナイト（騎士）、キング、クイーンがあるが、娘、息子、父、母という呼び方、あるいは王子、王女、王、王妃とする場合もある。小アルカナカードは人が日常生活を送る上での試練や苦難を象徴し、絵札は人生のどこかで縁を持つ人物やエネルギーを象徴する。これら78枚のカードは、人生のそれぞれの時点でのエネルギーの状態を反映するため、占断（未来予知や未来理解）、呪術、瞑想、儀式などに使われる。タロットはその時点の自我のありようや、あなたの置かれている現在の状況を広げて見せてくれる。

タロットカードの１枚１枚が象徴的な意味を持っているが、本書では大アルカナカードに焦点を絞りたい。タロットは象徴によって語るため、そこに元型のパターンが登場する。22枚の大アルカナカードには人が辿る人生の旅が描かれ、そこには集合的無意識が反映されている。具体的には誕生、変化、エゴの死、試練や苦難、霊的覚醒、自己実現などだ。大アルカナカードは、その人の芸術的表現と共振する内面エネルギーを刺激する。女帝、教皇、恋人、審判、正義といったカードが象徴する意味は個人の文脈を超えるため、タロットはスピリチュアル、エロスの分野を含む普遍的なメッセージを引き出す大きな可能性を持っている。

各章で私はそのテーマ、儀式、実践に最もふさわしいタロットカードを示し、あなた自身の元型パワーとのつながりを見つけられるようにした。もしタロットカードが手元にあれば、なおいい（最も古典的なものはスミス・ウエイト版）が、なくてもかまわない。インターネットにアクセスできる環境なら、それぞれのカードの画像を確認できるが、これも必要ということではない。タロットを本書で扱う意味は、タロットという窓から覗くことであなたに新しい景色を見せることにある。すでにタロットに親しんでいる人でも、カードをエロティックな視点で捉えたことは恐らくないだろう（もしあるならハロー同志、あなたは私の同類だ）。それがこれからすること、つまり、あなたがまったく気づいていなかったとしても、あなたの中に眠るエネルギーを動員して新たな性の可能性へと誘うことだ。各章にはエロティックな元型の導入があり、あなたが飛び込むためのガイドラインとしている。タロットは芸術的インスピレーションのツールからヘブライ文字の読み方まで、あまりにも用途が広いため、あなたの個人的なスピリチュアル体験に基づいた独自の聖なるセックスのステップアップに利用してほしい。

魔術師のカードは、物質界で変化を起こす意図を象徴するが、本書ではこれを性的魔術師と捉え、使う道具はエクスタシー、オーガズム、性的エネルギーで、これらを以て物理世界の変容を企てる。教皇は宗教やスピリチュアリティの一般的な教えと祝福を共有するが、彼は古代の愛の女神の神殿で営まれた巫女のセクシュアルな魔術へと誘う、エロスの信奉者となる。皇帝は権威と力の象徴であることから、大きな男根エネルギーに裏づけられた、豊穣なる人生のあらゆる果実をもたらす、大地に根差した男神へと変わる。もしタロットについて何も知識がなくてもまったく不都合はない。予備知識に関係なく、タロットが示す元型エネルギーを引き出すことができる。

最初にやるべきことはセクシュアリティに対する羞恥心を捨てること

聖なるセクシュアリティを扱うにあたり、最初に考えてほしいことの1つは、社会や文化に押し付けられた、あなたにとって不要な信念体系や価値観を、意識から追い出すことだ。これは大仕事、とてつもなく厄介で、自由な人生を手に入れるための基本的な作業とも言える。しかも何度やっても終わることがない。あなたと聖なるセクシュアリティとの関係は、きわめて個人的な問題だ。あなたのセクシュアリティや、聖なるセックスのやり方はひとえにあなた次第だ。それは祝福に値する！　しかしあなた1人に属する権利を享受し、その欲求を満たす境地に至る前にこの作業が必要だ。

羞恥心や罪悪感というしがらみを断ち切る儀式は、本章で後程紹介したい。その前に必要なのはセルフコンパッション（自分自身を労る気持ち）を十分持つことだ。あなたのセクシュアリティとの関係性を再構築したいと願うにあたり、あなたは何も悪いことをしてこなかったし、現在もしていない。セルフコンパッションとは、あなたが恋人、親友、インナーチャイルド、あるいはペットにするように、自分自身をやさしく労り、サポートすることを指す。とにかくやさしく親切に接するということだ。あなたは今、新しい世界に踏み込むという困難な仕事に着手したところだ。その途上では、過去のトラウマ、罪悪感、怖れといった面倒なことに遭遇するかもしれないが、それは自然なことだ。一呼吸入れながら、焦らず進んでほしい。必要とあれば友人やセラピストに相談するのもいい。

セルフコンパッションのもう1つの側面として、批判しないというルールがある。たとえばパニックに陥った時、自分に対して極力否定的な感情を抱かないでほしい。心に浮かんだ感情を観察し、それが通り過ぎるのを待つようにしよう。たとえば日の光を浴びながらの散歩、あるいはぴょんぴょん飛び跳ねたりダンスをしたりして身体を動かすことでもいい。時には心行くまで泣く、親友やセラピストに電話する、バスソルトをたっぷり入れたお風呂に入る、ヨガをする、キックボクシングをするのもいい。本書を書棚に戻し、しばらく忘れるでもいい。要するに、今の自分の気持ちを尊重し、何らかの行動を起こして心の負荷を発散できればいいということだ。「今・ここ」にとどまり、湧き起こる感情を批判しないことは、あなたの身体を古い習慣や決め事から解放するためには不可欠だ。そうすればやがてまた別の感情が起こり、上書きされていく。こんなふうに感情が次々通り過ぎる流れに任せることで、感情が身体を硬直させたり麻痺させたりすることがなくなり、あなたは身体が望むような解放感を味わうことができるだろう。

セルフコンパッションは、これまで私たちが浴びてきたエロスやセックスを巡る、あまりにも多くの矛盾に満ちたメッセージや、その結果生まれた羞恥心や罪悪感を浄化する効果が大きい鍵となる要素だ。“Come as You Are”という、読みやすく情報満載の本の中で、著者である性教育者エミリー・ナゴスキは、人は多くの場合セクシュアリティについて3つのメッセージを吸収しながら成長するという——メディアメッセージ、医学的メッセージ、そして道徳的メッセージについて著している。

メディアメッセージとは「あなたは不十分だ」と主張し、これまでグループセックス、アナル、一夜限りの関係、驚天動地のオーガズムなどを全部経験していなければ、あなたは堅物と言われる。

医学的メッセージは「あなたは病気だ」と主張し、セックスは性感染症を起こす上、病気の原因となり、望まない妊娠を起こし、唯一許されるのは男女間と伝道者によるセックスだという。

道徳的メッセージは恐らくもっとも広範囲に及んでいるもので、「セックスはあなたのためにはまったくならず、パートナーのためにするものだ」と言い、婚前の性交渉は地獄へまっしぐらの重罪となる。セクシュアリティは不謹慎で、神聖さの欠片もないと主張する。

社会、家族、そして宗教コミュニティから受け取ったこれらの雑多なメッセージを解体することは極めて重要だ。これは並大抵にできることではない。恥の概念は波状に襲ってくるし、ムカつくことも多々あるだろう。しかし言えるのは、取り組んでいけばどんどんハードルは低くなるということだ。

神聖さと世俗性の二元論をなくす

エロティックな神秘主義者として生きているとわかることの1つに、神聖さも世俗性も大差ないということだ。これまで45年にわたりユダヤ教の改革派として活動してきたラビとの対話の中で、彼は「世俗性」とは単に「教会の外」を意味すると言った。社会はこれを捻じ曲げて「汚らわしい」とか「不純」だとかいう意味に変えていった。しかし自分の身体を「生きた神殿」、「霊魂の具現化」だと捉えると、セックスも、神を冒瀆するような俗っぽいものも含めてあらゆるものは神聖となる。聖なるセックスに捧げる人生とは、この二元論を解体し、肉体の神性を大いに楽しむ人生だ。

セクシュアリティとの関係を捉えなおす《リフレーミング》

聖なるセクシュアリティの受容を阻む最大のハードルの1つに、これに対するあなたの捉え方を変えるという作業がある。これはゴールではなく、旅でありプロセスで、あなたがどれほど解放され、自信に満ちて、ふしだらで、セックス推進派であったとしても、何度でも繰り返し見直しが必要となる。視点調整と古い思考回路の解体は第1段階のハードルが最も高い。羞恥心、罪悪感、ばつの悪さは最も予想外で不都合なタイミングでやってくる。しかし何度もこのような感情を経験するうちに衝撃は減少し、だんだん無視できるようになっていく。そしてエロスのパワーが勝り、立場が逆転するだろう。性の解放を自分に言い聞かせる必要はなく、「正しく」やろうと自分にプレッシャーをかける必要もない。この旅はくねくねと曲がった道を行くようなもので、曲がるたびに新たな冒険がある。しかし毎日自らのセクシュアリティの神髄を受け入れる決心を以て進んでいくうちに、気づけばあなたのエロスの真実が垣間見えるようになるだろう。

あなたのセクシュアリティは、あなたの思考と感情を超えることを忘れないでほしい。セクシュアルであるとはつまり、あなたはあなたの制限だらけの信念体系を超える存在だということだ。不十分だ、不足している、多すぎる、といった思い込みはすべてプログラミングの結果物だ。それらを消去し、もっと価値があり、自分のためになる、セクシーなもので上書きする力を、あなたは持っている。あなたのセクシュアリティはパワフルで崇高で、神の領域のものだ。そしてそれを求めることが万人に許されている。セックスを求めること、そしてそれをスピリチュアリティと魔術の高みへと進化させたいと願うことが許されているのだ。

塔と星で羞恥心を手放す

あなたのセクシュアリティの変容に使えるタロット（大アルカナカード）の2つのシンボルは、16番と17番だ。16番は塔のカードで、使い手の多くが怖れる、見たくないカードだ。確かに何やら恐ろしげではある。古典的なスミス・ウエイト版のタロットの絵柄では、塔に雷が直撃し、人々が塔の上から飛び降り、恐らく死は免れないという図だ。炎が降ってくる空（実際それはヘブライ文字のヨッド、神を意味する4文字の最初のアルファベット）は真っ黒で灰色の煙がもうもうと立ち込めている。塔の天辺にあった黄金の冠は吹き飛んでいる。

塔は強烈なイメージではあるが、怖れを抱くべきものではない。これが象徴するのは偽りの王冠が取り除かれる姿、あるいは価値のない存在から権力をはく奪する様子だ。その象意は根底からの破壊、何が必要で何が不要かについて過激なまでに正直でいることを要求するものだ。一般的解釈の塔は否定的なエゴの破壊を象徴し、支配と恐怖の世界から意識的自我が融解し、状況に身を委ねることへの移行を指す。本書の文脈で、塔はセクシュアリティに関するあなたの破壊的・否定的信念を指す。これまであなたから力を奪ってきた外界からの諸々のメッセージを指している。それらのメッセージによりあなたは自分よりパートナーの快楽を優先させ、宗教的教義により恥ずべき行為として封印し、性的表現に羞恥心や罪悪感を抱き、禁句とする家族の価値観を尊重してきた結果、本来あなたのものである力を他者に提供してきた。塔とはヒエラルキーを表し、権威が地に落ちることを象徴している。あなたがあなたの外に認めてきた権威が何であれ、それがあなたのためにならなかったことの報いを受ける。そして今、権力者、つまりあなたに内在するパワーがそれを破壊する。

占星術で、塔のカードに対応するのは火星だ。"Bad Astrologers" というポッドキャスト番組のホスト、非凡な占星術師のアメリア・クイントによると、このエネルギーは「追求、セクシュアリティ、直情型、そして性的相性」を司る。火星は戦士の星で、戦闘姿勢と力、そして金星のエロティックな創造に対峙する性的破壊を示す。塔のエロティックな元型を通じて、夢見るような甘美なセックスライフを遠ざける信念体系を火星エネルギーで解除できるとは、何と相性の良い組み合わせだろうか。火星エネルギーに逆らっている時、あなたはよろよろと崩壊に向かって進む、塔の象意そのものの状態を感じるだろう。しかしあなたが火星エネルギーを、古い信念体系を破壊するために意図的に差し向ける時、火星はあなたに肉欲への愛を拒絶するのではなく抱擁するように指示するだろう。性に関するどのような考えやスピリチュアリティがじわじわとあなた自身とのつながりを侵食してきただろうか？

塔が示す苦痛と苦悩をスルーして、星に向かうことはできない。星とはタロットの第17番、火星エネルギーの次に来るカードだ。星は裸の人物が両手に壺を持ち、1つは川に、もう一つは大地に水を注ぎ、支流が生まれる様子を描いた、縁起の良いカードの一つだ。

彼女の頭上では7つの星が輝いている。星は宇宙からのお告げであり、神秘主義が大地に根付くこと、スピリチュアルパワーなどを表している。星は外界と内面世界の叡智の調和を指す。あなたを制限する信念体系を根こそぎ取り除く時に起きる変容の可能性を体現する。あなたが自身の内なる性の女神・男神、内なる性の神秘家、内なる性魔女とつながった瞬間、この内なる叡智があなたを拡大、変容、喜び、そして自分を深く理解することへと誘う。あなたのセクシュアリティがガイドの星となり、あなたはその星の光の下に身を置くだけでいい。塔のエネルギーの元で旅をはじめ、本書を読み終える頃、あなたは星となるだろう。

この章の最後に、塔と星のカードを使って
性に関する否定的な思い込みを頭から追い出すお守りと、
肯定的な考えを呼び込むタリスマンの作り方を解説している。

聖なるセクシュアリティのツール

聖なるセクシュアリティは自分の中にあるエロスに気づくための方法の1つだが、そこに至る道は人の数だけバリエーションがある。実際本人が納得しなければ、探求に何の意味があるだろう。それはあなたのハート、魂、精神のスイッチをオンにする行為だ。導きの原理の1つとして快楽があるが、一体化してつながった時の快楽は、自他の境界線を曖昧にさせる場合がある。聖なるセックスの恩恵の1つに、あなたの快楽の定義が個を突き抜けてあなた1人のものでなくなり、宇宙に届かんばかりの喜びとなるほど進化を遂げることが挙げられる。ゴールに至る道はひとつではなく、そこには献身が求められる。同じ身を捧げるならそのプロセスに喜びを求めるに越したことはない。エロスに献身する僧侶・尼僧となり、あなたは自らの性的本質を見つけるだけでなく、その実践者となる。

これから紹介するツールの数々は、私が最も大きな変容を起こしたものだ。自分に合ったものをアレンジし、時間をつくって試してみることをお勧めしたい。エロス探究に限定した魔術の日記帳、グリモワールは、性魔術師になるとあなたが決心すれば、良き協力者となるだろう。日記帳があればあなたの試した儀式、うまく共振できたもの、できなかったものなど探究の記録が閲覧でき、進化の過程を辿ることができるだろう。本章の最後に聖なるセックスグリモワールをつくるための儀式が紹介されている。

この後に続くエクササイズは、本書の残りの部分の基礎となるものだ。追々この旅を深めるための解説を加えていく。

エネルギーワークと気づき。エネルギーがすべてであり、すべてはエネルギーだ。物質界に生きているつもりでも、万物の構成要素である原子に目を向けて観察すると、原子は物質というより大半が空っぽで、固形物はほとんど見あたらない。そこには振動があるだけだ。エネルギーは創造できないし消滅もしない。ただ巡り巡って再利用を繰り返す。エネルギーを扱うということは、有史以来宇宙を構成してきた要素を扱っていることになる。エネルギーワークは聖なるセクシュアリティの根幹をなすものだ。と言ってもレイキや鍼灸、マッサージといったエネルギーヒーリングの話ではない。ここで言うのは、性的エネルギーのレベルを上げ、それとつながるために身体の微細な回路を操作するということだ。エネルギーが体内を巡る時、その通路のことをヨガではナディ、中医学では経絡、仏教では通路と呼ぶ。この通路はエーテル体と呼ばれる、肉体に最も密着している霊的な身体にめぐらされている。性魔術を実践する時、また目的を持ってセクシュアリティに取り組む時、そのエネルギーはエーテル体じゅうを駆け巡る。性エネルギーに気づき、扱い方を覚える時、セックスは聖なる行為となる。瞑想、視覚化、呼吸法などを使ってエロティックエネルギーで人生を画期と魔術に満ちたものに変えることができる。

呼吸法。現代社会は意識的な呼吸の重要性を過小評価している。呼吸は生命の基本であり、セックスでも特に重要だ。呼吸はあなたの気づきを引き出す。サウンドヒーラー、著述家のトム・ケニオンが指摘するように、エネルギーは気づきの対象に集まるので、呼吸はエネルギーを導くものだ。聖なるセクシュアリティの実践では、体内のエネルギーを動かすのに呼吸と意図を使う。さらに呼吸によって快楽を増幅できる。たとえば呼吸を止めると、体内のエネルギーの動きも止まる。それは矛盾に聞こえるかもしれない。呼吸法の訓練は私にとって人生を変えるほど重要だ。私の場合、呼吸法によってカオスの中で安定と平和を見出すことができ、特に性行為の最中の感覚が鋭くなった。呼吸法はどのスピリチュアルワークでも基本的な訓練であり、セックスがもっと楽しくパワフルになり、臨場感が増す手段だ。そしてそれは次の項目へと続く。

一体感。一体感とは自分の身体に収まっているという感覚を養う訓練を総称するものだ。一体感は身体の中にいるための手法だ。呼吸法同様、西洋の文化で教えられるものではない。西洋では意識、脳、論理重視で、直感や第六感、内なる叡智（これは身体の声とその真実を尊重して初めて得られるもの）を軽視するからだ。聖なるセクシュアリティの道を進むこととは、物理世界を生きることだ。始まりは意識かもしれないが、聖なるセクシュアリティは身体とともにある。一体感を経験し、維持するにはたくさんのやり方がある。そしてセクシュアリティ同様、干満がある。一体感は、呼吸、（ヨガのような）運動、意識的セックス、自慰、音、ダンス、アファメーションなどを通じて得られ、それら全部は本書で網羅されている。

性的魅力。性的魅力《セックスアピール》は、聖なるセクシュアリティのツールとして調達する類いのものではなく、蔑《ないがし》ろにされがちなものだ。しかしこれは私の実践の要となっている。性的魅力は、服、香水、化粧といった外見の下に隠すものであり、一体感の一部と考えていい。魔法使い、オカルティスト、魔女が声をそろえて言うように、エネルギーや波動を使ってつながるツールには、多様な色、香り、シンボルなどがある（たとえば薔薇は、愛の女神や媚薬と関係があるため、愛の魔術に使われる）。儀式（特に聖なるセックスの儀式として感情に訴えるもの）の力を拡大するには、あなたの意図に見合った色、香り、シンボル、衣装で身を包むことだ。その先は、自分についての捉え方を性的魅力によって変えることができるが、これはエロスの儀式には重要なことだ。スピリチュアリティと魔術はあなたを内面から変容させる一方で、性的魅力は外面から内面の変容を促す。この両者が発動すると、その力は指数関数的に拡大する。

運動。運動は本書で扱うツールのうち最もわかりやすいものだ。聖なるセックスには身体的運動と、エネルギー的運動の両方が必要だ。運動は一体感へと至るプロセスで、自分自身の空間認識を促し、全身にエネルギーを循環させる助けとなる。運動はどんなものでも有効だが、ダンス、ヨガ、武道、太極拳は身体の動きとエネルギーの動きを両立させているため特に効果が高い。自室でダンスを楽しむ、ＹｏｕＴｕｂｅを見ながらヨガをする、あるいはただ単純にぴょんぴょん飛び跳ねるだけでも皆同じ効果が期待できる。自分の身体を心地よく感じることは聖なるセックスの準備の基本だ。腰の動きや、異なる動きがどんなエネルギー反応を起こすかを感じる。身体が動くに任せることはすべて、官能を日常に織り込んでいくプロセスとなる。

自慰。最後にして隅に置けない聖なるセクシュアリティのツールの1つ。自慰、または1人ラブはあなたにとっての喜びを通じてセクシュアリティとつながる方法だ。今の時代でも非常に強い恥の概念や汚名がつきまとうが、聖なるセクシュアリティ実践のルールとしてはこれを払拭する必要がある。低リスクの疑似体験療法のように、自慰に対する根深いネガティブ思念に対抗するには、実践するのが1番いい！　自慰はあなたにとってセックスがどういうものかにアクセスするための手段だ。パートナーのためでなく、パートナーがあなたにしてくれることでなく、あなたがあなた自身のためにする行為だ。自慰を儀式として行い、また聖なる場所で行う時、あなたの身体が快楽とは何かを教えてくれるだろう。自分の欲望に気づき、どこにエネルギーがストックされていて、どう流れ、どう拡大するかがわかるだろう。そうすれば他者と共有したり、エネルギーワークや一体感、性魔術をするための基礎ができる。抵抗感や恥ずかしさが強い場合はゆっくり焦らず試してみよう。まずはやさしく自分を抱きしめてみたり、身体のマッサージをしたりして自分を愛撫する。そして少しずつ触れる場所を増やしていく。他者との性行為をどれほど重ねても、1人の時間の愛撫によってエネルギーの均衡を取り戻すことができる。

エネルギーを上げる

エネルギーを上げるという言葉は本書の至る所で登場するが、その定義は2通りある。魔術や儀式の最中にあなたのエネルギーが高揚する、あるいは自慰や性魔術の実践、祈り、ダンスなどをしている時、意図が燃料となって意識が一段高い境地へと引き上げられる。それは文字通りエネルギーレベルを上げることで、行為がパワーアップする。ちょうど携帯電話をフル充電した状態に似ている。そしてもう1つは、性魔術の最中に背骨に沿ってエネルギーが上昇していくことを指す。この場合は呼吸法と気づきにより、文字通り体内の性的エネルギーを頭部まで送り、行為に勢いをつける。どちらのバージョンのエネルギーを上げることを指すかは、儀式や瞑想の解説の際に注釈を入れることにする。

聖なる自慰（1人ラブ）の実践

自慰（1人ラブ）はあなた自身が楽しむための聖なるセックスだ。1人ラブを通じてあなたは自らのニーズを満たし、完全な自律性を獲得する。自分の身体がどう感じるかを確かめ、エロティックなエネルギーが身体を駆け巡るとどんな感じがするかを体験することができる。こうしてあなた自身のセクシュアリティと対話すると、他者と共有する時にどうしてほしいかをより端的に伝えることができる。

お勧めしたいのは、自分流の聖なる1人ラブの実践をつくることだ。つまり自分の快楽のルーティーンを儀式化するということだ。

✧聖なる場所を確保する。照明を落とすか、照明に布をかけて（火事にならないように！）間接照明にする。お香かキャンドルを灯す。官能的な音楽か自然環境音を流す。電話はサイレントモードにして、たとえ5分でも、自分だけの時間を確保する。

✧ラヴェンダー、バルサム樹脂、薔薇などの聖なる煙で性玩具を浄化する。ネガティブなエネルギー、停滞したエネルギーを追い出して身体をまっさらなエネルギーで満たしていく。お香やハーブに火を点けてから炎を吹き消してくすぶらせ、煙に性玩具を潜らせ、ネガティブなエネルギーや停滞エネルギーが溶けて消えていく様子をイメージする。

✧あなたが美しく、あるいはセクシーに見える衣服をまとうか、全裸になる。赤い口紅をつけ、髪を梳かし、お気に入りの香水をふり、お気に入りの革製のカフスをつける（あなた自身を誘惑するための道具を身に着ける）。呼吸に注意を払い、意識を拡大させていく。これから自分の身体に橋を架けると考える。

✧普段と違う刺激を使う。普段ポルノ動画を見ているなら、官能小説を読んでみる。普段エロ本を読んでいるなら、それを音声で聞く、またはポルノ動画を見る。何か新しい刺激を取り入れる。

✧１人ラブ日記をつけ、何があなたにとって心地よく、何がよくないかを具体的に記録する。どこまで詳細に記載するかは本人次第だ。どんな服装で臨んだか、どんな性玩具を使ったか、どんな雑誌や動画を使い、どれくらいの時間を過ごしたか、どのようなオーガズムがあったか（回数等）などを記録する。性魔術をするようになったら、どのような意図を持って臨んだか、どんなツールを追加したかについても記録する。

✧体位を変えて快楽の感じ方をあれこれ試してみる。

✧数日間禁欲生活を送る。性的エネルギーが満ちてくるまでお休みの期間をつくる。あるいはエロス探究の集中期間をつくり、一定期間毎日続ける。たとえば5日間をオフにして、次の5日間、毎日エロスタイムをつくる。そのような5日周期を繰り返す。クリエイティブなやり方を考えて楽しむ。

✧新しい触感を取り入れる。素肌に鳥の羽を這わせる。爪で引っ掻く。花の香りを嗅いでから太腿や頬に当ててみる。前戯としてマッサージをする。要するに想定外のものが肌に触れる新鮮な感覚を取り入れる。

✧自分を最愛の恋人と考え、喜ばせてあげる。自分のセクシュアリティとの関係は人を変容させる力がある。何故ならいつでも「今私は何が欲しいの？」と訊ね、それに即座に答えることができるから。欲しいものをいつか誰かに与えてもらうまで、また状況がそれを許すまで待つ代わりに、願いがすぐに叶うからだ。


セクシュアリティの道は自分の限界を知る道でもある。何かひどく気分を害することに遭遇したら、腰を据えてそれと向き合い、なぜそう感じるかについて考えてみよう。もしかしたらそれこそが最も必要な鍵となるピースかもしれない。言うまでもないが、あなた自身の感覚や判断がすべてに優先される。だから「今・ここ」であなたがどうありたいか、という自分の軸に常に立ち返るようにしてほしい。

「絶対嫌」や「ギリギリライン」を尊重する

「ノー」は聖なる言葉だ。はっきり「ノー」と宣言することで、あなたは自分にとってよくないことを拒絶する意図を尊重している。呻いたり、叫んだり、ゴロゴロ言ったりする類の「イエス」はセクシーさの演出となり得るが、「ノー」というたびにあなたは混じり気のない「イエス」に近づいていく。

聖なるセックス信奉者の道を歩むこととは、自分を性的存在として育てていく過程で偽らざる繊細さと本音を露呈させることだ。それにはコミットメントが求められる。セックスの最中にあまりにも多くの人々が固まってしまうのには理由がある。自分から積極的に動くより、パートナーのやりたいように主導権を委ねるほうがずっと簡単だからだ。しかし本書を読んでいるあなたは、そうすることで性的パワーが漏れ落ちていることに気づいているのではないだろうか。聖なるセクシュアリティに則ってダンスをするにあたり求められる正直さとは、どの場面でも曖昧に濁すことなく自分の欲望にとことん正直に向き合うことだ。これは1日でできることではなく、1回経験して解決することでもない。セクシュアリティとは液体のように日々形が変わるものであり、あなたの欲望もまた螺旋を描いたり開花したりしていくものだ。つまり、新しいパートナー、あるいは新しいセックスライフを前にして、自分がどう感じているか、どうしたいか、そしてどんな聖なるエロスの体現者になっていきたいかなどにじっくり時間をかける。つまりそれは何があなたを心地よくさせるか、させないかの線引きを決してうやむやにせず、1つひとつ確認していく過程だ。そこにあなたの「ノー」が登場する。

「ノー」と言われて喜ぶ人はほとんどいない。むしろ自分が個人攻撃されたと受け止める人が多い。しかし真実を言えば、あなたの真実に寄り添うための滅茶苦茶正しい行為なのだ。自分の真実に忠実でいること以上にパワフルなことはない。相手や状況によってここは「ノー」と言うのを控えようと判断するケースもあるだろうし、敢えて言ったら気分を害する相手も出てくることだろう。覚えておいてほしいのは、この意思表示は相手個人に向けられたものではないということだ。あなたが示す境界線を尊重しないパートナーは、あなたを利用しているだけで、それはあなたのせいではない。聖なるセクシュアリティの鍵の1つは、あなたの境界線、絶対に譲れない拒絶、「ノー」をリスペクトすることだ。ここが尊重できて初めて怖れのない自分のスタイルが生まれる。毅然とした「ノー」によってあなたの安心で安全な経験の場が守られるからだ。「ノー」は、あなたがそれをやりたくないという宣言だ。あなたが示すイエス・ノーの境界線は、エロス体験をするにあたり、あなたが快適と感じる、やりたいと願う領域を示す表現だ。交渉の余地のない事柄とは、あなたが絶対に嫌だと思う経験だ。

注意点。もしあなたのパートナーがあなたの境界線や「ノー」を変えようとしてきたら、またあなたの境界線、「ノー」、「絶対に嫌」を無視しようとしたら、この相手は赤信号だ。なぜ嫌がるかについて話し合うこと自体に問題はないが、人の好き嫌いや宣言を疑問視し、「自分のほうがあなたにとって何がベストかわかっている」などと主張するのは大問題だ。あなた以上にあなたのことがわかる人物はいない。あなたの主張を尊重できない相手は、おそらくモノの見方や考え方が正常ではないか、聖なるセックスをするには未熟過ぎる相手なので、お別れしたほうがいい。

ノー、境界線、絶対に嫌といった主張は、自分だけで聖なるセックスをする限り問題にはならないが、自分の境界線の外の経験や、1人ラブへの抵抗の壁を破るための突破口、テストランの場となる。そしてパートナーと向き合った時、自分の「ノー」が明確にわかっていれば、より自信を持って新しい「イエス」が実際はどんなものかを試すことができる。あなたにとっての境界線や絶対に嫌なことを尊重するというベースができたら、あなたは1段上のパワフルなポジションに立っている。これこそが解放だ！　性の自由だ！　自分にとって心地よいことを尊重すればするほど、あなたはパートナーと共有する際により自信を持って表現豊かに振る舞えるようになる。その先に魔法が誕生する。

もう1つの注意点。あなたの「ノー」、境界線、絶対に嫌なことは永久不変ではない。今日それが境界線の外にあったからと言って、それがあなたの真実とは限らない。多くの場合、それはパートナーによって、また自分自身のその時の快適度、セックス熟達度によって変化する。それは素晴らしい、喜ぶべき、この上ないことだ。実践を重ねて進化すれば、それらもつられて変化する。ではあなたのイエスとノーがどんなものか調べてみよう。

イエス・ノー・メイビーのリストをつくる

性的探求の世界の初心者はまずイエス、ノー、そしてメイビー（ありかも）という分類のリストをつくることが推奨される。ページの１番上に、好きなこと、やってみたいことを書き留める。次の段には興味を持っている未体験のこと、そして１番下には絶対にＮＧ、受け入れられないことを書く。この仕訳のリストを作り、アップデートしていくことはとても大事なことで、自分の欲望を文字にすることにより、具体的にそれらとの関係がつくられる。

イエス・ノー・メイビーリストというと、だいたいボンデージやアナルといった性的変態やフェチに関することが多いが、ここではあなたのレパートリーのすべてをリストアップしてほしい。たとえばキス、くすぐり、アイコンタクト、女王様と奴隷プレイ、聖職者、オーガズム寸止め、手をつなぐ、崇拝など、思いつくことはすべてリストに載せる。これを儀式のようにやってもいい。まずはセクシーな気分になる服に着替え、お気に入りのプレイリストをＢＧＭに流す。お香かキャンドルを灯す。電話をサイレントモードにする。日記帳か、性魔術グリモワールを持ってくる。２回ほど深呼吸をしてグラウンディングをする。心の準備ができたら、以下のガイドラインを参考にして書き始める。

イエス：エロティックなシチュエーションで大好きなこと、迷いなくやってみたいこと。
メイビー：興味を持っていること、試してみてもいいと思えること、不安だけどワクワクすること。

ノー：迷いなくやりたくないこと、許容の限界を超えていること。

どこに入るかわからないときは、以下のツールを利用して自分がどんなことに興味を持つか、持たないかを観察する。

✧性倒錯やＢＤＳＭ（隷属支配サドマゾ）関連の雑誌を読む。

✧エロ本を読む。

✧ポルノ動画を見る。

✧自分のセックス記録、メディア、アート、ポルノ関連を見て興味を持つことや持てないことを観察する。

✧タロットやオラクルカードを引き、エロスの探究をする。

✧性に関する記述や妄想が書かれた古い日記を読む。

✧自分のセクシュアリティ、欲望、身体の反応の良し悪しについて瞑想してみる。

リストが完成したら読み返す。セルフコンパッションを意識して、このリストに書かれたすべては祝福されるべきもので、しかも今後変わる可能性があるとわきまえること。

時々取り出しては適宜書き換え、加筆、削除する。このアップデートは常に進行中の、終わることがない作業で、あなたのセクシュアリティを決まった枠にはめるものではない。

女帝　エロスの可能性の扉を開ける元型

タロットカード3番目の鍵は女帝だ。豊穣の玉座に座る神聖な母親は右手に力の錫杖《しゃくじょう》を持ち、頭には12星座を表す星のついた王冠を載せている。胎内にはすべての可能性を宿し、横に置かれたハート型の盾には金星のシンボルが描かれている。この大アルカナカードに対応する天体は金星で、女帝は快楽、豊穣、官能、創造、セクシュアリティ、愛を象徴している。彼女は感覚の世界へと誘い、女性として描かれてはいるものの、この人物のエネルギーに性別はない。この世界に生きるとは、境界線や身体があるという意味で、これが女性性の象徴だ。女帝は性的エネルギー、官能的表現、愛の体現、そして喜びが実る道を示す。彼女は聖なるセクシュアリティの守り神であり、入り口だ。なぜなら彼女自身が聖なるセクシュアリティそのものだからだ。

あなたがセクシュアルな世界へと踏み込む時、最初に迎えてくれるのが女帝で、喜びを神聖なものとして、身体を変容に向かう豊かな遊び場として、美を別世界へと連れていく乗り物として捉えるよう誘う。女帝は愛の女神であり、自己崇拝と宇宙意識へと目覚めるための神聖なるエロスの世界へと導いてくれる。

女帝は心に浮かぶすべての表現を高める。そしてそれが聖なるセックスの扉を開けるものだと示してくれる。それは愛ではあるが、誰かや何かに対する愛ではない。エロスの元型としての女帝とつながるとは、創造、直感そして女神の叡智の拡大へのアクセスを意味する。つまりあなたの感情が、セクシュアリティに至る秘密のルートだと認識することだ。あなたの気持ちが、あなたの欲望や願望を満たす土壌となること、エクスタシー、グノーシス、進化への扉となるということだ。女帝は男性優位性に影響されない女性性を表し、ハート、愛、大地の持つ変容パワーに根を張っている。女帝は身体にグラウンディングされた知恵であり、それは自我と万物とを結ぶ。

女帝は形であり身体だ。片割れである皇帝は発火させる力を象徴する。錬金術的に

言えば、女帝は塩、身体であり、皇帝は塩にパワーを与える硫黄だ。女帝があなたをセクシュアリティに導くのに対し、皇帝はあなた自身のパワーに導き、それを賢く使うよう促す。あなたのセクシュアリティは何かを傷つけたり操作したりするためではなく、自らを高みへと進化させるために使うよう促し、それによって他者が同様に進化することを求めている。皇帝は占星術では活動宮、火のエレメントの牡羊座（12星座の最初のサインであり、春の始まり、春分点とともに始まる）に対応し、女帝のキャンドルに火を灯す。２人そろってエロスの神のイニシエーションを司《つかさど》る。

女帝は身体、皮膚、官能を大いに楽しめと言う。
快楽、エクスタシー、性的表現に耽溺しなさいと。
皇帝はあなたの力、強さ、出自を忘れるなと言う。
　自らの欲望、身体、燃料の持ち主たれと。
　女帝は聖なるセクシュアリティの扉となり、
皇帝はあなたが十全に開花した姿を覗く窓となる。

儀式の準備

場所のセッティング、グラウンディング、シールディング

儀式を始める前に、あなたの魂、場所、精神が整い、調和していることが重要だ。世俗世界はあなたの精神を横道に逸らせやすいため、精神が聖域に守られ、しっかりとグラウンディングされていることを確認しよう。本書のあちこちで儀式の始まりの手順について触れていくので、少しずつ慣れていってほしい。

場所のセッティング。魔術や儀式を始める前に、自分自身を整える。キャンドルかお香に火を灯す。これから使うものを集めてくる。儀式の最中に邪魔が入らないようにする。ペットの世話を済ませ、ルームメイトやパートナーに部屋に入らないように伝える（入室禁止“Do not disturb”と書いて扉に貼るのもいい）。電話はサイレントモードにしておく。照明を落とし、ソルフェジオ周波数（訳注：心身に良い効果のある周波数）の音楽や自然環境音、望むなら性的興奮を促す音楽を流す。場を清潔に整頓し、少なくとも周長3フィート（約1ｍ）くらいのスペースをつくる。次に自分を整える！　もし我慢できるなら儀式の前の1、2時間は食事を控える。満腹でやるのは避けたいし、お腹がすきすぎて集中できないのも困るので、程よい加減を見つける。

意識が身体の中に落ち着き、セクシーな気分をつくる。あなた自身が儀式の最も重要な要素となるので、物語の主人公のように扱い、適宜着飾ってみる。

グラウンディングとシールディング（**遮蔽**）。場所のセッティングが済んだら、あなたのエーテル界、アストラル界、物質界にいる身体を儀式のために準備する。それにはグラウンディングと言って、足の下の大地と頭上の宇宙の中心と自分自身を結びつけることにより、（自分や他の人のエネルギーでなく）地球と宇宙からエネルギーを引き込むようにする。こうすることで誰からもエネルギーの借りをつくることなく無限に取り込むことができる。

心地よい場所を見つけて、座るか寝るかする。背骨はまっすぐにする。「今・ここ」にとどまるように呼吸する。心が身体の中心に収まったら、呼吸の心地よいリズムを見つけ、吐く息とともに凹み、吸う息とともに膨らむお腹を意識する。これをしばらく続けてから、骨盤底部から黄金の根が伸びて下に降りていき、地球の中心にある水晶に到達するのをイメージする。この根は地球の中心から黄金のヒーリングの光を注入されてあなたの背骨に戻ってくる。そしてそのまま上昇を続け全身に行き渡りながら頭頂部に達すると、突き抜けて天まで昇っていく。すると白いヒーリングの光が天から降りてきて、頭頂部から身体を浸していき、心臓の辺りで大地のエネルギーと合流する。天と地のエネルギーが混ざり合う様子を感じてみよう。次にそのエネルギーを吸い込んでシャボン玉のように膨らんでいく。シャボン玉は心臓から大きさを増していき、ネガティブなエネルギーをあなたの中から外に押し出していく。シャボン玉は全身を包み込むまでに拡大し、どんどん大きくなって頭上数フィート、足の下にも数フィートの光の玉（直径数ｍ）となる。これはあなたが儀式を行う間、あなたとこの場所を守るシールディングエネルギーとなる。この保護膜の球体を通り抜けることができるのは、１００％神聖なエネルギーの、崇高な善なるものだけだ。もしこのワークを複数の人々と行う場合、各人が球体をつくった後で、全員を包み込む巨大な球体をイメージする。

本書のあちこちでこのようなグラウンディングと場所の保護について言及するが、儀式の準備として一連の動作を「グラウンディングとシールディング」と呼ぶことにする。

クロージングとグラウンディング。儀式が終わったら、グラウンディングを終わらせることを忘れてはならない。やり方は初めの手順を逆に進める。儀式を終える準備ができたら、心地よい態勢をつくる。骨盤底部から生えていた黄金の根を再び地球の中心から回収し、身体に帰ってきたら白い光となって消えていく様子をイメージする。

そのエネルギーは背骨に沿って上昇し、頭頂部を突き抜けて宇宙へと昇っていく。白いエネルギーはそこで消滅する。次に光の球体を意識する。ひと呼吸ごとに球体が縮んでいき、やがて心臓に帰ってくると球体は消滅し、あなたのエネルギーフィールドの一部となる。ヨガのチャイルドポーズのように座位で前屈し、額を床につけて余剰エネルギーを額から大地に返していく。

この儀式の締めくくりの手順のことを以後「クロージングとグラウンディング」と呼ぶ。

聖なるセクシュアリティのための祭壇をつくる

セクシュアリティとは陽炎のようなもの、つまり感じるけれど、目には見えないものなので、エロスパワーとあなたとのつながりを見える化して思い出しやすくするといい。そのやり方の一つが祭壇（または部屋の一角にエネルギー・魔力が集中するスペース）の設置だ。この場所では、あなたが親しんでいるご神体にお供えをする、タロットカードを並べる、お祈りをする、性的本質とつながる、などをする。本書の土台は魔術であり、私が女神と魔術の生涯変わらぬ信奉者であることから、祭壇を含め、魔術の実践のディテールが随所に現れる。

セックスは普通ベッドルームで行うので、祭壇はベッドルームにあるのがふさわしい。祭壇が置かれることで、あなたのベッドルームは単なる生活の場から聖域へと変わる。ベッドルームに祭壇をつくることで、意図と気づきを持ち込み、あなたと聖なるエロスとの関係が根づき、成長する場所として畏敬の念を持つようになるだろう。

祭壇をつくるにあたり覚えておいてほしいのは、最も神聖なる祭壇はあなた自身であり、ベッドルームにしつらえる祭壇は、その物理的な〝しるし〟だということだ。あなたは宇宙が肉と欲望として顕現する、生きて呼吸するエロスの神殿だ。ベッドルームの祭壇は、あなたに内在するパワーを表し、聖なるセックスの曲がりくねった道を進むあなたを助ける愛すべき魔術を思い出させるものだ。加えてあなたが性魔術を実践するようになったら、魔法が発動するエネルギー発信地となるだろう。

祭壇をつくる

ステップ１：場所を決める

はじめにどこに祭壇をつくるかを決める。私の祭壇はドレッサーの上にあるが、ナイトテーブル、本棚、机、化粧台、カウンターなどどんな場所でもかまわない。これを作る目的はあなたとセクシュアリティとのつながりを築くことなので、ベッドルーム（セックス専用室があればそこでもいい！）のどこかに決めるのが望ましいが、他の場所でもかまわない。設置が難しい場合や、祭壇を置くことに抵抗がある場合は、小さな箱に祭壇用具を入れておき、臨時祭壇として使う時にだけ広げるのでもいい。場所が決まったら、そのスペースを清潔にし、ローズウォーター、フロリダウォーター、ムーンウォーターなどで水拭きする。

ステップ2：使うものを集める

場所が整ったら、祭壇に置くものを集めよう。ポイントは美しいもの。祭壇をパワフルで魅力ある場所にするために、置かれたもの同士が調和し、共振するように配慮する。そして性的ニュアンスのあるもの。たとえばジュエリーやレース編みなど親から受け継いだ年代ものや、タロットカード、性玩具、アート作品などの購入・創作したものだ。エロティックアートの例としては、キャンドル（色はセックスを表す赤、愛を表すピンク、金星を表す緑がいい）、タロットカード、オラクルカード、性玩具、コンドーム、潤滑材、ジュエリー、ランジェリー、水晶、エロスの書籍、愛の詩集、手紙、香水、口紅などの化粧品、花、その他エロスを想起させるアイテム。そして各アイテムに聖なるエネルギーを吹き込む。

ステップ３：祭壇を整える

祭壇に置くものが集められたら、それらを並べていく。センターピースとしてアート作品やお気に入りの本などを置き、その周りにキャンドルや性玩具、タロット・オラクルカード、水晶などを並べていく。並べ方のポイントはワクワクをそそり、美しく見えることだ。祭壇が目に入るたびに、あなたのセクシュアリティに対するコミットメントを思い出し、その行為の神聖さを確認できるようにする。祭壇はＰＧ－13（13歳未満は保護者の厳重注意が必要）やＮＣ－17（18歳未満鑑賞禁止）であってもいい。要するに、あなたがどう感じるかが最も重要で、あなたが良ければそれでＯＫだ。

ステップ４：清めと祝福

祭壇ができたら、それを水（湧き水、ローズウォーター、フロリダウォーター、オイル、香水など）でお清めをして、聖なる煙（フランキンセンス、ミルラ、ローズ、シダー、まがい物でないパロサント、お香など）をくぐらせて浄化する。これにより祭壇とそこに並ぶアイテムに残った停滞エネルギーや、聖なるエロスへと至る扉を開く意図に反する想念を取り除くことができる。浄化には以下のやり方を参考にするか、独自の手順を考案してもいい。あなたの文化伝統や家系に関連するものなど、いいと感じたものを取り入れる。

祭壇の四隅に水を振りかけて、以下の言葉を言う。

「私は優雅で、創造的で、霊感と進化を促す私の聖なるセクシュアリティのための祭壇を浄化する。私は私の真実とエロスの神の実現を阻むすべてのエネルギーを手放し、追放する。」

次にハーブ（お香、樹脂でもいい）に火を点け、煙を祭壇前端にめぐらせ、最初に停滞エネルギーを追い払うために反時計回りに空気をかき混ぜる。次にポジティブエネルギーを引き寄せるために時計回りに空気をかき混ぜる。そして以下の言葉を言う。

「聖なるセクシュアリティ、燃えるような情熱、エクスタシーの名のもとに私はこの祭壇を神聖化する。私はエロスの力でこの祭壇を建てる。私の偽らざる意図を最大限に尊重するものだけをここに歓迎する。存在し得る最良のものが私の真の意思とともにあらんことを願う。そうあらしめよ。」

この後、しばし目を閉じて、今作った場所に思いを馳せる。瞑想、祈り、あるいは祭壇に手かざしをして、宇宙エネルギーが体内を巡った後、掌から出ていく様子をイメージする。そして好きなだけそこにとどまり、あなたが作り出したものを愛でる。

聖なるセックスのグリモワールに聖なる力を注入する

魔術は創造的な行為だが、科学的側面もある。魔術の力を最大限発動させるには、何が有効か、そうでないかを知る必要がある。そうすればあなたの旅に何をお供させるかが決まってくる。それを検証する1番簡単な方法は、魔術日記《グリモワール》をつけることだ。グリモワールは、魔術の実践、楽しみ、インスピレーション、アイデアなどを記録する日記帳だ。それはあなたの好きなようにカスタマイズでき、書きたいことを好きなタイミングで書き記していく。魔女の多くはすべての魔術の記録を1冊のグリモワールにまとめるが、私は魔術の内容によって何冊かに分けるほうが使いやすいと思う。そのほうが後になって検索しやすく、内容がまとまっている分特別感があり、パワーが強いと感じる。そして最も秘められた性魔術だけの1冊はとてもセクシーだ。しかし大事なのは、今のあなたにできることから始めることだ。

グリモワールと日記の違いは、神聖さの有無だ。グリモワールはあなたの意図と、炎の要素を使ったエネルギーで神聖化した日記だ。聖なるセックスグリモワールの作り方を以下に記した。好きなようにアレンジしてかまわない。

いつでもかまわないが、もしできるなら
満月の日（月の女神のエネルギーが満ちる時）に
以下の儀式を行う。

用意するもの：グリモワール、ハーブか樹脂と耐熱皿、ライター、樹脂を使う場合は炭、聖杯かコップ一杯の水（ムーンウォーター、ローズウォーター、フロリダウォーター、聖水、湧き水、なければ水道水でもよい）、性玩具、使用する潤滑剤。

ステップ１：あなたのセックスグリモワールを選ぶ

魔術に必要なものへの投資は貢物、献身の証であり、あなたの意図を拡大するものだと言われる。多少の貯金があり、豪華なアイテムに惹かれるならそれを入手するといい。しかしそれはまったくオプショナルで、アイパッドの手帳アプリでもドラッグストアで買える安価な手帳でも、高価な革張りの高級ダイアリーと何ら変わりはない。私の定番はロイヒトトゥルム１９１７版の大学ノートに決めていて、テーマ別に違う色を使い分けている。私の聖なるセックスグリモワールはマゼンタピンクで、私とエロスの神とのつながりを麗しく結ぶエネルギーを放っている。

あなたのグリモワールを選ぶにあたり、考えるべきことは以下の通り。

デジタルか手書きか？　それは書き込みやすいか？　デジタルツールを使う場合、セキュリティは万全か、そしてバックアップが取れるか？　手書きの手帳の場合、重すぎないか、持ち運べるか？　どれにするか決まったら、それを神聖なものにする。

ステップ2：場所のセッティング、グラウンディングとシールディング

本章前半で詳しく書いたように、場をつくり、グラウンディングとシールディングを行う。

ステップ3：水で清める

あなたのグリモワールを神聖化する準備が整ったら、まず水を使ってお清めをする。聖杯かコップの上に手をかざし、宇宙と地球の中心からのエネルギーとつながる。上と下からのエネルギーを集め、エロスの神のエッセンスが掌からコップの水へと流れる様子をイメージする。水がエネルギーをチャージしたと感じたら、指を水に入れて濡らし、水をグリモワールにつける。（数滴振りかけてもいいが、電子ブックの場合は特に注意すること）

以下のフレーズを声に出して言うか、書き留める。

「水の清めの力により、私の欲望により、
私はこのグリモワールを清める。
私はこのグリモワールとエロスの神とを共鳴させる。
ネガティブな、重い、有害なエネルギーを追い出す。

私に属さないエネルギーはすべて残らず外に出ていく。
このグリモワールのすべてのページとその広がりは清められ、
聖なるセックス、魔術、私の官能の深みへといざなう。」

ここでしばしグリモワールの上に手をかざし、浄化されたエネルギーが波となり、このノートがあなたのものとなるまでの間に拾った邪気を浄化する様子をイメージする。

ステップ4：聖なる煙で清める

水の時と同じプロセスを煙でも行う。煙は火と空気という2つのエレメントの波動を司る。ハーブまたは樹脂を置いて、先程と同じイメージワークを行う。手をかざしてから、宇宙と地球の中心からのエネルギーとつながる。上と下からのエネルギーを集め、エロスの神のエッセンスが掌からハーブか樹脂へと流れる様子をイメージする。聖なるハーブ(ラヴェンダー、オオヨモギ、まがい物でないパロサントはどれも良い選択だ）を使う場合、それに火を点けてから吹き消してくすぶらせる。樹脂を使う場合、着火した炭が赤く、または白くなり火花が出るまで待ってから炭の上に置く。煙が出てきたら、その上にグリモワールをかざしてくぐらせる。煙が聖なるセックスのエネルギーを浸透させる様子をイメージする。同時に以下の言葉を言う。

「聖なる炎の力により、崇高な力がもたらされ、
私はこの聖なるセックスグリモワールを神聖なものとする。
これは私の成長、魔力、神聖でエロティックな魂を助ける。
この火と煙がこのグリモワールを清め、
性的自我の高みへと成長、進化させる助けとなれ。
このグリモワールは神聖なものとなり、魔力によって整えられた。
そうあらしめよ。」

ここでしばしグリモワールの上に手をかざし、炎の情熱と性エネルギーが波となり、あなたの意図の元、グリモワールがあなたの魔術の聖なる容器となる様子をイメージする。

ステップ5（任意で）：性魔術と性分泌液による塗油

これは任意で行う性魔術だ。自慰を始める。「今・ここ」にある自分に集中し、体内で高揚させているエネルギーを感じる。オーガズムが迫ってくるにつれ、または達しないま

でもできるだけ近づけてから、聖なるセックスグリモワールを手に取り、高揚したエネルギーを掌からすべて注ぎ込み、最後まで入ったと感じるまでそこにとどまる。そして余韻の中で、グリモワールがあなたの性的探求の聖なる容器となった様子をイメージする。完了したと感じたら、あなたの性分泌液を少し指に取り、グリモワールに塗布する（シミにならない場所を選ぶ）。同時に以下の言葉を言う。

「私の身体から発した性的エネルギーを以て、
私はこの聖なるセックスグリモワールを純粋にエロティックに神聖化する。
これが私の性的霊的探求の乗り物となり、
私の成長の糧となるインスピレーションとなれ。
ここにあるもの、そして存在し得る最良のものがここに集まり、
この聖なるセックスグリモワールは神聖なものとなり、儀式はこれにて終了する。
そうあらしめよ。」

ここでグリモワールを手に取り、好きなやり方で自分と共振させる。掌を上に置く、胸に当てるなどして、あなたの中にあるすべてのエネルギー、高揚させたエネルギーをグリ

モワールに注ぎ込む。このグリモワールはあなたの援軍であり、サポートシステムであり、聖なる合わせ鏡だ。必要なだけ時間をかけてグリモワールと一体化する。

ステップ6：クロージングとグラウンディング

儀式を終える準備ができたら、心地よい場所を選んでクロージングとグラウンディングを行う。

これにてあなたは正式に聖なるセックスグリモワールの神聖化の儀式を終えた！　この儀式の体験を早速グリモワールに書き留めるか、グリモワールを祝福する言葉を書き記そう。太陽と月のシンボルを書き添え、日付やメッセージを適宜付け加える。

振り返りの質問集

確認のための記録をつけることは必ずしも自らのセクシュアリティをとつながるための強力なツールではないが、実際にやってみると、考えが変わるかもしれないという期待を持っている。他のすべてのもの同様、記述することもあなたの考えを明らかにする手段となる。各章の最後に用意された振り返りの質問集に答える際に、インスピレーションを感じるような環境をつくること、自分が官能的に感じられる服を身に着けることなどは好ましいだけでなく、積極的に取り入れてほしいことだ。ここでは他人の目を気にすることもないため、自分自身をよりよく知る手段となる。そこは完全にプライベートで安全な場所なので、あなたは望むだけリアルで、素のまま、あからさまに、ドラマティックに、そしてエロティックになれる。

以下の質問の中で、好きなものに答え、それを使ってさらに考えを発展させてほしい。マインドマップ、いたずら書き、自由記述をやってもいいし、やらなくてもいい。要するに心を深掘りする手段を開発するということだ。質問を意識の跳躍台として活用し、あなたの聖なるセックスグリモワールに答えを書いてもいい。

私はいつでもこの記述作業を、聖なる場所で行う儀式にすることを推奨している。お香かキャンドルを灯し、アロマディフューザーを焚き、シルク、レース、はたまたレザーの衣装を身に着け、セクシーな曲や自然の環境音、たとえば暖炉の薪がパチパチとはじける音などをBGMにする。タロットやオラクルカードが使えるならそれをインスピレーションの元にする。ペットや水晶などのエネルギーをもらう。そして呼吸を整え、瞑想するなどして心を身体の中心に収める。そして準備ができたら質問に答えていく。質問に答える前の準備としての儀式は、本書全般で共通とする。

✧聖なるセクシュアリティを私ならどう定義するだろう？　聖なるセックスとは？

✧この本を通じて私が目指すゴールとは？

✧私のセクシュアリティやセックスとの関係は、この本を読み始めた頃からどのように変わっているか（いないか）？

✧どうすれば私のエロスの本質をもっと意識できるだろう？　そのための儀式とは？

✧私の人生で何が喜びをもたらすか？　それをもっと多く手に入れるにはどうすればいいだろう？　ほかにどんな喜びがあるだろう？

✧聖なるセックスの伝統の中で、どれに一番インスピレーションを感じるだろう？　私の属する文化、伝統、スピリチュアルな習慣ではどうだろう？

✧イエス・ノー・メイビーのリストを作ったことが、私の欲望を理解し、強めることに役立っただろうか？　驚いたこと、学んだことはあったか？

✧羞恥心、怖れ、罪悪感などのうちまだ手放せないものは何だろう？　時代遅れのそのような意識を効率よく手放すための儀式、アファメーション、実践はあるだろうか？

✧私の「ノー」、境界線、絶対に嫌なことを尊重することで、より力強い自分になれているだろうか？　それは普段の毎日にどう生かせるだろうか？

✧塔と星のカードは私にとってどんな意味があるだろう？　これらの意味が私のセクシュアリティについての古い考えをどう変えたり手放したりできるだろう？

✧女帝と皇帝のカードは私にとってどんな意味があるだろう？　これらのエロスの元型は、私の旅をどのように導いてくれるだろう？

聖なるセックスとのつながりを理解するためのタロット

各章の最後に、振り返りの質問集とともにその章のテーマをより象徴的に理解するためにタロットを使う方法を紹介していく。タロットより多元的なインスピレーションを引き出す、アーティストが作ったオラクルカードを使うのもいい。この章のタロットはあなたにとってのエロスの神を映し出すためのものだ。悪いカードとか悪い解釈というものは存在しない。カードはありのままを示す。以下のやり方で、これからの旅についての洞察を深めよう。ここでもセルフコンパッションが重要だ。

タロットを使う

カードを引く前に、これも儀式にしておこう。タロットを始める前の儀式は本書全般で共通だ。官能的な気分になる衣服を身に着け、キャンドルかお香を灯し、気分を盛り上げる。カードに訊きたいことを考えながら、瞑想や呼吸法を行う。質問は「聖なるセックスと私との今の関係は?」など、抽象的なもの、具体的なもの、何でもOKだ。質問を心で唱えながらカードをシャッフルする。十分だと感じたらシャッフルを終え、カードを2つか3つに分けて積み上げる。一番上から5枚のカードを引いて、あなたが読み取った答えを聖なるセックスグリモワールに記録する。

第1のカード：聖なるセックスと私との今の関係は?
第2のカード：魔術でそれを進展させるには?
第3のカード：私が手放すべきなのはどんな考え?
第4のカード：代わりにどんなエロスの考えを取り入れるべき?
第5のカード：私の旅にタロットはどんなメッセージをくれる?

あなたのセクシュアリティを充実させるアファメーション

本書全般にわたり、アファメーションも登場する。アファメーションはあなたが自分をよりポジティブで楽観的に捉えるのに役立つ。本書の場合、あなたのセクシュアリティを充実させる目的で行う。アファメーションは神聖さと世俗性という二元性の枠を取り払い、エロティシズムをあなたのスピリチュアリティの1つと捉えることを助ける。

アファメーション

アファメーションは本書の全般にわたり登場する。やり方はたくさんあるが、私のお勧めは、利き目でないほうの目で鏡を見ながらやる方法だ。（左利きの人の利き目でない日は右目。右利きの人の利き目でない目は左目）一つのアファメーションを声に出して3回言ってから次に行く。これを毎日行う。頻度は多いほどいい。忘れないように時間を決めてアラームをセットするのもいい。付箋ノートに書いて鏡に貼るのもいい。聖なるセックスグリモワールに書いたり、画像を作成して携帯電話の壁紙に使うのもいい。

これまでアファメーションをしたことがない人にとって、このワークはばかげている、恥ずかしいと感じるのは自然なことだ。セルフコンパッションを働かせ、このワークは自分を成長させ、自分軸をしっかり作るために役立つと考えよう。やっているうちに違和感は薄れていく。

✧私は聖なるセックスの道を進む。
✧私はエロスの神のダンスを踊る。
✧私は神聖であり俗物でもある。
✧私はスピリチュアルでありセクシーでもある。
✧私は自らのセクシュアルなパワーを宣言する。
✧私のセクシュアリティは私のものだ。
✧私のエロスは自らの自立と同列だ。
✧私はセックスを愛し、自信を持ってセックス愛好家を名乗る。

✧私のセクシュアリティに関する時代遅れの考えを簡単に手放す。
✧私は白らのセクシュアリティを我がものとし、それを神聖な道として進む。
✧私は聖なるセックスの道を進む求道者だ。
✧私のセクシュアリティは私のもので、誰のものでもない。
✧私は自らのセクシュアリティを、恥や罪悪感なく、ふさわしい相手と分かち合う。

塔と星のカードで羞恥心を手放し、性の主権を迎え入れるためのタリスマンと魔除け

この儀式では、聖なるセクシュアリティの実践の基礎をつくる呪文、または行動、エネルギー、意図を使って願いを叶えるため、そして羞恥心を手放し、性を解放するための魔法の発動を行う。これから羞恥心を手放すための魔除けをつくり、性の主権を迎え入れるタリスマンをつくる。それからこれらに性的エネルギーを吹き込んで、物質界での顕現を図る。性魔術の世界へようこそ！

用意するもの：紙数枚、セックスグリモワール、ペンか鉛筆、ハサミ、塔と星の

カード（もしあれば）

任意：黒のチャイムキャンドル、白のチャイムキャンドル、キャンドル立て、ライターかマッチ、性玩具、潤滑剤

この儀式は新月か満月の日に行う。この儀式では手放すことと迎え入れることを同時に行うため、新月でも満月でもOKだ。

儀式を始める前に解説をよく読んで内容を理解し、自分用にアレンジしてみよう。

ステップ1：場所のセッティング、グラウンディング、シールディング

儀式を始める時が来た！　すでに説明した手順で場所のセッティング、グラウンディングとシールディングをする。これに五芒星の小追儺儀礼（LBRP）または六芒星の小追儺儀礼（LBRH）、それ以外でも好きな儀式を加えていい。セクシュアリティやエロス、常識を超越することをテーマとしている好きな神体を呼び入れる。私が何の話をしている

のかわからなかったら、無視してかまわない。魔術を知らなくても宇宙や神、あなたのハイアーセルフ、というかハイアーセクシュアルセルフを降ろすことができる。そして以下の言葉を言う。自分にとってしっくりくる表現にアレンジしてかまわない。

私はここにハイアーセクシュアルセルフ、つまり最も官能的な自我、エロスの真実を招き入れ、羞恥心を手放し、私の性の主権を迎え入れる儀式を行う。私が望むように守られ、宇宙に導かれて、確かな力を受け取る。

エネルギーを降ろしたら（呼び覚ます、発動させるなどでもいい）、しばらく呼吸を続けてエネルギーを身体に浸透させる。ハイアーセクシュアルセルフの存在と親しむ。もし何も感じなくても、魔術が発動していると信じる。効果があると知る。

ステップ２：塔と星のカードとつながる

塔のカードを使った魔除けをつくる。性に関する羞恥心、罪悪感その他、あなたがエロスの真実を追求する道を阻むすべてを取り除くのが目的だ。次に星のカードを使ったタリスマンをつくる。目的は性の自立、自信、パワーを迎え入れることだ。

まずは47〜50ページに書かれたカードの象意を参照し、少しの間2枚それぞれのカードを思いながら瞑想する。塔があなたの道を阻むどんな考えや思い込みを手放すのかについて自問する。答えが決まったら、それらを手放すという意図を文章にする。現在形でも過去形でもかまわない。例文は以下の通り。「私は自分のセクシュアリティの表現、エロスパワーの表現を阻む羞恥心、罪悪感、怖れを手放す」

次に星のカードで同じようにする。ただし今度は、聖なるセックスに関して迎え入れたいことに集中する。その旅を支える感情、考え方、経験について考える。例文は以下の通り。「私は自分のセクシュアリティと欲望についての強さ、力、自信を迎え入れる。」

神秘学カバラの知識がある人は、これらのカードが生命の樹の中で示す位置、ゲート、神の名前、大天使、天使の歌、チャクラなどを調べ、洞察を得る。またカードが対応するヘブライ文字を深掘りし、水晶占いをしてさらなる洞察を得る。

ステップ3：魔除けとタリスマンをつくる

あなたの魔除けとタリスマンをつくる。やり方は任意で選ぶ。（詳細は170〜173ページのシギルと性魔術を参照）

✧ステップ2で言語化した意図を使って、シギル（紋章）または神秘シンボルをつくる。

紙に自分の意図を書き、同じ単語を消し、母音も消すと、子音だけが残る。次に鉛筆を使い、残った文字を並べ替えてシンボルとなる図案をつくる。このようにして手放すための塔の魔除けをつくる。次に同じ要領で招き入れるための星のタリスマンをつくる。2つのシギルをつくり、そのデザインが気に入ったら、白紙の紙を用意して、黒か赤のペンでそのシギルを描き、丸で囲む。

✧手放す魔除けの意図を象徴する単語を1つか2つ、招き入れるタリスマンの意図を象徴する単語を1つか2つ考える。魔女のシギルホイール（紋章の輪、円の中にアルファベットの全部の文字が書かれている）を使って、各単語の文字を辿る。それが終わったら、黒か赤のペンで、輪の中で描かれたシギル（魔除けとタリスマンの両方）を白紙の紙に書き留める。こうして2つのシギルができる。

✧上記のやり方ではなく、あなたの意図を投影させた塔のカードから思い浮かんだデザインの魔除け、星のカードにインスパイアされたデザインのタリスマンをつくってもいい。

何をしたとしても、紙を混同しないように、それぞれの紙の裏に〝塔魔除け〟、または〝星タリスマン〟と書いておくこと。

ステップ４（任意）：塗油とキャンドル魔術

もしキャンドル魔術を試したいなら、黒のキャンドルの先端の芯から下まで、または真ん中から上下両方向に保護オイル、バニシングオイル、オリーブオイル、あるいは〝ドラゴンの血〟を塗る。同様にしてローリエ、フランキンセンス、オオヨモギなどのハーブをキャンドルに振りかける。またはハーブを紙の上に並べ、その上にキャンドルを転がす。塔のカードを祭壇に置き、その上か横に前述の処置済みの黒いキャンドルを置く。

黒は取り除き、白は引き寄せる力があるので、今度は白いキャンドルで引き寄せの魔術をする。蜂密、オリーブオイルをキャンドルの下から先端まで、または上下両端から真ん中に向けて塗る。ローズ、シナモン、カモミール、ジャスミンを先程のようにキャンドルに振りかけるか、紙に並べてからキャンドルを転がす。次に星のカードを、祭壇の塔のカードの右側に置き、白いキャンドルをその上か横に置く。

あなたの意図、ハイアーセクシュアルセルフ、あなたの信奉する神、そしてこれまでに迎え入れたエネルギーとつながり、しばし静かにとどまり、自分の中に力を感じてみる。神、大天使、天使の讃美歌、カバラの生命の樹のチャクラなどの名前を詠唱する習慣がある人は、このタイミングでキャンドルを灯す前、または後に行うといい。

準備ができたらキャンドルを灯し、その行為により宇宙と非物質界からのエネルギーを降ろし、そのエネルギーがあなたの意図と欲求を叶えると念じる。炎を眺め、手放すための言葉、そして迎え入れるための言葉を声に出して読み上げる。次の言葉を読み上げてキャンドルの儀式を終える。「存在し得る最良のものが私の真の意思とともにあらんことを願う。」

ステップ5：魔除けとタリスマンにパワーを吹き込む

キャンドル魔術を省略した場合、塔のカードを祭壇に置き、その右側に星のカードを置く。カードの持つパワーを感じ、その聖なるエッセンスとつながる。あなたの意図の言葉、初めに手放すための言葉、そして迎え入れるための言葉を声に出して読み上げる。それから次の言葉を読み上げてあなたの意図を封印する。「存在し得る最良のものが私の意思とともにあらんことを願う。」そこにしばしとどまり、書きたいことがあればグリモワールに記録しておく。

これより魔除けとタリスマンにパワーを吹き込む性魔術を行う。潤滑剤や性玩具など、思いついたものを集め、見えるところに魔除けとタリスマンを置く。セクシュアルパワーを感じるために自慰を始める。性的な自立、自我の解放を高めていき、その頂点をイメージする。快楽を享受し、性的エネルギーをどんどん増幅させていきながらエロスパワーを呼吸する。オーガズムに近づけてから目を開ける。魔除けとタリスマンをまっすぐ見て、全身のエロスパワーを頭頂部のクラウンチャクラから魔除けとタリスマンに向けて注入する。余韻を感じながら魔除けとタリスマンを胸の上に置き、完全なるセクシュアルパワーに浸る意思をイメージする。羞恥心は捨てる。好きなだけそのままとどまる。

終わったら、魔除けを塔のカードの上（キャンドルの下か横）に置き、タリスマンを星のカードの上（キャンドルの下か横に置く。

性魔術を使ってパワーを吹き込むやり方に気が進まない場合、ダンス、身体を動かす、詠唱するなど、何らかの形で身体のエネルギーレベルを高揚させ、そのエネルギーを魔除けとタリスマンに吹き込んでもいい。

ステップ６：儀式を終える

儀式を終える準備ができたら、儀式を始めた時の場所に座る。呼吸を整える。神や大天使など、迎え入れた霊体には感謝して元の場所に帰ってもらう。あなたのハイアーセクシュアルセルフを召還した場合、適切と思われる言葉をかける。または以下の言葉を読み上げる。

私のエロスの真実に降り立った、私のハイアーセクシュアルセルフよ、羞恥心を手放し、セックスの主権を取り戻すこの儀式に立ち会ってくれたことに感謝を捧げる。私を抱きしめ、守り、宇宙へと導いてくれてありがとう。私は今しっかりと力を得て大地を踏みしめる。儀式は終了し、あなたは役割を終えた。ありがとう。ありがとう。ありがとう。そうあらしめよ。

これよりクロージングとグラウンディングを行う。儀式にかかわるエネルギーが去っていくのを感じながら、自分への献身の儀式をした自分自身に感謝する。

魔除けとタリスマンを聖なるセックスグリモワールの後ろに挟むか、祭壇の上、性玩具をしまう引き出しの中、下着入れの中などに入れておく。または燃やしてもいい。

これが済んだら、心を身体の中心に感じ、この経験を記録する。それから何かを食べ、水を飲み、身体に意識を向ける。儀式の後の入浴ができれば申し分ない。

キャンドルを灯したら、全部燃え尽きるまで待つ（シンクに置いてもよい）。最後まで燃やすことが不可能な場合、扇いで火を消す（息を吹きかけると魔法が消えると言われているため）。そして次に自分の意図を思い出す時に再び火を灯す。溶けた余剰の蠟がある場合は、現代の魔女の交差点と言われる〝交差点のごみ箱〟に捨てる。これで呪文のエネルギーは拡散する。そうあらしめよ。

第2章

快楽を増幅させる性教育はじめの一歩

基本に立ち返ろう。まっさらなはじめの一歩だ。性教育だって？　それって全然セクシーじゃないじゃないかって？　しかしそこから始めなくてはならない。なぜなら、もしあなたがアメリカで育った人なら、あなたが学校で受けた性教育はまったく雑駁《ざっぱく》なものだからだ。そんな性教育すら受けなかった人もいるだろう。２０２１年現在で、性教育とＨＩＶ教育の両方を実施している州が30州、そのうち内容が医学的に正確なのがわずか18州だ。これらの州で教えている性教育が、セックスをしないように教えていること、ましてそれが喜びだという話は一切なく、セックスはトラブルの元だと指導していることを考えてみてほしい。

真実の性教育とは自らのセクシュアリティに積極的に関心を寄せることであり、それは性の神秘主義者にとって死活問題だ。それは人の身体を理解することであり、エクスタシーを破壊する男性優位制度的文化（ここでの快楽はペニスが付いた人間の視点でのみ判断される）に蔓延する神話を一掃することだ。

セックスとセクシュアリティに関する一般的神話

些末なものをいちいちここでは取り上げないが、特に陰部のある人間のために最も一般的な神話を吹き飛ばしておきたい。ではそこから始めよう。

陰部とヴァギナの違いがわからない人、あるいはどっちも知らない人もなかにはいるかもしれない。ヴァギナとは産道のこと、陰部とは、クリトリス、外陰唇、内陰唇、尿道口（おしっこの出口）、ヴァギナの開放部などを含む、美味しい一式を指す。

性教育のほとんどはペニス族に対して、ペニス族について行われてきたため、セクシュアリティのスタンダードは歪められている。エミリー・ナゴスキが「陰部／女性器とペニス／男性器は同じものでできている」という目の覚めるような説明をしているが、ただ形は異なる。要するに男女の身体は違った動きや反応をする。爆発的なセックスライフの実現には、その道具を知る必要があり、知ることは、社会から刷り込まれた古い考えやパターンを手放すことが含まれる。以下はあなたが最高のセックスライフを送るのを阻んできた神話の代表例だ。それらはゆるぎない真実とは言い難いが、それらを紐解くことがあなたのセックス礼賛の旅の始まりとなるよう願っている。

神話1：処女喪失は恥ずべきことで、セックス＝ペニス＋ヴァギナという認識

西洋文明に最も深く浸透している話の1つに、セックスとはヴァギナにペニスを挿入す

ることで、初めての挿入で何かが「失われる」というものがある。さらに言えば、処女を失うことはペニス族にとっては祝うべきことであるが、ヴァギナ族、少女、女性にとっては不都合で、恥ずべきことだと考えられている。この二重基準がセックスに対する社会通念を形成している。

私のセックスの定義は「オーガズムの可能性を含む、発展的快楽をもたらす可能性のあるもの」だ。この定義には性交、自慰、お尻叩き、裸での日光浴も含まれる。セックスとはきわめて個人的なもので、その定義も人によって異なる（本章の後半であなたの定義するセックス、愛、快楽などについて書き記すことになる）。この、ペニスをヴァギナに挿入するという二元論的思考が多くの人々から夢のようなセックスライフを奪っている。「本当の」セックスとはそれだけだという捉え方は、それ以外の形は親密さの表現ではなく、重要でもないという優劣の観念をつくっている。それはナンセンスだ。

処女の概念もこの神話に端を発している。遠い昔、処女性はアルテミス、ヴェスタ、イシス、イナンナといった処女神（彼女らはパートナーによって定義されることはなく、イシス以外は全員独身で、性的に貞淑でない）にみられるように、本人自身に属するものだった。近代の清教徒的な考えによる処女性とは、処女膜と呼ばれる、膣口を部分的に遮っている粘膜のひだが最初の性行為で壊され、それを処女の「喪失」と捉える考え方に基づいている。実際のところ、処女膜は破られない。もし破れたり傷んだりするのなら、他の器官と同じように回復して元通りになる。初めてのセックスによる挿入で出血し、痛みを感じるというのは、処女膜が破れたからではなくおそらく潤滑液が不足しているために膣が傷ついたことによるものだろう。皆さん、処女性とは社会的概念だ。

神話２：ペニス族がオーガズムを得るのは１回で、オーガズムとは射精のこと

ペニス族には内的オーガズムがあることをご存じだろうか？　つまり、ペニスがある人間は射精しなくてもオーガズムを経験できるということだ。そしてこのような愛し方を習得すると、その行為の間中エロティックなエネルギーと精液を体内にとどめたまま勃起し続ける。聖なるセクシュアリティのこの形は射精コントロール、または精液保留と呼ばれ、性魔術師タントリカや聖なるセックスの実践者が愛用するテクニックだ。射精コントロール、またはセックスの儀式を引き延ばすために射精をしない方法は、ペニス族が魔術的・神秘的セックスを求めるなら、何度でもオーガズムを得られる性魔術だ。射精コントロールは手動で行う。射精しそうになったら、人差し指、中指、薬指をペニスの付け根に当て、会陰（肛門と陰嚢の間）に押しつけて圧を加える。あるいは座った状態で、片方の足をまっすぐ前に伸ばす。もう一方の足のかかとを尻の下、会陰の下に置く。このどちらのやり

方でも射精しなくなり、勃起がなくなる。しかしご心配なきよう、ペニスが硬くなくてもセックスは続けられる。

聖なるセックス教育に関心のある読者には、勃起を失うことなく射精を延期できる方法をぜひリサーチしてほしい。ヨガの伝統でバンダと呼ばれる方法、呼吸やエネルギーコントロール（呼吸によって筋肉を収縮させる）を使うと、性的エネルギーや精液をペニスから体内に戻し、全身に巡らせることができる。骨盤底部を上げ、肛門と会陰を引き締め、呼吸を使ってこのエネルギーを体内に引き込み、内的オーガズム、複数回のオーガズムが可能になる。

これは練習が鍵となる。自慰をしながら3本指でロックする、片足を曲げてロックする、そして呼吸を使ってロックするなど、射精の仕方を変えて快適なやり方を探ってほしい。性的絶頂（射精に向かい、もう止められない、戻れないというポイント）を探っていこう。パートナーと一緒にやる場合、「戻れないポイント」を示すサインに留意すること。陰嚢が身体に引っ張られる、呼吸が変化する、腺分泌液（精液の前に出る液体、我慢汁）が出るなどだ。パートナーと会話しながら動きを遅くして、呼吸を深くしていき、付け根のロックの練習をすれば射精なしのオーガズムはもうすぐだ。

神話3：クリトリスは小さくて取るに足らない

クリトリスは身体の器官の中で唯一、快楽のためだけに存在するということをご存じだろうか？　身体のどの器官よりも多くの神経終末部があるとご存じだろうか？　脚があることは？　これらすべてに「イエス」と答えた読者には「おめでとう」と言いたい。「知らないよ。それがどうした？」という読者には「ようこそ！　乞うご期待」と言おう。ヴァギナ族の解剖学は科学的研究畑では後回しになっていて、１９９８年にヘレン・オコネルが内的クリトリスなるものを発見するまでは立ち遅れていた。

クリトリスは興奮の拠点だ。恥丘の下にある、クリトリスの小さな突起はこの手の活動の中心的存在だが、これは氷山の一角だ。クリトリスには2つの内面の脚があり、露出しているクリトリスから2方向に伸び、ヴァギナを囲んでいる。外陰部にとってクリトリスとは、ペニスにとっての亀頭という関係だ。クリトリスは合計18の部分からなり、ペニスの性器構造に相当するものとなっている。ペニスと陰部は解剖学的にはほぼ同じだが形は異なり、これらが本領発揮するには違う接し方を要する。

もしあなたがヴァギナ族、ヴァギナ族が好きな人、あるいは知識豊富な性の神秘家、魔術師になりたい人なら、鍵はここにある。「快楽は民主主義的でなくてはならない」『寝室《ブドワール》バイブル』の著者、性教育者のビトニー・ヴァーノンはこう言っている。「自分の身体と、愛する人の身体を知ることは、高揚した性的満足に至る旅のガイドマップを作ることに等しい。」

神話４：濡れる＝勃起＝性的興奮＝準備完了

あなたの身体は動物だ。動物は必ずしもルール通りに動かない。あなたの中に棲む性的生き物も同様だ。もしあなたがヴァギナ族、またはヴァギナ族を愛し、セックスをしている人なら、膣液が分泌されるのを知っているが、それはセクシーな気分を反映していると は限らない。「君はすごく濡れているね」という言葉が気分を高揚させるのはよくわかる。しかし濡れているからと言って、セックスの準備ができたことを意味しない。これを性的興奮との不一致と呼ぶ。ペニス族にとっては勃起と性的興奮の一致度は50％だが、ヴァギナ族にとってこの比率はぐっと下がって10％となる。つまり陰部が濡れているのは、ポルノ雑誌を見たからかもしれないが、必ずしも性的に興奮していないということだ。濡れることや勃起することは、セクシーな何かを見たことに対する身体の条件反射だ。しかし性的興奮は、身体がセクシーなものに反応しただけでは起こらない。同時にエロティックな想像を楽しみ、それを予測する時に起こる。性的興奮の不一致が促すのは、あなたとパートナーの心の声に耳を傾けることだ。「濡れているから」「勃起しているから」と言って彼らがその気になったということではない。この身体の状態を、先に進んでいいという合図としていた人には残念な情報だったかもしれない。しかしそれはパートナーとコミュニケーションを交わし、その声を聴くチャンスともいえる。また、濡れていなくても、性的にしらけているという意味ではない。ただ潤滑剤を用意するべきなのかもしれない。その気になったかがわかるにはどうすればいいかって？　本人に訊ね、その答えに従えばいい。

神話5：妄想は不健康で汚らわしいもの

聖なるセクシュアリティの信条の1つに、エロスのインスピレーション、妄想、想像の開放が挙げられ、その進化と聖なる罪深さの道を辿ることが挙げられる。性的妄想は汚らわしいと言われたことがあるかもしれないが、それはちっとも恥ずべきことではなく、あなたが性的に健全だという証だ。実際それはありふれすぎていて、逆に性的妄想をしないことの方が病理学的に不健全だと考えられている。最近の科学的データでは、性的妄想をする人々は「より多くセックスをし、エロティックな活動の幅が広く、自慰の回数も多い」という。

妄想はまた、あなたのニーズを反映している。妄想は探求のツールとなり、官能や愛の面で、あなたの日常にどんな可能性があるかを示してくれる。それはあなたの探究のロードマップであり、潜在意識からの呼びかけだ。あるいは…まったくの御法度の場合もある。妄想が過激すぎて怖くなるというケースもある。たとえばレイプ妄想などのことで、62％の女性が、絶対に起きてほしくないような妄想を抱いたと答えている。またはそれをBDSMという形で、儀式として、合意の上でのお試し行為をすることもできる。プレイとして再現したくなるような妄想（これを欲望という）もあれば、単なる妄想にとどめておきたいものもある。妄想は儀式のインスピレーションとして有効だ。自分をさらけ出して相手とより親密になる、そしてそれを共有して一緒に楽しむ、そして潜在意識に眠っている欲求をより明確に理解する方法として役に立つ。

神話6：オーガズムが最終ゴール

オーガズムは素晴らしい。純粋な快楽の瞬間、その刹那にエゴは融解し、全なる存在とつながることができる。オーガズムは愛する人、神、真の意識へと至るポータルだ。しかしオーガズムを最終ゴールとして焦点を絞っていると、聖なるセックスが最大限の高揚ポイントに至るために必要な臨場感を損なうことになる。「見つめられた鍋はなかなか煮立たない」（転じて、何かが起きるのを待っていると、時間が経つのが遅く感じられる）という慣用句を聞いたことがあるだろうか？　オーガズムのことばかり考えて取りつかれていては、逆にストレスとなり、それが起きることへの比重が重くなりすぎ、そのストレスにより高揚感が積み上がっていかなくなるのだ。聖なるセックスは旅であり、目的地ではない。オーガズムは素晴らしいもので、この道の探究でたいていの場合得られる経験だ。しかしこれはゴールではない。性的エネルギーを高めて積み上げていく場合でも、急いで到達する必要はない。

聖なるセックスは、挿入の快感をはるかに上回る。身体に回帰し、その快楽に浸る――しかし急ぐ必要はない。性的トラウマ経験者にとって、ビッグなオーガズムは決して必須条件ではない。セックスセラピストの有資格者で、受賞経験のある著作者でもあるステファニ・ゴーリックは、トラウマ経験者に対し、ゆっくり始めることを提案する。「性的トラウマは多くの場合身体のトラウマ反応だが、それは身体への衝撃が起きてすぐに自覚するものではない。したがって、時間をかけてあなたの持ち物である身体を入念に調べ、感じる場所を新たに探していくことが重要だ。時間をたっぷり使い、裸の自分の身体に触り、触り方のバリエーションを変えてどこがどんなふうに感じるかを試していくことがヒーリングのプロセスとなる。」

快楽とエクスタシーへの道

聖なるセックスの世界では、快楽は聖餐式だ。この道を進むにあたり、最も重要なポイントの1つは、自分にとって何が価値あるものか、何が快楽をもたらすか、エロスとは自分にとってどんなものかを知ることだ。もちろんそこにはこの世界を共有し、あなたの性的進化を助ける人の影響もあることだろう。しかし最終的にエロス、官能、快楽の極みとはどんなものかを判断するのはあなた自身だ。

快楽は脳と神経系で起きる。ドラッグやセックス、五感の刺激により何らかの快楽を感じる時、ドーパミンなどの神経伝達物質が脳内に分泌される。分泌されるドーパミンの量はその文脈、文化、歴史、生理学的状況による。つまり赤ワインを飲んで天にも昇る人と、まったくそうでない人がいる。要するに、何が心地よいかはひとえに個人によって異なるということだ。とはいえ、すべての快楽は同じ脳内システムによって起こる。美味しい食べ物やマッサージの心地よさといった基本的快楽、そしてマネー、音楽、エクスタシーといったより複雑なレベルの快楽などすべての快楽は脳内の同じところのボタンを押す。快楽は文字通り脳内回路につながっている。

快楽の瞬間を思い浮かべただけでも脳内のこの場所のボタンが作動する――脳のパワーの証だ。快楽は身体の中で生まれるが、エクスタシーは快楽を1人の領域から複数の人間の領域へと運び、1人の神経系の反応から宇宙領域へ、一個人よりも大きなものへと変えていく。エクスタシーとはそういうものだ。エクスタシーへと至る道は、変態趣味や正統派の意図、あるいはセクシーな意図によって舗装されている。そこに至る道は無限にあるので、あなたのやりたいようにやればいい。

エロスの再定義――言葉による魔術

自己認識によって快楽を増幅させる簡単なやり方の1つに、本書で繰り返し登場する言葉を自分なりに定義することが挙げられる。セックスとは、ペニスがヴァギナに挿入されること、という定義がどれほどセックスを矮小化し、正直言って超タ・イ・ク・ツなものにさせていることだろう。これでは挿入と同じかそれ以上の快楽をもたらす価値のうち、身体の快楽の95%、セクシュアルな行動の75%が見落とされているようなものだ。セックスの定義を、「完全なる肉体の快楽をもたらす可能性のあるもののすべて」とか、「私をオーガズムへと至らしめるすべての行為」など、実際の関係性を示すような定義に書き換えると、その行為の可能性は格段に広がっていく。あなたのグリモワールに、以下の事柄についての記述をしてほしい。この作業も自由に儀式にしてかまわない。キャンドルを灯し、ムードのある間接照明にして、お茶を淹れるなどして、快楽の可能性について思いを巡らしてみよう。小追儺儀礼（ＬＢＲＰ）、グラウンディング、センタリングなどの実践者はそれをする。愛の神や女神、セックスの神や女神を召還する。あなたのハイアーセクシュアルセルフを呼び出す。タロットカードを引く。そして魔術であなたのエロスの元型を呼び出して、始めよう。

この再定義はスタートラインだと考える。あなたにとっての快楽を言葉に翻訳するために、詩を書く、戯曲をつくる、音楽を聴く、エロ本を読む、エロティックな詩を読む、ダンスをして身体を動かす、絵を描く、祈る、など好きなことをする。定義は固定的なものではないと覚えておこう。あなたの聖なるセックスの旅が変化すればそれに伴い言葉との関係も変化する。

以下の言葉を定義してみよう。

セックス

例：私に快楽と解放をもたらす可能性のあるすべて。

官能

例：私の快楽や欲望を表現する方法。私がこの世界に生きていく中で、私の快楽や欲望との付き合い方。

エロス

例：欲求の波が起こす超越的快楽の経験と私の個人的な付き合い方。性的快楽の刺激、魅惑、招待をもたらす一体感、経験、やり取りのこと。本来の自分の在り方。

意識的セックス

例：「いま・ここ」のセクシュアリティの根源、そして自分、愛する者、神とつながるための全身的アプローチ。私自身が聖なる乗り物として見られるための、最大限のエロスとスピリチュアルな表現を引き出す手段。

聖なるセクシュアリティ

例：魔術・快楽・進化・エクスタシー・グノーシスの燃料となるエロスパワーに基づく人生の枠組み。人生の神聖さ、特に身体の神聖さを楽しむことを受け入れることにより、自分の内在神を強調するスピリチュアルな道。

快楽

例：私に活力を与え、すべてを委ね、神に支配されるような自我の限界へと導いてくれるもの。全身で恍惚感に浸れる状態をつくるもの。

エクスタシー

例：快楽を肉体限定のものから全身と霊体の経験へと上昇させてくれるもの。私自身より大きな存在に根差した快楽。それを十全に体感でき、神性に包まれることを可能にするもの。

聖なるセックスと魔術の子供たち

魔術の力を見出すこととは、物理次元で起きることは皆、エネルギー場で起きているという意味であり、その逆もまた言える。このため魔法をかける時、そのエネルギーはエネルギー場から物理的世界へと移行するのだ。家の掃除をしたり、身体を洗ったりすることがスピリチュアルな領域に影響を及ぼすのも、これと同じ原理だ。すべては相互につながっている。したがって、あなたが特にパートナーと聖なるセックスをする時、あなたはエネルギーと精液を放出することにより、何かを物理世界に創出することになる。これのことを「魔術の子」と呼ぶことがあり、性魔術が非常に効果的な理由の1つだ。煮詰まった強い性的エネルギーの開放、つまりオーガズムのエネルギーは世界に放出され、それに意図が伴っている時、それは現実となる前に発芽し、成長する。

私は別に悪魔の卵の話をしているわけではない（ちなみに悪魔とのセックスは可能だ。『セックス、魔術、スピリット』ジェイソン・ミラー著参照）。魔術の子はあなたの生活を壊しに来たり、あなたからお金を無心したりしない。ただしあなたが安全なセックスを実行せず、本物の子供を授かった場合は、大きくなってあなたからいろいろ要求することになるだろう。魔術の子はあなたがセックス（＝新しい何かをこの世界にもたらす可能性を秘めた創造的で肥沃なエネルギー）を通じて創造するエネルギーについて考えるための方法だ。聖なるセックスで本当に子供を妊娠する意図を以て胎児、もしくは月の子供《ムーンチャイルド》を授かることもできるし、この子たちも魔術の子供だ。しかしここで言及しているのは物理的に顕現する何か新しいものの種の話だ。たとえば家、出版契約、魔術の実践やそのルート、視点の移動などのことだ。またそれは人間関係、恋人、芸術的な楽しみかもしれない。あなたの魔術の子供は、正しく出来さえすれば、あなたの意図の顕現となる。それは性魔術が作った赤ちゃんだ！

物理次元と霊的次元で安全なセックスとは正直になりネガティブエネルギーを放出すること

肉体の崇拝者でいることとは、知恵と誠実さを以てセックスを尊重することだ。要するに物理的にも精神的にも安全なセックスを実践するという意味だ。聖なるセクシュアリティには正直さ、コミュニケーション、信頼が不可欠だ。安全で聖なるセックスとは、物理次元でやるべきことをぬかりなくやっておけば、楽しみを追求する時に集中して臨むことができるということだ。コンドーム？　いくらでもある。魔法をかけて使う。性感染症？　周知して合意済みで。エネルギー的エーテル的身体？　センタリングして、身体を守り、グラウンディングする。ハート？　解放して準備を整える。境界線？　相手と交渉する。意識？　穏やかに、クライマックスに備える。

物理次元での安全なセックスとは、性感染症に罹っていないか定期的にチェックすること。相手に対してＨＩＶ、ヒトパピローマウイルス、ヘルペスなどにり患している場合は正直にパートナーと共有すること。コンドームその他の避妊具を使い、バースコントロールなどの予防策を講じること。ラテックス製のコンドームを使う時にオイルベースの潤滑剤を使ってはいけないということ（破れる可能性がある）。

精神次元での安全なセックスとは、身体という神殿の中心に収まること。つまり、ネガティブエネルギーや重いエネルギーを外に放出し、身体を浄化するということだ。正直でオープンな精神状態を保ち、自分の力を１００％出し切れる態勢を持つことだ。精神次元での安全なセックスはまた、あなたが使うコンドームやバースコントロールなどに魔法をかけてパワーアップする、そして潤滑剤に意図を込めることでもある。要するにあなたの神、聖なる守護天使、真の意図とつながることだ。

物理と精神領域の垣根を超える安全なセックスの鍵はコミュニケーションだ。自分の性感染症の実態をパートナーに伝えられなければ、またはそれがあるか否かをパートナーに訊ねられなければ、あなたのセックスに関する希望や欲求をどうして伝えることができようか？　ヘルペスやエイズ、ヒトパピローマウイルスなどの検査結果を訊ねたり、伝えたりするのは恐怖

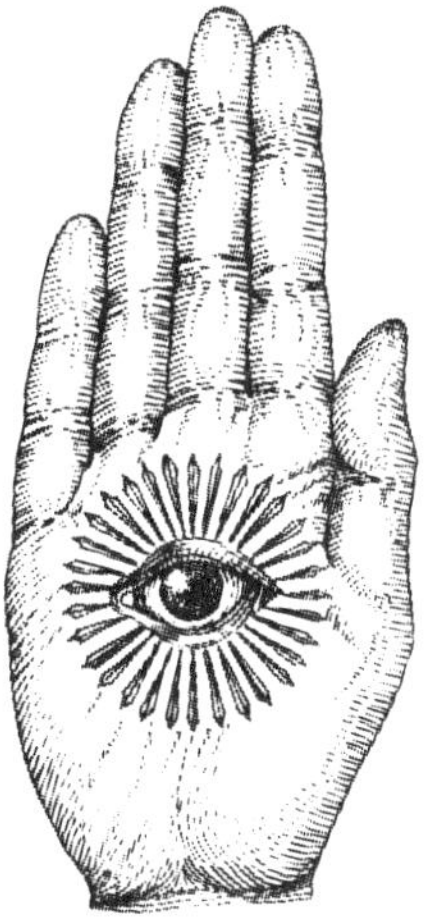

を伴うことだろう。性感染というだけで、社会的には致命的汚名となり、その不名誉は心の奥深くまで刻まれる。しかしこの恥ずかしさを解体することは、聖なるセックスの求道者になることのうちなのだ。ここでのスピリチュアルワークとは、自分の過去や健康について罪悪感を持たないことだ。あなたはできる限りのことをしているし、性感染症になったからと言ってあなたが「汚れる」わけではない。性感染症検査を巡る「清潔」と「不潔」の二元論を超越することも、ここでの課題の1つとなる。検査結果が示すのは「清潔」か「不潔」かではなく、「ポジティブ」か「ネガティブ」かだ。

コンドームの祝福魔術

コンドームの保護能力をパワーアップするためにできる簡単な魔術がある。同じやり方でバースコントロールのパワーアップもできる。

始める前にパートナーの手の上にコンドームを置き、もう1つの手をコンドームの上に置く。次に2人の手でコンドームを挟んで持つ。呼吸しながら神なるヒーリング・保護のエネルギーを白い光として宇宙から降ろす様子をイメージする。白い光は頭頂部から身体に入り、背骨を通じて降りて全身を巡り、掌に達する。白い保護の光がコンドームに浸透するのを感じる。このイメージの中に必要なだけとどまる。準備ができたら以下の言葉を声に出して言う。

神なる不品行の名のもとに、このコンドームを保護する。
物理次元から、最高位の精神的次元において、あらゆる手段で
私たちを守ってくれますように。
そうあらしめよ。

言い終わったら、コンドームを使う。このプロセスを繰り返し、楽しむ。

聖餐式としての1人ラブとセルフラスト

私のセクシュアリティとの関係で最も革命的だった瞬間は、深い孤独の中で起こった。私はかつてない愛し方、求め方で愛と欲望を共有できるパートナーを渇望していた。それはちょうど私が性的変態趣味やフェチ、ＢＤＳＭの広い世界に目覚め、新たな欲望とセクシュアリティを発見した頃だった。この世界を教えてくれたのは当時のパートナーだったが、この相手と破局してしまい、新しい自分自身や素晴らしい秘密を見つけたとたんに目の前で扉が閉ざされ、足を踏み入れることさえできなかった。私は孤独で、もてあそばれたような苦痛にさいなまれ、どうしようもない欲望を抱えていた。

そんな状態に変化が起きたのは、欲しいものを誰かに与えてもらうのを待つより、まず自分でやってみればいいとある日ひらめいた時だった。死ぬほど渇望していた性倒錯の魔術を経験するには、まず自力で取り入れる方法を見つけるしかなかった。この瞬間、喉から手が出るほど欲しかった恋人に自分自身がなり、1年にわたる探究の旅に威勢良く出発したのだった。

その当時はわからなかったが、数年経った頃にそれを表す言葉を思いついた。私の肉体の未開領域に踏み込んでいくこの探究をともにするパートナーを見つけた後も、その習慣を続けることになった。その言葉とは、セルフラスト（自分への欲情）だった。

読者の多くはセルフラストの妹分、1人ラブ（自慰）に親しみ、実践していることだろう。1人ラブはすでに使い古された表現ではあるが、自己崇拝やセルフケアの一環として確固たる存在感を持っている。1人ラブとは、他者から求めるような愛、サポート、慈悲心を自分が自身に向けることだ。1人ラブとは、セラピーに行くこと、自分の境界線を尊重すること、長い1日の終わりにお風呂でゆったりマリファナを吸うことだ。ベッドを整え、歯を磨き、シャワーを浴びることだ。セルフケアに心を傾けて献身するエネルギーがプラスされたものだ。単独で行う聖なるセックスは多くの場合、山盛りの快楽を添えた1人ラブの最上級となる。それは現代の自立賛歌だ。「私は自力でオーガズムを得られる。しかもそれは私の欲望に無関心なパートナーとの平凡でカジュアルなセックスよりずっといい」

セルフラストはより性倒錯的・挑発的・破壊的な、1人ラブの姉であり、本書の柱の1つだ。セルフラストとは、性的快楽、興奮、欲情、憧れを自分の中に見出し、自分に届けるための探究だ。残念ながら組織的宗教は聖なるセクシュアリティ（そしてセルフラスト）の道を進むものの喜びの多くを台無しにしてきた。カトリック教会は、欲情をこのように定義する。「性的快楽の倒錯した願望、あるいは無秩序な喜び。性的快楽は、生殖のための結合という目的から逸脱した場合、道徳に反する。」幸運なことに、私のような変態族にとっては、性的快楽を否定するこのような定義を見せられてもますますやる気になるだけだ。カトリック教会が悪いことだと認定したものなら、必ずや「いいもの」に違いない、と。

セルフラストとは、1番見えないところに隠されている性欲を感じること、最も親密で繊細な欲情の真実を掘り起こすこと。エロスの神の顕現としての自分自身を受け入れること。この後のページでは、セルフラストの掘り起こし方について解説していく。呪文、儀式、練習、振り返りの質問、アファメーションと続くので、これをスタートラインとしてほしい。その後でアファメーションやさまざまな提案を活用し、実践してみてほしい。

セルフラスト開発の始め方

✧どんなスタイル、外見、美学をセクシーに感じるかを考える。自分のどこで性欲が覚醒するかを考え、自分のために感じてみる。自宅で仕事をしている人は、日中もセクシーな服装で過ごす。夜はパジャマやスウェットで過ごしている人は、欲情を掻き立てるような服装に着替える。可能な限り頻繁に鏡の前に立ち、湧き起こる感情を楽しむ。このワークの趣旨は欲望を自分のために育てることだ。

✧どんな姿で欲情が湧き起こるかがわかったら、その姿をセルフィー撮影、セルフポートレートとして記録する。どんなアングルで撮るのがいいか、どんなポーズがふさわしいかをなかなか決められないかもしれないが、必要なだけ時間をかけていい。あなたのゴージャスさ、パワフルさ、美しさを画像に収め、自信を失った日に元気を取り戻すための証拠とする。

✧自分を誘惑する。鏡の前を通る時にウインクする。髪を梳かす時は、誘うように梳かす。香水やコロンをつける時、恋人を誘惑するためにつけると考える。そしてその恋人はあなた自身だ。服を着たり脱いだりする時、1人ストリップショーをする。お気に入りの口紅、ネクタイをつける。ヒップラインがセクシーに見えるパンツをはく。鏡に向かってセクシーな言葉をかける。このような考え方は単純に思えるが簡単ではない。自分のセクシュアリティを心地よく受け止められるようになるほど、自分で自分を誘惑することに違和感がなくなる。

✧祭壇の前で自分のセクシュアリティをテーマに瞑想する。自分に手紙を書き、慣習に逆らう自分の探究について祈る。自分の欲望への貢物として、聖なる場所を浄化し、飾る。

✧自分の身体を欲望の祭壇と捉え、そのように扱う。自慰やセックスをする時その行為はあなたの欲望への捧げものとなる。あなたの快楽を最優先する。自分を誘惑することに溺れる。身体を尊重し、欲望に身を任せた結果生まれたものを尊重する。

✧セクシュアリティを日常に組み込む。たとえば友達にセックスやエロスの話をする、日常の中でエロい気持ちになるなど。日常に誘惑の機会を組み込んでいくことにより、欲情を育てていくことになる。頬を撫でる風は恋人が触れた感触として受け取り、雨の香りに共振する何かを感じるなど。見知らぬ他人と目が合ったら、そこから可能性への覚醒を促し、欲望の泉を刺激する。

セクシュアリティと再びつながるための脱トラウマ訓練

強調しておきたいのは、急ぐ必要はないということだ。どの人の旅もユニークなものだ。もしあなたが何らかの性的トラウマの被害者だったらなおさらだ。性的暴行の結果あなたのセクシュアリティの見方が変わったとしても、そういう人はあなた1人ではない。今あるがままのあなたをいたわることは親切、セルフコンパッション、１人ラブを示す行為と言える。この後のページに書かれた、あなたがセクシュアリティと再びつながるための儀式を読み、自分に合ったものを試してほしい。これらの多くは私の親友、セックス愛好家、ボディリテラシーとセックスの支配、トラウマに精通した快楽メンターのイサベラ・フラピアにインスピレーションを得たものだ。

✧ヴィーナス、アフロディーテ、ヘレネのような快楽と愛の女神のワークをする。

セラピストや理解ある親友といったサポートシステムを誰もが持っているわけではない。あなたのヒーリングを進めるにあたり、宇宙の協力を仰ぐなら、女性神であるヴィーナス、アフロディーテ、ヘレネといった官能や性的快楽を司る神々とつながるといい。これらの女神はあなたの生得権である快楽を取り戻し、老婦人《マトロン》あるいは天使の協力の元その訓練を進めるために手を差し伸べてくれる。フラピアによると、これらの女神はすべてのもの（エロスと無関係のものも含む）にエロスの神を見出すよう促してくれる。手を洗う、好きなアーティストを見つける、花の香りを楽しむなど。あなたが選んだ女神のための祭壇をつくる（72～73ページの手順をアレンジする）。またはその女神の祈禱の時間をつくる（２７４～２８６ページの手順をアレンジする）。

✧やめることを自分に許す。

セックスセラピスト、ステファニ・ゴーリックが強調することの1つに、今どう感じているかを尊重することの大切さがある。「必要ならやめることを自分に許す。時には、やめるという選択肢があると認識するだけでいい場合もある」とゴーリックは言う。しかし、性的に動きが始まり、それに圧倒されているけれど続けたいと思う場合、やめないで身体の中にとどまるのがいい。「五感のうち1つを決めてそれに集中する。嗅覚や触覚は素晴らしいスタートラインだ。匂いに全神経を集中させる。自分の肌、パートナーの汗、身体につけたアロマの香り、ベッドシーツの香り。匂いを1つずつ識別し、全部終えたら次の五感に進む。そして全部終えたらまた次の五感へと進む。これをするとそのシーンの中に自分が収まり、気持ちが逸れることがなくなる」とゴーリックは言う。

✧月のワークをする。

フラピアによると、性的トラウマを受けると、生理不順が始まる。「そのせいで不調を感じ（私はそうだった）、世界に自分の居場所をなくしたように感じる。このため何らかのワークをする習慣を持つことは助けになる」とフラピアは言う。その習慣の1つが月の周期を生かしたワークだ。毎日、月がどのフェーズ（満月、三日月など）にあるか、どのサイン（牡羊座、天秤座など）にあるかをチェックし、それが身体にどんな影響を与えるかを感じてみる。満月と新月の日など、フェーズごとに日記をつけるとヒーリングの過程を辿ることができる。292〜298ページに書かれた月のエロスの魔術の項もチェックするといい。

✧土星、ビナーを使い、時間を象徴的に捉える。

月の周期を使ったワークが繊細すぎると感じたらフラピアが提案する土星エネルギー、またはカバラの生命の樹のビナーのエネルギーを活用する方法がある。時間を象徴的に捉えるという手法はヒーリングの過程で悲しみや信頼に効果がある。フラピア曰く、トラウマの記憶が消えるわけではないが、形が変わるので扱いやすくなるという。女神のワーク同様、時間という自然の力を神々の力として感じることで、時間に話しかけたり対話したりして、より深い理解を得ることができる。

✧海のワークをする。

大洋の循環する性質や潮の干満などに加え、海そのものが持つ美しさや包容力はヒーリング効果があり、手放すべきものを手放す助けになる。フラピアが提案し、私も実践している、日常生活に取り入れやすい儀式（または瞑想）が1つある。1人または友人たちと花束を持って海に行き、あなたが心から追い出したいすべてを花束に託し、染み込ませる。呼吸法、瞑想、マインドフルネスなどで十分時間をかけて花束にすべて移動できたと感じたら、花束を海に投げる。これは海への捧げものであり、あなたの浄化の儀式でもある。実際に海に行けない場合は、この儀式を想像の中で、瞑想として行う。

振り返りの質問集

性教育について、これまでたくさんの学び直しや意識改革を行ってきた。ここからはあなたの意識的なセクシュアリティという行動に落とし込んで馴染ませていく。すべてを言葉にして書き留めるのは、その最良の始め方だ。いつも言っているように、文章を書くセッションも可能な限り儀式にするといい（第1章の儀式の手順を参照のこと）。以下の質問のすべてに答える必要はなく、自分に当てはまりそうなところ、そして自分の快適ゾーンから完全に逸脱していると思われるものを選んで回答してみよう。答えには正解も不正解もない。

✧あなたが成長する過程で吸収してきたセクシュアリティに関する神話とは？　いまだにあなたが自分の価値観の一部にしているのはどんなことだろう？　それらを手放すにはどうしたらいいだろう？

✧あなた自身のセックスの定義に照らし、初めてそれを経験したのはいつのことだろう？

新しい定義があなたの経験に変化を及ぼしたとしたら、どのように変化しただろう？

✧お気に入りのセクシュアルファンタジーとは？　いつか現実に経験したいのはどのようなファンタジーだろう？　ファンタジーのままにとどめておきたいのはどんなものだろう？

✧オーガズムへのプレッシャーを取り除くことがどのように性行為に集中するのに役立つだろう？　それは快楽をアップグレードするだろうか？

✧あなたにとって快楽とは？　エクスタシーとはどう違うだろう？

✧物理次元で安全なセックスとはどんなことだろう？　精神次元での安全なセックスとは？

✧性行為中に安全で守られていると感じられるのはどんな時？

✧あなたにとって１人ラブとは？　セルフラストとは？

✧セルフラストをもっと増幅させるにはどうすればいいだろう？　それを日常生活に織り込んでいくには？

セルフラストに覚醒するためのタロット

振り返りの質問に加え、タロットカードやオラクルカードを引いてみよう。これらのカードはあなたに象徴的な言葉で語りかける。カードから受け取った答えは聖なるセックスグリモワールに書き留めておこう。すぐに答えが浮かばなくても、やがてその象徴の意味がわかる時が来る。カードを3枚引くこの手法はエロスの神を降ろし、セルフケアの儀式に力を与えてくれるだろう。儀式のための場所を確保し、グラウンディングとセンタリングを行い、呼吸を始める。カードをシャッフルしながら、カードからどんな答えを引き出したいか（たとえば「もっとセルフラストを増幅させるには何が必要か？」など）を心で復唱する。カードを一山にまとめてから、準備ができたと思ったらカードの山を2つに分け、下の山が上に来たら1番上から3枚のカードを引く。カードとその解釈を書き留める。

カード1：私の人生のどこにセルフラストを取り入れられるだろうか？

カード2：これに覚醒し、自分の一部とするには？

カード3：これがどのように私の聖なるセックス探究を刺激するだろうか？

自分の望む世界を創造できるアファメーション

アファメーションを実践することで、あなたにとってのセクシュアリティやエロスは自分でコントロールできるという自覚が芽生える。以下のアファメーションを使って自分の中にあるエロスの欲望を認め、本書で取り込んだ新しい考え方を肯定し、自らの力の行使を阻む考えを手放していこう。アファメーションは、神がかった変態ファンタジーに彩られたあなたの聖なるセックスライフへの旅をサポートする。アファメーションの実践については第1章の解説を参照してほしい。

✧私は快楽のすべての可能性を追求する。
✧私の欲望、私自身、私のニーズに見合ったセックスを再定義する。
✧私は自分にとっての快楽やセックスとは何かを自分で決められる。
✧私の身体は今のままで神聖で完璧でエロティックだ。
✧私は性に関する境界線を、自信を持って優雅に相手に伝えられる。
✧私は自らの身体に快楽を受け入れ、全身で味わう。

✧私のすべての行動は魔法と快楽によって導かれる。
✧私の進む道に合うようなエロスのあり方を再定義する。
✧私は愛、セックス、エロスを通じて、私の望む魔法をこの世界に招き入れる。
✧いついかなる時もすべての次元で安全なセックスの実践により私自身を大切にする。
✧聖なるセックスは創造力と真の自分自身の獲得へと導いてくれる。
✧私は自分の境界線に守られ、私の欲望は地に足がついている。
✧私は遊び、目的意識、自分の誘惑のためにセルフラストを開発する。
✧セルフラストは自分のエロスの本質を掘り下げる。
✧私は私にとってお気に入りの恋人だ。

1人ラブとセルフラストを活性化する魔術

この魔術は1人ラブとセルフラストの活性化を目的としているため、1人でやるように作られている。たとえあなたに聖なる性魔術を実践するパートナーがいたとしても、これらはあなたと聖なるセクシュアリティとの関係を築くための基本的要素だ。

この儀式は記述、薔薇の薬、キャンドルマジック、性的エネルギーを使ってあなたの愛、欲望、エロスを覚醒させるものだ。この儀式を通じて、聖なるセックスをする時はいつでも点すことのできる、神聖化されエネルギーをチャージされ、塗油されたキャンドルが作れる。

薔薇は魔術、愛と性の神秘のシギルだ。薔薇はローマ神話のヴィーナス、ギリシャ神話のアフロディーテ、ババロン、マグダラのマリア、聖母マリア、オシュン、イシス、その他多数の女神にとって聖なる存在だ。薔薇は美しく、かつ身を守る性質を持つ。薔薇の甘い香りや開花する花弁は誘惑するようでありながら、棘は強さと保身、粘り強さを示唆する。薔薇は快活な美しさと儚さを持つと同時に、パワフルな自己保存機能も持っている。1人ラブとセルフラストもまた儚さと開かれた心を持つと同時に、堅牢な境界線を持っている。

これよりあなたはカバラ十字をアレンジした儀式を行う。これによりあなたの意図を、宇宙・神、ソース（宇宙の源）と調和させる。

用意するもの：セブンデイズキャンドルの赤、オレンジ、ピンク、または白（ガラスの瓶入り）、オリーブオイル、ラフラームオイル、ヴィーナスオイルなどのオイルまたは蜂密、シナモンなどのハーブ、乾燥したバラの花びらと棘、ジャスミン、パッションフラワー、ブルーロータス、キャンドルの装飾用のラメ、キャンドルを彫るためのペンか鉛筆、聖なるセックスグリモワールと記述用のペンか鉛筆、赤い薔薇、好きな性玩具や潤滑剤、水晶、タロットカードまたは好きな占いの道具など、性魔術を行う時に、祭壇の上、キャンドルの横に置けるもの。

この儀式を行う最良のタイミングは新月、上弦、または満月の日。
金曜日はヴィーナスの日（愛と欲望に関するすべてのものがパワーを授かる日）なので、特に効果が高い。

始める前に、聖なる煙で自分の身体と儀式をする場所を清める。キャンドル、キャンドルを入れた瓶、その他使うものをすべて煙で浄化する。フランキンセンスやミルラ（イシスやヴィーナスのような愛の女神にとって聖なるもの）、または薔薇のお香を使う。フランキンセンスやミルラの樹脂が入手できるなら、炭火を着火して真っ赤になるまで待ち、その上に樹脂を少し垂らす。ない場合はただお香を焚くか、乾燥した薔薇の花びらに火をつけ、火を消して煙を生じさせる。この煙を扇いで自分の身体、周辺の場所、浄化したいものをくぐらせて、負のエネルギーが外に出ていくのをイメージする。ここでタロットやオラクルカードを引いて、始まる前の儀式の成功を確かめる。エロティックな絵柄のタロットを持っているなら、今が使う時だ。

ステップ1：場所のセッティング、グラウンディング、シールディング

儀式をする場所をつくり、グラウンディングとシールディングをする。五芒星の小追儺儀礼（ＬＢＲＰ）または六芒星の小追難儀礼（ＬＢＲＨ）をする習慣のある人はこれを行う。または方位神《エレメンツ》と見張り塔《ウオッチタワーズ》を召喚する。魔法円をつくってもいい。

頭上から、そして大地の下から神のエネルギーがやってきてあなたのハートで出会ったと感じたら、あなたのハイアーセクシュアルセルフを召喚する。これはいつでも呼び出せるあなたのエロスの元型パワーであり、あなたの行動を導いてくれる存在だ。そして以下の言葉を言うか、ノートに書き記す。

私は私の中にある1人ラブとセルフラストの活性化の儀式を導いてもらうため、私の中の最も官能的な自分、エロスの真実を表すハイアーセクシュアルセルフを

召喚する。私は私にとって最良のパワーとエネルギー、そして100%の光によって導かれ、私の官能的なパワーによって本来あるべき姿でしっかりと立たんことを。そうあらしめよ。

あなたのハイアーエロティックセルフを召喚したら、宇宙の高次の領域から降りてきたエネルギーを身体に招き入れるよう、呼吸を使って行う。

ステップ2（任意）：神々や守護天使を召喚する

この儀式を助けてもらうため、あなたの親しんでいる神や守護天使を呼び出す。神々にあなたの意図（聖なるセクシュアリティを目指す道をガイドしてくれる1人ラブやセルフラストを活性化する）を伝え、協力と祝福をお願いする。

ステップ3：自分に向ける愛と欲のリストをつくる

聖なるセックスグリモワールを出して、自分への愛と欲についてリストアップする。各カテゴリーで思いつく限りすべて書き記す。それぞれ最低10個書く。「私は自分の○○を愛している。」あるいは好きなフレーズを使って書く。

自分に対して厳しくならないように、自分を恋人か親友のように考えて、慈悲深く接する。１人ラブとセルフラストは物理的なものに限定されないことを忘れないように。自分のユーモアのセンスや笑顔を愛することもできる。人生をフルに満喫したいという欲求にセルフラストを感じてもいい。また、あなたの両足が移動したりダンスをしたりするのを助けてくれることを愛し、乳房やペニスの形にセルフラストを感じてもいい。謙虚さや控えめさはここでは不要だ。自信と感謝を持って進めよう。

リストが完成したら、それらを読み返し、手直しが必要なら修正する。

ステップ４：リストを声に出して読み、チャージしてキャンドルに装飾を施す

声に出してあなたの１人ラブやセルフラストの対象を読み上げながら、キャンドルを持つ。声の振動がそのエネルギーを活性化し、現実にする。

キャンドルを彫り、塗油する。１人ラブを象徴する言葉、セルフラストを象徴する言葉をそれぞれ選ぶ。ペンか鉛筆を使ってキャンドルにその言葉を刻む。ただ単に１人ラブ、セルフラストと書いてもいい。ハーブやオイルをキャンドルの両端から真ん中に向かって、または足元からトップの芯に向かってこすり付ける（どちらも何かを取り込む力がある）。次にハーブかラメを同じ手順で振りかける。またはペーパータオルか皿にハーブかラメを置き、その上にキャンドルを転がしてもいい。

そのキャンドルに火を灯し、以下の言葉を言う。しっくりこない部分は書きなおす。

今日この時、私は天上の最も高次の領域から自らの最も官能的なパワーを引き出し、セルフラストと1人ラブを活性化する。

神の光よ、降臨し、私の中に入り、このエネルギーを使って生きるよう導いてほしい。

私は私の意図と感情を、聖なる愛と欲のパワーのもとで調和させる。存在し得る最良のものとともにあらんことを。そうあらしめよ。

ステップ5：薔薇を魔法の杖にして、1人ラブとセルフラストを召喚する

ここで薔薇のパワーと魔術を召喚する。薔薇を魔法の杖にして、あなたと神を同化させ、人間として能う限りの能力を授かる。これがカバラ十字の最もシンプルな形だ。この儀式ではあなたの意思である水平な線、肩のラインの横線と、神の意思である縦線、頭から足へと続くラインを十字にクロスさせて十字架を作る。

右手に赤い薔薇を持ち、両足を肩幅に開いてしっかりと大地を踏みしめて立つ。宇宙の光が天から降り、頭頂部に達する様子をイメージする。その光と薔薇を合わせ、あたかも薔薇が光を引き寄せているかのように薔薇を頭頂部に当てて以下の言葉を言う。

天上の最も高い世界から

薔薇を身体の前を正中線沿いに下ろし、右手をまっすぐに下ろし、薔薇は右の腰の下で下向きになる。そして次の言葉を言う。

地の底の最も低い世界へ

薔薇を右肩に当て、次の言葉を言う。

すべての土地で、

薔薇を右肩から心臓を辿り、左肩へと沿わせ、次の言葉を言う。

すべての道を辿り、

両手を胸の前で祈りの形に重ね合わせ、薔薇を両手で挟んで次の言葉を言う。

私は自分自身を神の意思と同化させ、私の意思を以て、私の中にある一人ラブとセルフラストを活性化させる。すべての過去、現在、未来の私がこのパワーで満たされるよう。そうあらしめよ。

ステップ6：性魔術

どんな水晶でもいいので、手元に置いておきたい水晶を入手する。薔薇を使って自らの身体を愛撫する。息を吸い込みながら、下腹部に空気が満たされるのを感じ、息を吐きながらエネルギーが背骨を伝って上昇し、頭頂部に達するのをイメージする。これを数回繰り返す。薔薇のインスピレーションをガイド役にして性的エネルギーを循環させ、性魔術を使ってエネルギーレベルを上げ、キャンドルにエネルギーをチャージする。好きな性玩具や道具を使って自慰をしながら1人ラブとセルフラストを増幅させるという意図を心に留める。鏡の前でするのもいい。オーガズムに達したら、または極力近づいたら、絶頂エネルギーを頭頂部から宇宙へと送り、自分の意図を送る。この行為の間中キャンドルを見ているのもいい。

余韻に浸り、リラックスしたら、自分自身がたっぷりと1人ラブとセルフラストのエネルギーに満たされている様子をイメージする。どんな感じがするだろう？　味、匂い、感触、音はどうだろう？　どんな姿が見えるだろう？　あなたのセクシュアリティの潜在能力が完全に解放された状態に浸りきったイメージの中に好きなだけとどまる。

ステップ7：儀式を終える

準備ができたら、坐位でも仰臥位でも、心地よい姿勢を取り、儀式を終わらせる。エロティックなエネルギーが体内を巡り、どんな感じがしたかを覚えておこう。ハイアーセクシュアルセルフに感謝し、儀式が終わったことを知らせ、元いた場所に帰ってもらう。以下の言葉を言うか、書き記して儀式を終える。

私の中にある1人ラブとセルフラストを活性化するための儀式を導いてくれた、最も官能的な私自身、私のエロスの真実であるハイアーセクシュアルセルフに感謝をささげる。儀式は終了し、活性化は完了した。あなたの導きに感謝をささげる。しずやかに立ち去られよ。そうあらしめよ。

あなたの馴染みの神々や守護天使を召喚した場合、このタイミングで帰ってもらう。

儀式の終了とグラウンディングを行う。

エレメンタルやウォッチタワーを召喚した場合は、ここで元いた場所へと帰ってもらう。魔法円を作った場合はこれを閉じて終わらせる。五芒星の小追難儀礼（ＬＢＲＰ）または六芒星の小追難儀礼（ＬＢＲＨ）を行った人は、ここでカバラ十字を行う。

すべて終了したら、額または頭頂を地面につけ、余剰エネルギーがすべて大地に帰り、地球の中心の水晶へと向かう様子をイメージする。

あなたが彫ったキャンドルは、あなたが聖なるセックスを探究する時、１人ラブやセルフラストを求める時、何度でも火を灯すことになる。

キャンドルの火消しを使うか、扇いで消すか、あるいは瓶などで蓋をして消すかする。

必要な時にいつでも火をつけて使い、すべて終了したら三叉路《さんさろ》か十字路のごみ箱に捨ててかまわない。

第3章
性魔術のパワー

あなたは正式に性魔女のロデオ大会に入会した。ヤッホーベイビー！　暴れ牛にまたがり、セックスにまつわる古い常識を打ち破り、性的エネルギーを我がものとして主張する強さと気持ちよさを自らに許す人になった。これより、このエロスパワーを高め、乗りこなす方法を習得して行こう。

性魔術とは、性的エネルギーを使って物質界を変容させる手段。これは肉体とエーテル体の両方で磨かれるもので、その人の目的や意図に合わせてチャネリングできる。性魔術＝意図＋性的エネルギー＋行動だ。それは現実を変える手段としての道筋であり、単独でもパートナー（単数、複数）とでもできる。身体は魔法の杖または道具となり、その持ち主の意図を宇宙へと解き放つため、このワークの焦点は内面にある。意識の焦点を内面に合わせ、エネルギーを循環させ、今にとどまり快楽と感覚を味わう。自分自身または愛するパートナーとつながって、そのエネルギーを外に向けて放出し、現実を変化させる。性魔術はあなたのセクシュアリティをより深く理解し、掘り下げ、そして表現するためにも使われる。つまり顕現させるだけでは終わらないということだ。

ドナルド・マイケル・クレイグは『現代の性魔術』という著書の中で性魔術を「物質界と非物質界が織り交ざった連続体として捉える古代西洋のシステム」と定義している。物質界と非物質界をこのように表現するこの定義を私は気に入っている。物質界と非物質界はともに性魔術、聖なるセクシュアリティの主要な構成要素だからだ。物質（筋肉や性器など）は非物質界（エーテル体、エネルギー、心、魂）へのポータルとなる。自我の２つの側面が同期して働く時、魔法が起きる。

性魔術がパワフルな理由の１つに、オーガズムの効力が挙げられる（オーガズムのない人々にとっても性魔術の実践は可能だと指摘しておきたい）。オーガズムは超自然界の扉を開ける。フランス人がオーガズムをｌｅ　ｐｅｔｉｔ　ｍｏｒｔ（小さな死）と呼ぶには理由がある。性と死の神秘は１つであり同じものだ。クライマックスの瞬間、理性が消え去り、純粋意識への扉が開かれる。この瞬間に意図または欲望が加わると、性魔術は最強になる。

性魔術のやり方は１つではなく、性的エネルギーを変容に生かすための一連のテクニックを指す。性魔術は聖なるセクシュアリティの一部だが、辿る道は１つしかない。また性魔術師や性魔女が皆セックスを神聖視しているわけではない。つまりセックスは崇敬に値すると捉える場合と、道具の１つにすぎないと考えている場合がある。あなたは聖なるセクシュアリティに人生を捧げるために性魔術を実践する必要はないが、もしあなたが私と少しでも似ているなら、自分とセクシュアリティはあざなえる縄のごとし、ということだ。

魔術を実践する理由が無限にあるのと同様、あなたが性魔術を実践する理由もまた無限にある。そのうちのいくつかを次に挙げてみよう。
性魔術を実践するのは、
✧手に入れたいものを顕現させる（お金、新しい仕事、もっと多くのセックスとパートナー、新しい家など）
✧消したいものを消す（恥、外的圧力、悪習慣や癖など）
✧神との接触
✧エーテル体をよりよく理解し、かかわる
✧性的エネルギーをよりよく理解し、かかわる
✧エロティックな自我に自信を持ち、それを穏やかに受け入れる
✧儀式、祈禱、貢物として性的エネルギーを増幅させる
✧タリスマンやお守りにエネルギーをチャージし、神聖化する
✧神、女神、動物神、悪魔、天使などのエネルギー体との接触
✧個人的目標の求道や神秘探究の道を目指すためのイニシエーション
✧ほしいものを召喚する（創造力、インスピレーション、快楽、エクスタシー）
✧自分自身、神々、未来、行為に捧げものをする。

左道としての性魔術――個人の自由を行使する道

聖なる性魔女、またはエロスの神秘家の道を歩むこととは、左道を我がものにするということだ。左道、left hand path（LHP）とは、オカルトや哲学の教義でタブー、異端、反体制を神聖なものと捉える学派だ。要するに、社会の主流派から拒絶されたものに注目し、それを自我の復権への道とすることを指す。西洋社会でセックスは拒絶されているわけではないが、セックスを権力掌握や自己主張の道具にしている人々は依然として存在している。とりわけ風俗店従業員や売春婦たちは異常に高い確率で汚名を着せられ、残酷に扱われ、殺害されている。左道（LHP）は、個人の自由をすべてに優先させる大義としている。この道こそ、大衆に追従せず、個人の自由を行使する道なのだ。

左道には、セックスや風俗、アルコール、ドラッグその他、人にパワーと覚醒をもたらす物質（LHPタントラなど）が含まれる。左道と右道の最大の違いは、後者が神との一体化や、神を知ることを求めているのに対し、前者は快楽や感覚を拒絶するのでなく受け入れることにより、自らが神となることを目指す点にある。他のすべてのものと同様、これら2つの道は明確に白黒をつけられるものではない。左道は黒魔術ではなく悪ではないし、右道は白魔術でも善でもない。魔術や伝統の藪に分け入っていくと、その内容は細分化されて行くのが分かるだろう。朗報としては、左右の両方を試すことができること。その道のことを「中道」と呼ぶ。

性魔術の歴史

西洋に知られる性魔術の実践はある日突然生まれたわけではなく、そのルーツは哲学と神秘学の伝統の融合にある。性魔術の歴史は長く簡単に語れるものではないが、ハイライトとしてこの分野に影響を与えた何人かの性魔術師たちに触れておきたい。

パスカル・ビバリー・ランドルフ

性魔術に馴染みのある人はPBランドルフに感謝するだろう。この人の人物像、その神話、伝説そのものが、性魔術を西洋世界に知らしめたと言える。1825年生まれのランドルフは、ニューヨーク育ちの自由な黒人だ。スピリチュアリスト、医師、作家、活動家として有色人種と女性の権利を主張した。ランドルフがフランス語で著した『マギア・セクスアリス』という書籍は、彼の死後50年後に出版され、著名なオカルティスト、マリア・デ・ナグロウスカによって翻訳・編纂された。また彼はエウリス同胞団を創設した。

エロスの神秘の歴史は、恐らく人類が性交を始めた時から何百万年と続いているが、ランドルフはスピリチュアル・セクシュアリティのより組織化されたシステムを構築し、「愛の錬金術」と呼んだ。そして彼はわかりやすく記録された、洗練かつ詳細にわたるシステムを残している。ランドルフは聖なるセックスは真の変容（世界的にも個人的にも）の鍵だと信じていた。オーガズムに関する彼のシステムは、魔術の力と新たなスピリチュアルな領域への扉を開けると考えた。彼にとってオーガズムはどんな願いや欲望、意図をも叶えるためのポータルであり、性魔術は唯一のライフハックだった。

アレイスター・クロウリー（別名マスターテリオン）、偉大なる野獣６６６

パスカル・ビバリー・ランドルフは主としてエロスやオカルトの領域の外にいたが、悪名高い、密儀のバッドボーイ、アレイスター・クロウリーはそうではなかった。別名マスターテリオン、偉大なる野獣６６６と呼ばれ、「世界一の極悪人」との呼び名もあったクロウリーは、恐らくこの３００年の間で最も影響力のあるオカルティストと言っていいだろう。1875年に生まれた時、彼の母親は『ヨハネの黙示録』にインスピレーションを受け、彼に「偉大なる野獣」というニックネームをつけた。のちに彼は『ヨハネの黙示録』の影響のもと、オカルトの概念に覚醒し、セレマ思想と呼ばれる哲学的・魔術的運動・宗教を起こした。彼は1898年、魔術結社「黄金の夜明け団」に入団し、1899年にはヨガやタントラなど東洋の伝統の研究を始めた。

1904年には彼の妻ローズ・ケリーを霊媒として天から降ろした偉大なる叡智を『法の書』に著した。この本は、セクシュアリティ、エロティックな表現に基づく、新しいスピリチュアリティの時代の幕開けとなった聖なるセレマ思想の本だった。セレマは精液を飲む、同性との性交、自慰といった社会的タブーを「儀式」とし、破ることを提唱した。タントリカのように、クロウリーはタブーを破ることをスピリチュアルパワーへの道だと捉えていた。

ランドルフ同様、クロウリーはセクシュアリティを存在の原点と捉え、それには世界を変える力があると考えていた。魔術のエネルギーとなるだけでなく、エゴを破壊し得ると考えていたことはクロウリーの信条の根幹をなすものだった。クロウリーにとって「究極の破壊行為」とは、エロティックなエネルギーとセックスを使って既存の自我の概念を根こそぎ覆すことであり、二度と元には戻れないレベルの変革を「奈落の底を突き抜ける」

と表現している。彼の性魔術のビジョンは、彼が創設した東方聖堂騎士団、銀の星（ＡＡ）、セレマ思想（「愛は法なり」、「自分の意図を通す以上の法はない」と書かれている）に受け継がれた。

オースティン・オスマン・スパー

オースティン・オスマン・スパーは、混とん魔術《ケイオスマジック》の祖父と呼ばれ、信じがたいほどのインスピレーションを残したアーティストだ。１８８６年ロンドンに生まれたスパーは、クロウリーの魔術システム、銀の星（ＡＡ）にかかわったものの、窮屈で退屈だと感じた。そこで彼は独自の魔術を開発し、独自の信念体系を築いた。なかでも特に著名なのがシギル（紋章）で、死の姿勢、ゾス（人間の意識）とキア（宇宙の意識）という概念だ。スパーの信条と功績の根底にあるのは無意識こそが人の真実であり、すべての力（創造と破壊）はそこにあり、性的エネルギーがそれを包む殻を割って開くという考え方だ。「エロス魔術の悪魔主義者」、「悪魔のオカルティスト」などと呼ばれたスパーは、境界線を突破する魔術師で、その遺産は今もなお色褪せていない。

スパーはアーティストだったので、自身の絵画を魔術の触媒として使い、魔術の既成概念を打ち破った。彼はシギル作りを一般化し、アルファベットに意図を載せて、自慰でパワーをチャージすることでシンボルにするという手法を考案した。彼の哲学は著書『快楽の書』にまとめられ、1人ラブの考えのほか「性的快楽は自我の最も内面にあるもの」などの記述がある。クロウリー同様、スパーもセクシュアリティを否定すべきでないとの考えを持っていたが、快楽を通じて広めるべきとの考えだった。スパーは自身の作品、魔術、そして彼が創造した独自の宇宙を使ってこれを表現し、彼の作品はのちに登場したケイオスマジックに多大なる影響を与えた。

ダイアン・フォーチュン

ダイアン・フォーチュンが西洋の神秘主義に与えた影響は、性魔術よりカバラ研究のほうが名高いが、彼女はここにリストアップしたい人物の1人だ。フォーチュンは1890年イングランド生まれで、神の光、純粋意識、神格とリビドーを関連づけた人物。ヨガのクンダリーニの概念のように、彼女は性的エネルギーは生命エネルギーであり、その最もパワフルな表現だと考えた。セクシュアリティについてのフォーチュンの考えは、時代とともに変化した。性魔術についてあまり多くを語らなかったが、著書『愛と結婚に関する神秘哲学』には、性交で高揚したエネルギーは天に向かって渦を作るため、集めたり圧縮したりして使ったり影響を及ぼしたりできると語っている。フォーチュンは、東方聖堂騎士団や、のちに異端派としてジェラルド・ガードナーなどにより再結成された組織の仲介役を務めた。彼女のノンフィクション作品や小説などは現在もオカルティストに影響を与えている。

マリア・デ・ナグロウスカ

悪魔的女性、神秘主義者マリア・デ・ナグロウスカは、性魔術の歴史に悪名を残すもう1人の人物だ。1883年生まれのナグロウスカのサイキック能力は若いうちから開花した。神秘主義に傾倒し、過激な思想により投獄されたあと、ローマに避難した。ナグロウスカは長年にわたりサロンを開いてオカルト・コミュニティを形成し、悪魔主義と性魔術の議論で高い評価を得た。彼女は1932年、黄金の矢の同胞団《ゴールデンアローブラザーフッド》と呼ばれる組織を創設したが、これは彼女が性魔術と女性性の関係についての信念を形成するきっかけとなった。ナグロウスカは第三期イーオン（10億年周期）の到来を主張した。第一期はユダヤ教または父親の時代、第二期はキリスト教または息子の時代、そして第三期は聖なる霊体または母親の時代で、性魔術とフェミニストのユートピアの時代だ。彼女の最も悪名高い儀式は、無意識下での首吊りと挿入だった。

ジェラルド・ガードナー

ジェラルド・ガードナーは1884年生まれで、現代の新異端宗教ウィッカの生みの親だ。「スカイクラッド」（裸）と呼ばれる儀式を生んだヌーディストの彼は、イングランドのニューフォレストの魔女の間でイニシエーションを受けたと主張し、この魔女たちの信条や慣習は何千年もの昔から引き継がれているものだった。真偽は定かではないものの、ガードナーは1960年代の異端復権運動の父（の1人）と言われ、その功績は1954年（イギリスが魔術法を廃止したわずか4年後）に出版された著書『今日の魔女術』によるものだ。

ウィッカの大半は女神、女性の身体、巫女を元にしている。彼以前のオカルティスト同様、ガードナーも性的エネルギーの信奉者で、これは高揚・変形が可能で、セックスやむち打ちなどを含む儀式に使えるとした。男性と女性による聖なる性の結合を表すため、ガードナーは「偉大なる儀式」をつくった（またはクロウリーからパクった）。偉大なる儀式とは、高位の女性神官と、魔女のカヴンの高位の女性神官による性の結合（文字通りのセックスまたは剣が盃に刺さるところ）であり、女神と神の合体によるエクスタシーを象徴している。ウィッカとセレマには共通点がたくさんあるが、その1つが「セックスは存在し得る最もパワフルな魔力である」という考え方だ。

高級売春婦

　ここで社会がエロスをどう捉えるかの目安となってきた性のアイコン、つまり高級売春婦の話に移ろう。高級売春婦たちはヨーロッパのベルエポック（訳注：19世紀末から第1次大戦までの、楽観主義が支配したヨーロッパ社会を指す言葉）と呼ばれる時代に、特にパリで隆盛を極めた。彼女らの多くは王侯貴族に囲われ、優雅な暮らしを送っていた。彼女らは知識レベルが高く、アート、ファッション、食、文化に精通していた。彼女らをこのリストに加えたのは、彼女らが豊かさを得る手段として肉体美と魅力を提供し、セクシュアリティとその魔力との付き合い方を示したからだ。

　彼女らは愛するパートナーの欲望を受け止め、聖なる鏡となって相手を映し出す、愛の女神ヴィーナスになろうとした。実際、ルネッサンス期のヴィーナスを含む多くの裸体の女神の絵画は、一般女性と異なり肌を露出できた高級娼婦たちをモデルに描かれている。高級娼婦たちは、彼女らを愛《め》で、称賛した愛人や世界に対して、その美しさ、威厳、優雅さで応え、女神の資質を担っていた。一言で言えば、高級娼婦たちは愛玩の対象物から主体へと変わり、彼女らのセクシュアリティがパワーを持つようになった。だからこそ彼女らもまた性魔女、性魔術師の遺産の一部であり、あなた自身のエロスの根源を辿る時に役立つ存在なのだ。

性魔女は性産業の非犯罪化に協力しよう

ちょっとご提案！　もしあなたが自分自身を性魔女、性の神秘家、聖なるセックスの実践者などの類であると称するなら、性産業の非犯罪化に協力しなくてはならない。性に関する産業や売春行為などは合法化され管理されているが、そこで働く人々の声や存在は法整備の保護の外にある。彼らの存在が国にとって望ましいか否かという観点で見られ、法律の陰に隠れた「売春婦恐怖症」（セックスを売り物にする人々への怖れと偏見）という見方が主流となっている。サポートすべきモデルとしては、コミュニティの需要に見合った法整備の構築の最前線に彼らを立たせることで、性産業従事者の権利を中心に据え、この産業の悪いイメージを変えることだ。性産業の非犯罪化が実現すれば、性産業従事者には労働法が適用されるようになるだろう。

エロスの信奉者

一般的にはいにしえの聖なる娼婦として知られるエロスの信奉者は、愛の女神に成り代わり、その崇拝者と神殿で性の儀式を行う女性神官だった。男性神官もまた男性神に成り代わり、崇拝者のために同じ役割を果たしていた。メソポタミアやバビロンのイナンナやイシュタルの神殿にはエロスの信奉者がいたと言われる。ローマ、ギリシャにはヴィーナス、アフロディーテの神殿に、エジプトにはイシス（またはオーセット）の神殿にいたと言われるが定かではない。神をパートナーとして捉え、女神となって生まれ変わることで彼らは意識を変容させ、性行為を聖なる行為へと高めたのだ。あなたが儀式としてセックスをする時、あなたはエロスの信奉者の遺産を継承していることになる。

注：本書で私は聖なる娼婦のことをエロスの信奉者と呼んでいる。学術、文献、歴史学などさまざまな研究者が「神聖な売春」と「世俗的売春」（神殿や儀式ではない環境での売春行為）とを区別しているため、神に捧げるセックスのために働く人々を形容するにはエロスの信奉者という名称がふさわしいと考えた。

性魔術101　基本編

性魔術が聖なるセックスの一部である必要はない。あなたのセックスライフに宇宙や神秘の意識を取り入れても、呪文や儀式は一切やらないというのでもかまわない。しかし私に言わせれば、それでは何かを見落としていると思う。「魔術＝意図＋性的エネルギー＋行動」という等式をご記憶だろうか？　単純な例を挙げると、誰かの誕生日にバースデイケーキのキャンドルに火を灯し、「ハッピーバースデイ」を歌い、火を吹き消すというのがある。そこにある意図はシンプルで、楽しい一日を過ごし、これからの1年を祝福するという願いが意図となる。エネルギーは歌や歌声、誕生日を迎えた人のための場を設けていることだ。そして行動とは歌を歌う行為、火を吹き消す行為だ。これは立派な魔術だ！本書で扱うのは「性魔術＝行動＋意図＋エロティックなエネルギー」だ。

もしあなたが性魔術の初心者なら、まずは180〜182ページにある瞑想をして、性的エネルギーが体内を巡るのを感じてみてほしい。次に、自慰をしながら性魔術の探索をする。性魔術は単独でもパートナーとでもできる。もしあなたが色欲の道に足の先をちょっとつけた程度の初心者なら1人でやってみることをお勧めしたい。理由は、第一に性的エネルギーがどんなふうに体内を巡るかを知ることで、パートナーが隣にいる時の性的エネルギーの様子が理解できる。第二に単独で性魔術を経験すると聖なるセックスがあなたにどんな意味を持つかを理解できる。どんなセックスでも言えることだが、性魔術には物理的、エネルギー的なリスクがある。エクスタシーの流れに身を任せるには信頼が鍵となる。この場合はパートナーに協力を仰ぐより、単独のＤＹＹ（do you yourself）が簡単でいい。

ステップ１：意図を設定する

性魔術の第一ステップは、行為の動機を知ることだ。性的エネルギーは創造エネルギーで、何かを顕現させる、あるいは引き寄せるために使うのはパワフルな選択だ。しかし、変容や浄化の手段として性的本質に触れるため、神々への捧げものや、自分のエーテル体の浄化の手段として、性魔術を使って何かを消すこともできる。あなたが新しい住まいを探していたり、身体の修復をしたり、愛の女神にエネルギーを捧げたり、自虐的な考えや羞恥心を手放したり、エロスパワーの炎で身体を浄化し尽くしたりしたいのであれば、性魔術は有効なツールとなる。

意図の設定に加え、単独でやるかパートナーとともにやるかを決める。

ステップ２：場所のセッティング、気分を高揚させる

意図の設定ができたら、場所を整える。性魔術では、性玩具、コンドーム、潤滑剤など必要なものをそろえていく。これはあなたが性交したい環境を想像するという意味でもあ

る。汚れた洗濯物はその場所から取り除き、ペットやぬいぐるみに見られている状態は（それがあなたを高揚させるなら別だが）つくらない。もしあなたが火星の過激なエネルギーを召喚し、性に関する否定的な思い込みを消し去りたいのなら、その場所で赤いキャンドルを5本灯すか、シナモンまたは煙草のお香を焚くといい。もしあなたが1人ラブとセルフラストを起こさせたいなら、ヴィーナスを召喚し、祭壇に生花の薔薇を飾り、その場所に緑のキャンドルを7本灯すか、ベッドの脇にローズクォーツを置く。あなたの習慣に従って場所を整えてみよう。

次に自分の気分を高揚させていく。エネルギーレベルでの前戯の一環として自分の身を飾る。ドレスアップしながら意図を心で復唱し、それが実現したらどれほど素晴らしいかを想像する。ここで自分自身を誘惑する。もし性魔術をパートナーとともにやっているなら、お互いを求め合う。性魔女っぽい服装、またはパートナーが剝ぎ取りたいと思うような服を身につける。香水、コロン、オイルをつけてもいいが、つけすぎないこと。ひと吹き二吹き、耳の後ろや鎖骨の辺りに数滴で十分だ。顔やシーツが汚れてもかまわないなら真っ赤な口紅はいつでもセクシーさを盛り上げる。口紅はそこらじゅうにつくことをお忘れなく。

グラウンディングをして、神殿に入る。呼吸法など、儀式の前の儀式をここで行う。パートナーとともに行う場合、呼吸をそろえて親密さを高めていく。瞑想、お祓いの儀式などをする。もしこの儀式でパートナーが神の役を演じる場合、召還の儀式をする。カバラ十字、五芒星の小追儺儀礼（ＬＢＲＰ）、あるいは魔法円を描き、方位神を召喚してもいい。

ステップ3：エロティックなエネルギーを高める

ここからが楽しいところ！　１人なら自慰、２人ならセックスを始め、以下の好きな冒険をする。（１）セックスの間、終了後も常に意図に集中する、または（２）クライマックスの直前、最中、余韻の時間にのみ意図に集中する。

プロセスを楽しむ。２回目の１人ラブまたはセックスはさっきと違うやり方で、もっとゆっくり、あるいはもっと素早くやってみる。聖なる行為であることを意識して。あなたのハート、パートナーのハートとつながって、呼吸を忘れないで。呼吸を使って性的エネルギーを全身に巡らせる。またはパートナーとともにエネルギー回路を作り、２人の身体を循環させる。オーガズムに近づいたら、迫ってみたりじらしてみたりしてエネルギーレベルを上げていく。

ステップ4：絶頂に達したら意図に集中して、宇宙に放つ

オーガズムに達したら、または最も近いところまで行ったら、（意図に集中できていない人は）ここで再び集中する。オーガズムのエネルギーを性器の辺りから背骨に沿って上昇させ、頭頂に持って行ったらそのまま天に向かって解き放つ。シギルを使っている人はこのタイミングでエネルギーを吹き込む。もしあなたとパートナーのオーガズムが同時に起きなかった場合、先に行ったほうがそのエネルギーを天に放ち、その後意識をパートナーのオーガズムに振り向け、呼吸法、視覚化のプロセスを繰り返し、エネルギーを身体から頭頂、宇宙へと解き放つ。

ステップ5：余韻の中で欲求を視覚化する

全身に残る振動を楽しみ、望ましい結果を視覚化する。快楽の中にとどまり、意図設定した目標が実現したらどうなるかに思いを馳せる。必要なだけ時間をかける。

ステップ6：儀式を終える

グラウンディングとクロージングを行う。ここでアフターケアの時間を持つ。行為の後に普段していること、たとえばチョコレートを食べる、入浴する、読書するなど、テンションを下げるための行動をする。儀式の前に五芒星の小追儺儀礼（ＬＢＲＰ）、カバラ十字をした場合、ここでクロージングを行う。神々を召喚した場合、ここで帰還を促す。魔法円をつくり、方位神を召喚した人は円を解消し、帰還を促す。そして儀式のことをきれいさっぱり忘れ、新たに性魔女になって得られたパワーを楽しむ。

性魔女の倫理

自分を知ることは、性魔術の教義の１つだ。つまり自分の欲望、限界、身体を知り、性魔術の倫理観を知ることだ。性魔術を誰かとともに探究する場合、自分にとって心地よい状態を確認しておくことが重要だ。具体的には、パートナーにあなたが性魔術を行うことを知らせ、熱烈な同意を得る必要があるか、パートナーに知らせることなく実践したいかなどだ。

ある意味で、パートナーの合意を得られるのは素晴らしいことだ。行為の最中にエネルギーレベルを上げている時、パートナーもそれに気づくことだろう。その一方で、パートナーがすでにあなたのセックスの相手であれば、あなたが心の内面で探求していることに対してノーと言えるだろうか？　これは簡単に白か黒かに決められることではなく、あなたのこれまでの習慣や価値観によって、どう感じるか次第だ。性魔術に関する限り、ベッドに入る前に時間をつくって日記をつけ、探求し、自分にとってどんな状態が快適で落ち着くかをじっくり考えることで、あなたの心の羅針盤の真実に沿う結論が出せるだろう。以下の質問に答えることで、心の整理をしてほしい。

✧性魔術を実践することをパートナーに知らせる必要があるだろうか？　それが正しいことだと考えているか？

✧もしそうでない場合、その理由は大したことではないと思っているからか、それとも相手に拒絶されてセックスができなくなることを怖れているからだろうか？

✧もしパートナーが性魔術を実践していたら、そのことを私に知らせてほしいだろうか？

✧私の直感や心の声は私に何を語ろうとしているだろうか？

シギルと性魔術

セックスは身体でするものだが、行為の根底は潜在意識、無意識でも起きている。性魔術やシギルがパワフルなコンビネーションとなるのはそのためだ。偉大なる魔術師オースティン・オスマン・スパーによって一般化されたシギルとは、意図を分解し、シンボルに変え、パワーをチャージしたものだ。要するにシギルは欲求の容れ物として機能し、無意識領域で作用する。顕在意識ではシギルが何を象徴し、意味するかを忘れるが、シギルはそれとは無関係に仕事をする。それが効果の中核となる。シギルが機能を十全に発揮するには、それが存在する目的や詳細を、儀式終了後に速やかに忘れなくてはならない。

シギルの扱い方は二通りあるが、この前提は変わらない。意図を設定し、それをシンボルに変える。唯一の違いは、シギルをたくさん作り、それにパワーをチャージする前に目的を忘れるか、作ってすぐにチャージするかだ。

でもその前に、なぜシギルを作るのか、だ。シギルは簡単で効果が高くパワフルな魔術だ。無意識に刷り込むためには変性意識に入らなくてはならない。これにはエネルギーの絶頂、絶頂に至る高揚感が含まれる。性的エネルギーは自然に山場を迎えるし、セックスは人を変性意識へと誘導する。セックスは楽しくて簡単だから、シギルと性魔術は両立しやすい。おまけに性魔術のシギルはどんな目的にも使える。たとえば車の修理代のお金が欲しいとか、症状に合った医者を見つけたいとか言ったことでもいい。したがって、これらのノウハウはあなたの聖なるセックスの実践とは関係なく活用できることを覚えておこう。

シギルの魔術を使う理由

✧性的エネルギーや自分のスペースの確保、あなたを傷つける人物から身を守る
✧性やエロスに関する否定的な考え方を手放す
✧新しいパートナー、セクシュアリティとの新しい付き合い方、意識的な関係、聖なるセックス、その他お金、仕事、新しい住まいなどを引き寄せる。
✧既存の関係を深めて聖なるセックスへ、より意識的な関係へと高める。
✧自分の性的エネルギーとつながり、性的エネルギーを神に捧げる、またはエネルギー、2人の関係を神聖化する。

シギル魔術のやり方

シギルの使い方には主として2つの方法がある。1つは、チャージするシギルを顕在意識で自覚し、意図と視覚化によってパワーを注入してから、これを壊す。そしてもう1つは、同時にたくさんのシギルをつくり、1週間ほど放置してそれぞれが持つ意味を忘れる。それから一定の期間に性魔術でひとつずつチャージしていく。これらの方法にはそれぞれメリット、デメリットがある。

シギルの意図を知っている場合、その意図や欲求を感じながらチャージできる。これは非常に強く意図している時、驚異的な力を発揮する。すぐに結果が欲しい時はこの方法が特に有効だ。この方法のデメリットは、その意図への執着や視覚化によりシギルの効果や象徴がなかなか忘れられなくなることだ。あとになってからもシギルのことを考え、効果が出ているかが気になったりする。儀式が終わったらすべて忘れていいのに、いつまでもそれにエネルギーを送り続けることになる。魔術がひとりでに奏功するには、すべて忘れて目の前の日常に集中するのがいい。

もう1つの方法では同時に複数のシギルをつくり、袋か箱にしまっておく。数日、あるいは数週間経ってからシギルを1つ取り出しては、性魔術でチャージしていく。この時視覚化や結果を想像したりしないで、ただひたすらにエネルギーをシギルに注入する。この時あなたはこの儀式やシギルが何のためかを知らないので、潜在意識は顕在意識の妨害を受けることなく、魔術の効果を高めていける。もし複数の意図がない場合、また気が散りやすい性格の人には、複数のシギルを同時につくるこの方法は適していない。

両方試してみて、どちらがより自分に合っているか判断してほしい。どっちが好きかという感覚が、実際にやってみた時しっくりくるやり方になるだろう。自分の気持ちやエネルギーに合ったやり方で柔軟に試したら、シギルが仕事をしてくれることを信じよう。

シギルの制作

本書に書かれたすべての儀式はシギルによってパワーアップする。いろいろ遊んでみて、しっくりくるやり方を探り、その結果どうだったかを聖なるセックスグリモワールに書きとめよう。

シギルの作り方は以下の通り。

✧儀式の場所のセットアップ、グラウンディング、シールディング

✧意図の設定をする（すでに紹介したどのやり方でもかまわない）

✧それ（英単語）を紙に書き、繰り返されているアルファベットを消していく。または母音を消していくと、子音だけが残る。両方試して好きなほうを採用する。どちらが正しいとか間違っているとかいうことではない。

✧残ったアルファベットを使ってシンボルのデザインを組み立てていく。アルファベットの形を残さないほどいい。アルファベットを重ねてみたり、その瞬間の気分やエネルギーに任せて自由につくる。いろんなデザインを試すのに紙を何枚か使うといい。気に入ったシンボルを１つ決めたら、装飾の線を加えるなどして整える。（セリフフォントのように）

✧シンボルを丸で囲み、あなたの意図や欲求の容器とする。

✧どちらのやり方を選ぶかにより、複数の意図を込めた複数のシギルを同時につくる。それらを袋か箱に入れ、見えないところに収めて数日または数週間置く。その後ランダムに１つずつ選んでチャージしていく。

✧シギルを性魔術でチャージする。自慰するかセックスをすることによりエネルギーレベルを絶頂に持っていき、シギルを見て、（もしそのシギルの意図がわかる場合は）それが実現した様子をイメージしながらエネルギーをシギルに注入する。終わったら余韻に浸りながら、（そのシギルの意図がわかる場合は）それが現実になった世界を想像し、それが自分のものになったらどう感じるかを考える。

✧シギルの意図を知っていてもいなくても、ここでシギルを破壊する。紙を破る、燃やす、ごみ箱に捨てる、土に埋める、トイレに流すなど。

✧儀式の終了のしるしとして、笑う、払いのけるジェスチャーをする、手を叩く、足を踏み鳴らすなど。

✧シギルを作った理由や経緯、儀式をすべて忘れていつもの日常生活に戻る。魔術が仕事をするに任せる。そしてそれがどれほど効果的か、あとで思い知ることだろう。

振り返りの質問集

性魔女になるとはどんな気分だろう？　儀式や1人ラブを1つ重ねるごとに、新しい自分を発見し、パワーアップしていることを願いたい。それはつまり、あなたのエロスパワーを紐解くには今以上にふさわしい時はないということだ。以下の質問集をきっかけにして、心が何らかの反応を示す質問に答え、自分を発見し、自由に記述し、マインドマッピングをして、詩や散文を書いてもいい。タロットを並べて直感を深めていってもいい。この過程を好きなだけ儀式にしてもいい。

✧性魔術とは私にとってどんな意味があるだろう？

✧それはエロスの神との関係をどう変えるだろう？

✧性魔術が私の価値観やスピリチュアルな生き方と共鳴するためにはどう定義すればいいだろう？

✧私の性的エネルギーをグラウンディングさせるためにはどんなエロスの元型の魔力を使うといいだろう？

✧過去や現在のどの性魔術師にインスピレーションを感じるだろう？　その系譜と共振するのはどのセックスアイコン、著名人、アーティストだろう？

✧私はどんな創造的表現を手に入れたいだろう？

✧性魔術を単独で、またはパートナーと、それとも両方で探究したいだろうか？

✧性産業従事者の権利と非犯罪化のサポートの闘いをどうすれば続けられるだろうか？

✧エロスやセックスのエネルギーは私の体内でどう感じるだろう？　その存在をどうやって知るだろう？　その覚醒、活性化、トリガーはどこだろう？

✧性魔術は私の聖なるセックスの道とどうかかわるだろう？

エロスの神に没入するためのタロット

このタロットは元型のインスピレーションと、性魔術の知識と実践をもとに、性魔術の世界に深く分け入っていくためのガイドとなる。タロットは今のあなたの姿を映し出しているだけで、未来はいかようにも変わり得ると理解したうえで、あなたの内面の羅針盤を探ってみよう。場所のセットアップをして、カードを用意して、心を整える。準備ができたら、知りたいことを質問（たとえば「性魔術をどのように深められるだろうか」など）しながらシャッフルをする。いつもの習慣に従ってカードの山を二つに分けるなどして、カードを引いていく。終わったら、結果とあなたの解釈や洞察をグリモワールに記録する。

カード1：性魔術と私との関係は？
カード2：それを深めるには？
カード3：インスピレーションはどんな時に降りてくる？
カード4：それをどうすれば実践できるか？
カード5：私の性的パワーを活性化する方法は？
カード6：それをすべての活動に反映させるには？

エロスの中核に近づくためのアファメーション

このアファメーションは、あなたにパワーを授けるものだ。あなたに備わった強さを思い出させてくれるものだ。あなたが忘れそうになったり自信をなくした時、あなたの真実を行動に反映させて導くものだ。性魔術や性的パワーの探訪にあたり、これらを心にとどめておこう。これらのアファメーションは本章のテーマを補足するものなので、興味を持ったものだけ取り入れ、そうでないものは無視してかまわない。

✧私は神とつながっていて、私の聖なるエロスの本質に導かれている。

✧私は私の中にある性魔術の源流に身を委ねる。

✧私はいつでも、すべての場所、すべての方法で性魔術の伝統とつながる。

✧私は私の中にあるエロスの神の魔術を尊重する。

✧私は私の中にあるエロスの神の魔術を活性化する。

✧私は私の性魔術のパワーに身を委ねる。

✧私の魔術を尊重する時、私は私の真実の深みに分け入って進む。

✧私のエロスの本質にはパワーと魔術が宿っている。

✧私は性の神・女神であり、性魔術を通じてそのパワーを感じる。

✧私は聖なるセックスを神への回帰の道として尊重する。

✧私は性魔女で、誰にも止められない。

✧私の魔術とセクシュアリティは快楽と驚きに満ちた人生へと導く。

✧私はいまいましいセックスの神・女神だ。

性的エネルギーを身体に感じるための瞑想

エネルギーはすべての魔術の基本であり、それを認識し、身体の中に感じることが重要だ。性的エネルギーは繊細で、それを育て、感じ、動かすにはそのための時間と注意力が不可欠だ。その注意力を育む方法には瞑想があり、性的エネルギーを魔術や儀式に使う能力を向上させてくれる。

第1章の解説に従って場所のセッティングをする。まず心地よく座れる場所を確保する。椅子に座り、足の裏を地面か床につける。または床に座り、足を折り曲げる。しばらく呼吸に意識を向け、吸う息とともに自分の中に入り、吐く息とともにその日抱いた心配や緊張が解けて外に出ていく様子をイメージする。心が鎮まってきたら、呼吸を性器またはセクシュアルな中心に振り向けるように意識して、そこに火が点いたことをイメージする。呼吸するたびにその炎が大きくなっていくのをイメージする。そのままあと5回以上呼吸を続け、体内の炎が熱く燃え上がるまで続ける。次にその炎が上昇し、心臓の辺りにまで上ってくるのをイメージする。そこには水を満たした盃があることをイメージする。上がってきた炎が水を温め、呼吸するたびに温度がどんどん上昇していく。体内の盃の水は沸騰し湯気を立てると、エロティックな気分が高まってくる。そのままあと5回以上呼吸を続け、湯気の熱さに耐えきれないところまで行く。次に湯気が頭頂に上っていく様子をイメージし、頭頂に達すると湯気は黄金の光、純粋エネルギーへと変わる。呼吸のたびにこのエネルギーは強く、激しくなる。このままあと5回以上呼吸を続け、このエネルギーが爆発寸前になるまで続ける。その光は頭頂から全身に流れ、性器の辺りに溜まっていく。光は炎に吸収され、その炎が上昇し、この周期を繰り返す。エネルギーが上昇し、下降して溜まるという循環を何度でも好きなだけ繰り返す。

このエネルギーを認識できるようになったら、炎や盃のイメージを思い描くことなくエネルギーを性器、心臓、頭頂に移動させられるようになる。坐位の瞑想で、また自慰をしながら練習をしよう。瞑想に性的興奮が加わると、どんな変化が起きるかに注目し、気づいたことをグリモワールに書きとめよう。

性魔術の儀式をカスタマイズする

本書のすべての儀式は単独、またはパートナーとのどちらでもできるようになっている。敢えて毎回言わないが、すべての儀式はあなたがやりやすいように好きな形にカスタマイズしてかまわない。

性的エネルギーを全開にするための性魔術儀式

１人ラブとセルフラストでベースが築かれたので、次は聖なる性魔女となって生きる道にコミットして行こう。それはつまりあなたのエロスのポテンシャル、あなたの世俗的・魔術的日常の中に性的エネルギーの底流を見出していくためのグラウンディングを指す。たまに、ではなく、日常的にこの道を行くというのは、あらゆるものの中にエロスを見出すということだ。この魔術は、そのような変化と通過儀礼をエロティックにサポートしてくれる。

用意するもの：お望みの性玩具、潤滑剤、あなたのグリモワール、ペンか鉛筆、あなたが召喚したい性的エネルギーを象徴するタロットカード、聖なるセックスキャンドル。

この儀式は新月、上弦の月、または満月の時に行うのがベスト。
これらの時期はエネルギーを引き寄せ、活性化する。

ステップ１：場所のセッティング

いつものように、始めるにあたり場所をセッティングし、使うものを集めてくる。あなたがこの儀式に求める意図に合わせ、祭壇をアレンジするといい。聖なる煙または聖水、ローズウォーターで、場と使うものの浄化を行う。

ステップ２：意図を設定する

十分時間をかけてグリモワールに意図を書き込む。たとえばあなたのエロスのポテンシャルを全開にするなど、あなたが取り組みたいテーマがあればそれを設定する。自分が何に意識を集中させるかを明確にするために、具体的な言葉で表現していく。これが済んだら、その意図に沿ったアファメーションや言葉を選ぶ。たとえば「私の中にあるエロスの神が覚醒するための準備が整った」というアファメーション、「覚醒」という言葉など。あなたの意図をこのフレーズまたは言葉に落とし込み、次のステップやこの儀式の性魔術を行う際に意識する。この儀式をパートナーとともに行う場合は、あなたとパートナーそれぞれに意図とアファメーションを設定してもいいし、カップルとして1つの意図とアファメーションにしてもいい。

ステップ3：性的魅力とアファメーションの準備を整える

あなたのエロスの本質に入って行く。その感覚、香り、この儀式の持つエネルギーと共振する感情に注意を向ける。あなたのエネルギーが変化してきたことを感じたら、先ほどのアファメーションか言葉に戻り、声に出して唱える。その声に導かれる。

自らの性的パワーに根を下ろし、エロスが止まらなくなるほどの衣服を身につける。パートナーとともに儀式に臨んでいる人は、誘惑のダンスをしてもいい。

ステップ4：グラウンディングと召喚

ここで場のエネルギーを整え、聖なるセックスキャンドルに火を灯す。五芒星の小追儺儀礼（LBRP）、詠唱やドラム叩き、魔法円をつくって方位神を召喚するなど、あなたのやりたいことを行う。本書の初めに書いたグラウンディングとシールディングを行う。

このタイミングで好きな神々を召喚する。欲望を覚醒させるアフロディーテ、宇宙意識とつながるためのエロス、シヴァなど。パートナーと、あるいはグループでこれを行う場合、召喚する神は2柱（相互補完する）までにすることをお勧めする。好きな言語で意図を唱え、指導、サポート、そして寛大な心を乞う。

またここであなたのハイアーセクシュアルセルフ、あなたの聖なるセクシュアリティ、あなたの最強のパワーを召喚してもいい。前章の言葉を元にして、自分に合った内容にアレンジしてもいい。


私は私の中にある1人ラブとセルフラストの活性化の儀式を導いてもらうため、私の最も官能的な自分、エロスの真実を表すハイアーエロティックセルフを召喚する。私は私にとって最良のパワーとエネルギー、そして100％の光によって導かれ、私の官能的なパワーによって本来あるべき姿でしっかりと立たんことを。

そうあらしめよ。

ステップ5：鏡のワークまたは視線を向ける

この儀式をパートナーと2人でやっている場合、お互いの左目（または右目、どちらか決める）に視線を向ける。奇数のグループでやっている場合は、ペアにならなかった人のために誰かが2回行う。１人でやっている場合は鏡の前で、利き目ではないほうの目に視線を向ける。

このワークのポイントは、新しい官能的自我とつながる道筋をつけるため、性やエロスパワーに関する古い認識をすべて溶かすことにある。視線を向けながらアファメーションや言葉を声に出して言ってもいいし、そうすることで「今・ここ」にとどまれなくなると感じるならやらなくていい。

鏡の中の自分の目、またはパートナーの片目に視線を向ける。深呼吸を数回行い、不安や心配、緊張が吐く息とともに外に出ていく様子をイメージする。視線を向け続けながら、すべての不安や古い認識が溶けて消えていくに任せる。愛するパートナーの顔や自分の顔が溶けて消えていく様子、再構成され、開かれる様子をイメージしてもいい。何かを起こさなくてはならないということはない。ただただ今にとどまり、自らのパワーの中に落ちていくのを感じる。

自分の身体、パワー、今という瞬間の中に落ちていくのを感じたら、声に出して意図を宣言する。

ステップ6：意図の宣言

鏡の中、またはパートナーの目に視線を向けながら意図を宣言する。以下の文章を心の中で読むか、自分なりにアレンジしたものを読む。今という瞬間に導かれる。

月は○○座、太陽は○○座にある、この（日付）という日、私は宇宙とガイド、私の最も高次のハイアーセクシュアルセルフの前で、私の中のエロスの神を覚醒し、私の完全なるセクシュアルなパワーへと踏み出す準備ができたことを宣言する。私はいつでもすべてにおいて、私の官能的なポテンシャルを発揮し、それにふさわしい行動をとることをここに宣言する。したがって、私は私の意図［意図を音読する］を活性化し、宇宙は私を通して私と協働し、私の新しい現実を顕現する。これにかかわるすべてのもの、それ以上の善なるものの参加を。そうあらしめよ。

ここでまたしばらく鏡の自分の目、パートナーの目に視線を向ける。この宣言の持つ深い意味に思いを致す。グラウンディングができたと感じたら、意図の宣言を声に出して唱える。呼吸と視線のプロセスを何度か繰り返し、その場にとどまる。

ステップ7：性魔術とエネルギー循環

ここでセックスまたは自慰を始める。アファメーションか言葉を、吸う息とともに繰り返し唱え、吐く息とともにそのエネルギーが身体の中を巡る様子をイメージする。このセックスはゆっくりと始め、180～182ページの瞑想で練習したように、エネルギーを循環させていく。

1人で行う場合：性的エネルギーが体内を循環するのを感じたら、呼吸を使って性器からエネルギーが頭頂に上昇し、そこから背骨に沿って泉のように流れ落ち、性器に巡り着き、ループを作る。このようにエネルギーを循環させ、1周巡るごとにパワーが増していき、上ったり下ったりを繰り返す。快楽を感じ、性的エネルギーが覚醒したら、心の目でアファメーションか言葉を確認する。オーガズムに近づいてきたら、再び意図に集中する。エネルギーが性器から上昇し、頭頂に達したらそのまま飛び出して宇宙に注がれ、大宇宙に向かってさく裂し、現実となる。余韻にじっくりと浸り、あなたの意図が現実になり、あなたのエロティックなポテンシャルが根付いた様子を感じる。

パートナーと行う場合：セックスをしながら言葉かアファメーションに意識を向ける。2人のループをつくってエネルギーを循環させてもいい。1人が息を吸うと、エネルギーが性器の辺りから心臓へと上り、口からパートナーの口へと口移しされる。吐く息ととももにエネルギーは２人の口からパートナーの心臓を経由して性器へと至る。あなたが吸う息でそれはあなたに戻り、あなたの心臓へと至る。このループをイメージし、キスができないような体位の時も継続させる。

３人以上で行う場合、エネルギーが性器から心臓へと上昇し、頭頂に達したら泉のように流れ落ち、性器まで落ちてきたら再び上昇を始める。つまり、このエネルギーを１人の身体の中で強めていくことに集中する。エネルギーがどんどん強くなり、もう戻れないところまで来たら、再び意図を思い出し、骨盤底部からエネルギーが心臓を通って頭頂に達するのを感じる。そのままエネルギーを宇宙に放出し、あなたの願望は現実になる。オーガズムに同時に達しなかった場合は、パートナーが自分の意図に集中するのを助ける。全員がオーガズムに達したら、またはそれに最も近づけることができたら、余韻に浸り、自分の意図が現実になった様子を思い浮かべ、自らの性的パワーをしっかりと自分に根付かせる。

ステップ８：儀式の前と後を分けるしるしをつくる

新しいアファメーションを書くか、好きな創作をする。たとえば詩を書く、エロスの神との新しい関係を示すフレーズをつくる、魔術を行う時のための新しい名前を自分につけるなど。この変容の儀式、通過儀礼をした証となるような何かを作る。創造力を羽ばたかせてやってみる。ワンドのキングのような、パワーを身につけるための元型となるタロットカードを引くのもいいだろう。

ステップ9：場を閉じる

本書の冒頭に書いた通りクロージングとグラウンディングを行う。この儀式のために神々を召喚した場合は、感謝を伝え、儀式が終わったことを告げよう。このタイミングで神々に捧げものを備える。ハイアーセクシュアルセルフにも帰ってもらうために以下の言葉を唱える。

私のハイアーセクシュアルセルフ、官能的な魂が、私の性的表現とエロスパワーを引き出すためのこの儀式をガイドしてくれたことに感謝します。儀式は終了し、活性化は完了しました。あなたのガイダンスに感謝を捧げます。静かにお帰りを。そうあらしめよ。

クロージングとグラウンディングのエクササイズを行う。五芒星の小追儺儀礼（ＬＢＲ

P）をした場合はこのタイミングでカバラ十字をする。見張り塔や方位神を召喚した場合は、ここで帰ってもらう。基本的に、儀式をするにあたり始めたものはすべてここで終わらせる。聖なるセックスキャンドルを灯したら、ここで消す。ヨガのチャイルドポーズのように床に額をつけ、体内に残る余剰エネルギーを大地に帰す。薔薇、チョコレート、ワイン、蜂密酒、お菓子、その他あなたのハイアーエロティックセルフと共振するものを祭壇に備える。次にあなた自身にお供えをする番だ。おいしいものを食べ、入浴し、ダンスをしたり、泣いたり、好きなことをする。

ここでどんな儀式だったかをグリモワールに記録しておくことをお勧めしたい。その時の気持ち、体験、身体の衝撃、浮かんだビジョンなどを書きとめるといい。

第2部

聖なるセックスへの道
エロスの旅の
コズミックガイド

第4章

出発の準備

エロスの神への道は肉体から始まる。しかしそれは預言者や神秘家が経験するような繊細な意識の層へと拡大していく。目的地に至る過程は過激なまでに個人的なものだ。万人向けの道はなく、すべてオートクチュールだ。あなたの進む道はあなたのニーズ、経験、欲望によって決まる。あなたがどんな旅をしたいか、顕在意識レベルで自覚していてもその通りには行かないかもしれない。それはそれでかまわない。

セックスは物理次元、エネルギー次元の両方で起きるので、そのための道具もまた2つの次元で使えるものでなくてはならない。エロスの元型やタロットについてはすでに論じたので、この先は気ままに実践に入って行こう。私の希望として、これは聖なるセックスへの道の始まりであり、ゴールではないということ、そして、あなた独自の聖なるセックス探究を助け、完全に徹頭徹尾個人的なものであってほしいということだ。

聖なるセックスの道

この項では、いくつかの聖なるセックスの道とそれに対応するタロットの元型を紹介していく。これらを足掛かりにして、どれに共振し、どれに最も興味をそそられるかを探っていこう。瞑想をしてカードをしばらく眺めながら、エロスの神の香り漂う世界に深入りして行こう。

節制：錬金術の道

ヘブライ文字とその意味：サーメク、支柱・小道具
対応する占星術のサイン：射手座
対応する生命の樹のセフィラ：ティファレト（美、太陽）からイェソド（基礎、月）
占いの意味：２つの相反する力のバランスを見つける。感性と理性の調和。純粋さと修正を志向し、中道を探る。天と地の力を取り入れ、バランスを取り、安定した進路を取る。

この道について：これはセックスを変容、変形、純粋化する力と捉える、エロスの錬金術師の道だ。これは強い熱をともなうエゴの崩壊・消失の道であり、人が可能な限り、限界まで進化するための方法だ。これは性的エネルギーを使ったスピリチュアル錬金術だ。スピリチュアル錬金術の伝統と儀式を使ってあなたのセクシュアルパワーをグラウンディングさせ、あるべき軌道に乗せる、破壊的な肉体の道だ。内在する月と太陽のバランスを取る、性的錬金術の道だ。

恋人たち：神聖な結合の道

ヘブライ文字とその意味：ザイン、剣
対応する占星術のサイン：双子座
対応する生命の樹のセフィラ：ビナー（理解、土星）からティファレト（美、太陽）
占いの意味：太陽と月の聖なる結合、能動的・受動的自我。潜在意識と顕在意識の融合。あらゆる生命との愛とロマンス、または愛と関係の始まり。

この道について：神聖な結合の道では、エクスタシー・神とのつながりを強化するために、愛するパートナーとの、または神々との結びつきを活用する。これは他者に献身する聖なる結婚の道、自我に内在する二元性を整える手段として、創造エネルギーと結合するダンスの道だ。これは聖なる結びつき、意識の合体の道だ。既に存在するパートナーシップ、あるいはこれから創造したい関係にも使える。

女教皇：神秘家の道

ヘブライ文字とその意味：ギーメル、駱駝
対応する占星術のサイン：月
対応する生命の樹のセフィラ：ケテル（王冠）からティファレト（美、太陽）

占いの意味：静寂と内省の時。繊細で密儀的な、認識のヴェール越しの知覚のようなグノーシスを通じて得られる直感的叡智。答えを知るには、内面の叡智に意識を向け、神秘的な変性意識状態に入る必要がある。

この道について：聖なるあばずれ、神聖な娼婦の道。この道はエロスとセクシュアリティを神なる女性、自我に内在する神聖なる女性性として捉える。これはセックスを変容の手段、宇宙の周期と同期させる手段と捉え、エネルギーレベルを上げていく道だ。これはセクシュアリティを宇宙意識との一体化と献身の方法として使う、愛の女教皇として顕現させる女神の道だ。エロティックな直感を聖なるセックスを辿る道のガイドとして進む道だ。

悪魔：闇の神・女神の道

ヘブライ文字とその意味：アイン、目
対応する占星術のサイン：山羊座
対応する生命の樹のセフィラ：ティフファレト（美、太陽）からホド（栄光、水星）

占いの意味：悪魔は快楽に降伏すること、あるいは依存傾向、悪習慣、過度の耽溺を手放すことの必要性を語る。あなたの進路、人生をコントロールするのはあなた一人だということ、そしてあなたを縛る概念から解放できるのもあなた以外にいないということ。悪魔の助言は、抑制の利きすぎた道を歩むケース、そして肉欲の道を追求しすぎているケースに向けられる。個人の自由意思と神の力の大切さを届けるメッセージ。

この道について：この道は変態的・BDSM、変性意識でのセックスを通じたエロスの神、破壊的なセクシュアリティを探究する。闇の神・女神と一体化・反映した自我を追求することで、この道はタブーや、自我の解放を阻むバリアを突破する。これは聖なるサドマゾキズムや破壊的行為、自己崇拝といった、過激な変容の手段を取る左道の道だ。

皇帝：神聖な男性性の道

ヘブライ文字とその意味：ヘー、窓

対応する占星術のサイン：牡羊座

対応する生命の樹のセフィラ：コクマー（知恵）からティファレト（美、太陽）

占いの意味：力を高めて行けるという兆し。皇帝の最も進化した姿は、神性な男性性で、最も抑圧された姿は、家父長制的男性至上主義と権力の濫用を象徴する。このカードは、自分の持つリソースを賢明に分かち合うには、一定の価値観や倫理観が必要だと示唆する。あなたの持つ力を示す時、活用する時のリマインダーとなる。

この道について：男性至上主義の内面化を拒絶する道。神聖な男性性の力を根付かせる道。自らの中に宿る無尽蔵の潜在能力とつながり、神聖な創造の元である宇宙を自らの中に宿す道。肉体と快楽の神秘を通じて、皇帝は内面の世界と外界とのバランスを保ち、女性性を尊重するように男性性を再定義するガイドとなる。

星：エロスの体現の道

ヘブライ文字とその意味：ザディ、釣り針
対応する占星術のサイン：水瓶座
対応する生命の樹のセフィラ：ネツァク（勝利、金星）からイェソド（基礎、月）
占いの意味：困難な時の神の導き。目的や魂の道に明確につながること。変化や進化、変容の過程での守護。未来の道を目指す際の新たな決意と明晰さ。内在する北極星に導かれる。

この道について：自分を含め、あらゆるものには神が宿っているという気づきの道。肉体の崇拝と魔術でいっぱいのこのアプローチでは、自我と性的自己表現をエロスの神と同レベルに位置付ける。動き、装飾、身体や感覚の活用を通じて、そしてセルフラストと１人ラブの儀式を経て聖なるセクシュアリティを見出していく。

聖なる探究としての聖なるセックス

これらの道はエロスの神を探究するためのいくつかの異なる方法を示している。これらは元型的シンボルや個人的な重要度に根差した練習法であり、探求のために進む道の例だ。あなたがこの旅を始める動機はそれぞれにユニークだ。性的トラウマのサバイバーで、セクシュアリティとの関係を癒やしていく過程かもしれないし、あなたの力をフルに発揮するためのイニシエーションとしてエロスの世界に身を投じる準備ができたところかもしれない。どんな個人的経緯があったとしても、今あなたがここにいる理由に間違いというものはない。

1人ラブとセルフラスト：あなたと聖なるセックスとの関係は、自己崇拝からの性的解放とパワー向上を探る手段かもしれない。それは自分の身体と心を大切にし、自分の肉体的・感情的・エネルギー的喜びと満足を求める道となるだろう。

ヒーリング：もしあなたの目的が、性的トラウマや性的虐待、あるいは単にセックスに否定的な清教徒的社会に生きているなどの理由で、セクシュアリティとの関係を癒やすことなら、私はここで改めてあなたの強さを認めたい。幾多の苦難を乗り越えてきたあなたの不屈の精神は美しく、立ち向かおうとすることは最も難しい一歩だ。本書の旅はセラピスト、パートナー、または友人の協力を得ながら進めるといい。

結合：「大いなる業《グレートワーク》」のゴールには、高次と低次の自分の統合、あるいは神聖さと現世を生きる自我、パーソナリティ、特に現世と身体に限定される自我との調整がある。自分に属するすべての局面の統合の課題は、性的エネルギー・生命エネルギー・魔術・宇宙エネルギーを使って尊重し、儀式化し、探求することができる。

イニシエーション：私と聖なるセックスとの関係で最も意義深くかつパワフルだった点は、そこが魔術の世界へのイニシエーションとなったことだ。聖なるセックスの実現にコミットすると、目にするすべてにエロスの神が宿るようになる。セックスに意図が加わると、その行為は新しい意識への覚醒、新しい自己表現、そして新しい快楽とパワーへの道を開く。

快楽：快楽は導きの力となる。これを否定することは、人間が食事、セックス、日光浴を愛すること―ただ単純に気持ちいいこと―を否定するに等しい。あなたの聖なるセックス探究の目的は現世的肉体の快楽を築くこと、あるいは宇宙的満足を経験することかもしれない。聖なるセックスはそれら両方の世界に橋を架け、神経系が作る快楽はエクスタシーへと変化して自我を超越させてくれる。

苦痛：苦痛は人としての経験の1つであり、変性意識に至るための最も古い手法の1つでもある。アメリカ先住民のサンダンス（太陽の踊り）、僧侶の自己鞭打ち処罰から、火矢同胞団の首吊りの儀式に至るまで、苦痛はスピリチュアルな儀式にはつきものだ。この場合の苦痛は意識の新天地、より強靭な精神、新たな聖なる破壊・セックスへと至るきっかけとなる。

冒険：聖なるセックスの世界の探求には終わりがないことを私は願っている。探求の道を単独で歩んでも誰かと複数で進んでも、この宇宙的好奇心がすべてだ。最もカジュアルなセックスですら、コミットして冒険の意図を持って臨めば聖なる要素を帯びるものだ。

あなたの道は、自分が共振するものによって具体化していくはずだ。この時点でイメージができた人も、まだ見えない人もいることだろう。以下のタロットで、どんな道になるかを明らかにしていこう。そこに書かれた道の例を参考にしてあなたの進む道を紐解いていこう。

あなたの聖なるセクシュアリティの道をタロットで占う

このタロットで、あなたがどこにフォーカスすべきかを探り、次にエネルギーの道の例を読んで、自分の進むべき道としてしっくりくるか否かを探ってほしい。あなたの道が必ずしもカードが示す内容とすべて一致するということではない。むしろカードはあなたの潜在意識にあるニーズや欲望を掘り起こしてくれるものだ。引いたカードから得たヒントを記録したり、カードを心にとどめて瞑想し、あるいはそのインスピレーションを何らかの作品にしてもいい。いつも言うように、タロットカードを引く行為も儀式にするといい。心の中で質問をまとめながらカードをシャッフルしていく。質問は、「どんな聖なるセックスの道が私の進むべき道だろう？」など。いつもの習慣通り、カードの山をカットしてもしなくてもいい。そして1番上から5枚のカードを引く。結果はグリモワールに記録しておく。

カード1：私の聖なるセックスの道のためのインスピレーションは？
カード2：私の中のどこからその道とつながればいいだろう？
カード3：このユニークな道をどのように始めたらいいだろう？
カード4：それにあたり何を心がけたらいいだろう？
カード5：私にふさわしいテーマやメッセージは？

エロスの神の道に自分を整える

聖なるセックスが意味するものはあまりにも多く、圧倒されるかもしれない。やること、感じること、経験すること、触れること、探求すること、などなど。いったいどこから始めたらいいか戸惑うかもしれない。しかし何よりも、エロスの神とあなたとの関係が、真のあなた（すべてを剝ぎ取った素のあなた、身体という神殿に鎮座し、手足を伸ばしたあなた）へと導いてくれる。身を委ねるとは自分自身、丸ごとの、自分以外の何者でもない自分をさらすことだ。そこに至ることとは、内面のあなた自身、ハイアーセクシュアルセルフ、内在神、そして柔軟な地のサイン乙女座（処女宮）と呼ばれるエネルギーと親しくコミュニケーションすることを指す。

乙女座、隠者
エロスの自立の元型

あなた方に嘘をつくつもりはない。水瓶座と蠍座エネルギー優位の私にとって乙女座はどうしても理解できないサインの１つだった。彼らがあらゆる形、状態のカオスや興奮を拒絶することも謎だった。私は乙女座を平凡な人々だと思っていた。完璧主義で、Ａ型人間（よく遊びよく働く、競争心旺盛なタイプ、血液型とは異なる分類）、

つまらないことでも常にきっちり正しく仕上げる人々だと。

処女神について調べるようになってから、この認識に変化が起き、乙女座の神秘の秘密が見えてきた。処女という言葉は現代の男性優位制度的な文脈で歪曲され、未経験、潔癖症、性的経験が欠落していることと解釈されてきた。しかし古代シュメール、ギリシャ、ローマ、エジプトでは違った意味を持っていた。欠落ではなく、女神を体現する者であり、性的には自己完結する存在だった。処女性とは未婚を意味するものではなく、アルテミス／ダイアナ、アテナ／ミネルバ、ヘスティア／ヴェスタ、アシェラ／アシュタルテ、イナンナ／イシュタル、イシス、そしてアフロディーテ／ヴィーナスはみな処女神だった（イシスはオシリスと結婚していたが、彼女のセクシュアリティは彼女自身のものだったため、処女神と分類されている）。処女性とは自分自身との関係で、これが乙女座から私たちが学べる奥義だ。

この大地に根差した柔軟なエネルギーの元型は、身体は自らの真実を曲げることなく献身に捧げられることを教えてくれる。乙女座の秘密は、何より自分自身を尊重するという意味でセクシュアルなサインだと言える。このパワーは、本人がインスピレーションを感じる対象や仕事を通じて明らかになる。聖なるセックスの道に、処女としての自分を乗せることは重要だ。これが意味するのは、自らの中にエロティックインスピレーションの元を見つけること、独自の視点、意図を持つことだ。

このエネルギーを大アルカナカードの隠者の目を通して見ることができる。隠者は年老いて皺だらけの賢い老人・老婦人で、自分自身とつながるという聖なる結合以外のすべてを放棄した存在だ。乙女座が連想させるすべてはすべての人やモノに内在する聖なる中心―宇宙の秘密にアクセスできるハートのポータル―へと向かう。隠者は孤独を通じて神と自我との結合を目指す。スフィの詩人、旧約聖書のソロモンの歌、キリスト教神秘主義者など、個人と神の一体化について多くがエロティックに表現されている。

振り返りの質問集

以下の質問を読み、自分にできそうなものをつくっていく参考にしてほしい。本章は他の章に比べて抽象的なため、文章に書くことで概念を分析・分類でき、あなたの価値観の中でどう収まるかを調べ、すでに現実になっているものがないか見てほしい。共振する質問に答え、発想の飛躍のきっかけにしてほしい。

これも可能な限り儀式にしていこう。次に紹介するタロットで、あなたの文章作成の参考にしてほしい。今の時点であなたがどのあたりにいようと、それはそのままで完璧だということを忘れないで。

✧私にとって1番自然に入れるのはどんな聖なるセックスの道だろうか？　この探究に込める私の意図とは何だろう？

✧私にとって1番違和感があるのはどんな聖なるセックスの道だろうか？　これを探究することで新しい視野が開け、内面のバランスが取れるだろうか？

✧どのタロットや元型が私の旅を導いてくれるだろうか？　そのカードは私の何を活性化するのだろうか？

✧その元型のパワーを取り込むにはどんな方法があるだろうか？

✧セックスは私をどんな探検に誘うだろう？　それは私の人生やスピリチュアルな探求にどのように現れるだろう？

✧私のエロティックな自我との関係はエネルギー的にどのように顕現するだろう？　これをさらに深掘りするにはどんなワークがいいだろう？

✧処女性の概念の再定義は私のセクシュアリティを根付かせるためにどう役立つだろうか？

✧乙女座の元型は私と聖なるセックスとの関係を神聖かつ自分に合った形にするにあたり、どのように導いてくれるだろう?
✧エロスの探訪を始めるにあたり、どのようなセルフケア、セルフラブ、セルフコンパッションが自分に合っているだろうか?

聖なるセックスの道のためのセルフケアのタロット

この道を進むにあたり、セルフケアの新しいやり方を見つけよう。あなたの感情、精神、肉体、そしてスピリチュアルな身体のすべてに注意を払おう。この後に続く各章で扱う道によりよく対応するために、お望みなら元型のシンボルやメッセージを示す22枚の大アルカナカードだけを使って行ってもいい。もちろんオラクルカードを使ってもかまわない。

これも儀式のように進めてほしい。第1章で紹介したように場所のセッティングをして、質問を考える。具体的なことでもいいし、より一般的な以下のようなものでもいい。「エロスの神の道を進むにあたり、私はどんなセルフケアをしたらいいか?」

カードをシャッフルし、カードの山を分ける。そして上から5枚引いていく。引いたカードやそこから感じたインスピレーションをグリモワールに書きとめる。そしてカードがもたらした情報を楽しむ。

カード1：どんな元型の影響が私にふさわしく、取り入れていくべきか？
カード2：どのようにグラウンディングして、身体をいたわるのがいいか？
カード3：私の感情のケアをするにはどうすればいいか？
カード4：セルフケアのルーティーンを楽しく進める方法は？
カード5：この旅を続ける私はどのように支えられているだろう？

セクシュアリティとの関係を癒すためのアファメーション

ここでもアファメーションは、本章のテーマをあなたの日常に定着させるための一助となる。あなたの選んだ聖なるセクシュアリティの道がどんなものであれ、その道であなたが発揮できる力があることを思い出させるためのものだ。アファメーションを、光り輝く性の真実のエネルギーを通じて変容し、あなたの本質へと至る虹の橋、美の女神、ガイドと捉えてほしい。必要ならば、旅のどのステージであってもいつでも元へ戻り、第1章からやり直していい。


✧聖なるセックスの道を行くために、私は私の意識、身体、精神、魂を整える。

✧私はエロスの神のパワーに身を委ねる。

✧私はセクシュアリティの元型パワーを取り込み、元型は私のガイドとなる。

✧私は自分自身とそのエロティックなエネルギーを、自信を持って気楽に探究する。

✧私は自分のすべてを尊重し、セクシュアリティとの関係を癒やしていく。

✧今・此処にいること、これから進むペースはすべて自分で決めていい。

✧私は理由があって「いま・ここ」にいる。

✧私は独自の神のセクシュアリティへの道を進むことに専心する。

✧エロスの神の道の探究を始める時、私はいつでも自分の中心に収まっている。

✧私のセクシュアリティとエロティシズムは私だけのものであり、思い通りに表現できる。

✧聖なるセックスを通じて私は無限の可能性の扉を開ける。

✧聖なるセックスの探究により、自分自身、人生、魔術に対する認識を新たにしていく。

✧誇りと感謝を持ってセルフケアを行い、私はいつでも自分の中心に収まり、力を蓄えている。

聖なるセックスの前後に行う浄化入浴の儀式
——エネルギー交換としてのセックス

あなたのエネルギーは貴重な資源だ。どんな密儀、オカルト、魔術の伝統でも、自分のエネルギーの管理は重要な基本となっている。聖なるセックスについてもまったく同じことが言える。セックスは肉体の行為であると同時にエネルギーのワークでもある。セックスは身体と魂の層から未知なるもの、超自然なる何かを引き出す。それには極端なまでの壊れやすさと、自分とパートナーへの信頼を必要とする。聖なるセックスはエーテル体と肉体のエロティックな絡み合いだ。聖なるセックスを実践するとは、エネルギー体がグラウンディングして、身体の中心に収まることを指す。それはつまり自分自身のスピリチュアリティを整えることでもある。自分、そしてかかわる全員が浄化され、神の光・大宇宙・小宇宙・ハイアーセクシュアルセルフと同レベルになることが重要だ。もしあなたかパートナーが聖なる場所に仕事の不安を抱えたまま、浄化もグラウンディングもせずにやってきたら、その重いエネルギーを相手が感じても驚いてはいけない。セックスは変容の導管だ。したがって誰かほかの人のシステムにプラグを差し込んだら、相手が経験していることが自分にも流れ込んでくるのだ。

本書の儀式をする前には可能な限りグラウンディングとシールディングをすることをお勧めしたい。地球と宇宙とつながり、自分を保護することは、この探究の基本であり、やればやるほどその効果は高まっていく。しかしそれはエーテル体のケアの手法の一つにすぎない。他にもアファメーションや視覚化、スピリチュアルな入浴法、水晶のワーク、エネルギーヒーリングなど、やり方はたくさんある。次に聖なるセックス（パートナーと、またはソロで）の前後に行う簡単な入浴（もしバスタブがない場合は、シャワーでもできる）の儀式を紹介しよう。

この儀式は聖なるセックスの前後、そしてエーテル体の浄化が必要だと感じた時はいつでも使えるものだ。下弦の月の期間に行うのがベストではあるが、月の周期に縛られることもない。必要ならば何度繰り返してもいい。この儀式では４つのエレメントを使う。あなたの意図は火の要素《エレメント》、水は水の要素、呼吸法とアファメーションは風の要素、ハーブは地の要素だ。あなた——あなたの精神、エロスの神の本質——はそれら４つを織り上げていく。

用意するもの：エプソムソルトまたはピンクヒマラヤンソルト。タイム、ネトル、ローズマリー、セージ、ペパーミント、カスカリラ（卵の殻の粉末）、ベンゾイン、ジュニパー、モウズイカ、ユーカリプタスなどのハーブ（これらすべてに保護、ネガティブエネルギーや呪いの除去、身体の浄化機能があるので、少なくとも3つ以上用意すること。またエッセンシャルオイルを2滴たらしてもいい）。

バスタブまたはシャワー。シャワーの場合はポット、茶こし器またはフレンチプレス、飲料水（熱い風呂好きは特に）。

任意：ボール型茶こし器またはサシェット、白いキャンドル、オイルディフューザー、雰囲気のある照明、水晶（亜セレン酸塩のように壊れやすいものを持ち込まないこと）、心地よいBGM。入浴後にはローション、乾いたブラシ、マッサージオイル。

2人分のスペースがあればパートナーと一緒に入る。

2人で同じ1つの意図とアファメーションを唱える、

　または1人で心の中で唱える。

バスルームが複数あれば、別々の場所で同時に行ってもいい。

始める前に儀式の概要、特に呼吸法をおさらいしておくこと。

ステップ１：場所のセッティング、道具を集める

バスタブがある場合、ハーブをそのままバスタブに入れて湯船のお湯をハーブティーにするか、茶こし器を使うかを決める。バスタブがない場合は、茶こし器で入れたハーブティーをシャワールームで身体にかけ、儀式を進める。

場所のセッティングをする。バスタブに湯を張る。茶こし器でハーブティーをつくる場合は、最低30分前につくっておく（理想的には12時間から24時間かけてじっくり淹れる）。ポットかフレンチプレスにドライハーブを入れ、沸騰した湯を注ぎ、蓋をして放置する。

聖なるセックスの前にこの入浴をする場合は、日記をつける、瞑想する、タロットカードを引く、乾布摩擦やセルフマッサージをするなどしてセクシュアリティに意識を向ける時間を取る。ダンスをする、ヨガをする、外気に当たるなどでもいい。この入浴を聖なるセックスの後に行う場合は、アフターケアと同時にクロージングの儀式とするといい。この儀式を以て、普通の日常に戻っていく。

ステップ2：アファメーションと意図を決める

バスタブの準備ができ、波動が整ったら意図を設定し、それを定着させるためのアファメーションを決める。こうしてアファメーションのパワーワードを繰り返すことで、意図を身体に染み込ませることができる。明晰さを得るにはタロットカードやオラクルカードを引いてもいいし、日記を書いて考えを整理したり、本書をランダムに開いてインスピレーションを得るのもいい。この入浴の目的は浄化と停滞エネルギーの除去だが、特に手放したいものがある場合は、それを意図とアファメーションに組み込んでいく。

意図：私のエーテル体、肉体、アストラル体、精神、感情、スピリチュアルな身体からすべてのネガティブエネルギー、不純物、ブロックを取り除き、神の光と100％同化する

アファメーション：私は私のすべての次元の身体からすべてのネガティブエネルギーや不純物を取り除き、浄化する。

意図：浄化に加え、エロティックな自分にグラウンディングし、今に集中することを妨げるすべての緊張、不安、心配、ブロックを取り除く。純粋に今とそのエネルギーに集中す

ることを阻むすべてを手放す。

アファメーション：私はすべての不要なエネルギーを浄化し、今という瞬間の純粋な可能性と同化する。

意図：エネルギー体のバランスを整え、外界から受け取ったエネルギーをすべて排出する。エロスの神を探究する際、私は精神的・エネルギー的に完全なる健康体となっている。

アファメーション：私のすべての次元の身体は調和がとれていて、私はエネルギー的・エロス的・物理的に健康体だ。

聖なるセックスグリモワールにあなたの意図とアファメーションを書き記す。そして入浴に使ったハーブの種類、その日の太陽と月がそれぞれ入宮していたサイン、そして入浴前後の聖なるセックスがどんなだったかを記録する。

ステップ3：ソルトとハーブを投入し、バスタブまたはシャワーでエネルギーを取り込む

入浴の前にソルトとハーブ、またはポットに淹れたハーブティーをバスタブに入れる。シャワーの場合は、ハーブティーを淹れたポットを近くに用意してからシャワーを浴びる。ハーブティーをそのまま身体にかけるため、熱すぎる場合は水で冷ます。

湯の中に入る時、自分は宇宙のエロスと一体であると感じること。自分はアフロディーテ、エロス、ポセイドン、オシュンだと考えよう。肌に感じる湯の感触を味わう。湯があなたの肌にキスをするのを感じよう。その感覚があなたにインスピレーションを与え、その気にさせるに任せよう。

身体を湯に沈めたら、アファメーションを思い出そう。湯の中のエネルギーが体内に浸透していくに任せる。準備ができたら、バスタブまたはシャワーをエネルギーで祝福しよう。バスタブの中にいる場合は、掌を水面と平行にする。シャワーの場合は、掌をシャワーヘッドと平行にする。深呼吸を数回して、黄金の光が天から頭頂に降り注ぐ様子をイメージする。光は背骨に沿って降り、腕を伝って掌から滴り落ちる。黄金の光は湯の中に入り、浄化のエネルギーとなる。レイキその他のエネルギーヒーリングができる人は、湯にヒーリングをする。そして湯が宇宙のパワーによりあなたのネガティブエネルギーや不純物を無毒化し、金色、または白色になったのをイメージする。ここでエロスの神の名のもとに、このバスタブ、シャワーが聖域となり、ヒーリングポータルとなったことを宣言する。

ステップ４：意図を声に出して宣言する

あなたのバスタブやシャワーの湯が祝福されたと感じたら、意図の宣言をする。以下の例文を宣言してもいいし、心の赴くままの言葉を発してもいい。アファメーションはあなたの宣言した意図を補強するもので、これをする間掌は水面と平行にしておく。

このバスタブ・シャワーの湯がエロスの神の名のもとに神聖化され、すべての面での浄化とヒーリングのポータルとなったことをここに宣言する。私は浄化され、すべてのネガティブエネルギーは消滅した。〔アファメーションを読み上げる〕そうあらしめよ。

ステップ５：自身の浄化

バスタブに入っている場合、頭ごと湯の中に潜り、シャワーの場合は湯を頭からかけて全身を清める。湯に浸りながら、あなたの最も神聖なハイアーセクシュアルセルフと一致しないものはすべて洗い流されていく様子をイメージする。頭を湯の中に沈める時、あなたはエロスの神の洗礼を受け、最高にセクシュアルな自分にふさわしくないものはすべて排出されると感じよう。頭からハーブティーをかける時、浄化の滝に打たれているように感じよう。流れ落ちる水とともに、不要なものがすべて排出されていく様子を感じよう。

ステップ6：呼吸法、湯に浸かる

呼吸法で4つのエレメントと一体化する。地のエレメント（スクエアブレス）でグラウンディングし、水のエレメント（トライアングルブレス）を使ってスピリチュアルな身体のさらなる浄化を進める。

地の呼吸法：グラウンディングし、身体を意識する、すべてのレベルでの自分を統合する。
やり方：吸う……止める……吐く……止める……この4つを繰り返す（スクエアブレス）。
水の呼吸法：浄化し、感情の奥深くに入って行く。停滞した感情を手放し、淀みを取る。
やり方：吸う……吐く……止める……この3つを繰り返す（トライアングルブレス）

好きな呼吸法を選び、4秒間隔から始める。慣れてきたら間隔を伸ばしていく。これを数分または好きなだけ続ける。呼吸法は訓練を必要とするが、苦痛を伴うものではないので、自分のペースで進める。呼吸法に合わせて短縮バージョンのアファメーションを繰り返し唱えるのもいい。

バランスが取れてきたと感じたら、バスタブにゆっくり浸かるかシャワーをたっぷり浴びながら、意図やアファメーションを繰り返す。水には波動があり、記憶するので、あなたの意図を水が吸収し、覚え、さっき降ろした神なる光へと変えていく。湯に浸ることであなたは癒やされ、水が不純物、ネガティブエネルギー、あなたの合意を得ることなく他者があなたに吹き込んだ余計なエネルギーを取り除いていく様子をイメージしよう。このまま好きなだけとどまる。

ステップ7：湯を捨てる

湯が引き受けたエネルギーが飽和状態に達したと感じたら、またはあなたが浄化され、完全に調和したと感じたら、バスタブの栓を抜き、シャワーを止める。バスタブの場合、湯がなくなるまでバスタブから出ずにいる。水位がどんどん下がり、水面と肌の接点が移動するのを感じよう。あなたから出たすべてのネガティブエネルギーは水とともに大地に帰っていき、そこで浄化される。

ステップ8：浄化の終了

バスタブから出る。心の中でアファメーションを唱える。自分自身、湯、ハーブにヒーリングとサポートの感謝をささげる。この儀式でたっぷりと栄養分をチャージされたと感じよう。そうあらしめよ。

ここで水を飲むことを忘れないこと！　この後性魔術に進むなら、身づくろいをして、最も強い魔力を身につけて臨むようにしよう。この儀式を以て聖なるセックスが終了する場合は、食事を摂るなり、その日の行動に移っていくなりする。

ハーブを直接バスタブに投入した場合は、バスタブの掃除がしやすいように乾燥させてから処理すること。

聖なるセックスの前後に浄化するその他の方法

聖なるセックスに入る前に心身を整えるにあたり、霊的・スピリチュアル的・エネルギー的健康を確保する手段は無数にある。以下はそのうちのいくつかの例だ。

✧亜セレン酸塩の棒で身体を撫でながら、ネガティブエネルギーが中和するのをイメージする。

✧オニキスなどの黒い水晶、黒曜石、黒い曹灰長石《ラブラドライト》で瞑想する。その石が１００％神の光、宇宙、ハイアーセクシュアルセルフと同レベルでないエネルギーをすべて吸収する様子をイメージする。

✧五芒星か、カバラの中央の柱の儀式などの簡易的お祓いの儀式をする。

✧グラウンディングとシールディングの瞑想をする。

✧ネガティブエネルギーの影響を受けない、強い自分と自分のエネルギーを宣言するアファメーションをする。

✧ネガティブエネルギーと不必要なエネルギーをすべて洗い流す、白い光でできた滝に打たれる様子をイメージする。

✧ネガティブエネルギーを振るい落とし、消滅させるように身体を動かすダンスをする。

✧地の呼吸や水の呼吸でグラウンディングして、心身をクリアにする。

✧聖なる煙で身体を清めながら、１００％神の光でないものは自分のエーテル体、エロスの本質から外に出ていく様子をイメージする。

セクシュアルエネルギーの浄化と霊的保護の儀式

ベッドでのいつもの運動会の後のシャワーは何物にも代えがたい。ごく短いシャワーの儀式でも、パワフルでフレッシュな心身の浄化となる。いまいちだったセックスのあとでも、シャワーは物理的・エネルギー的・スピリチュアル的な浄化となる。性魔女は、コンドームやバースコントロールピル、性感染症についてパートナーと話し合うように、セックスのエネルギー的影響にも気を遣う。

聖なるセックスの道を単独で、または複数で歩むにあたり、精神や魂への配慮は肉体のケアと同じくらい必要だ。セックスとは他者と限界まで密着し、2人のエネルギーが融合するものだからだ。パートナーが抱える未解決問題、不安、疑念、心配などをもらわないために、セックスの前後に浄化をしておくことは重要だ。これはあなたと相手との境界線を守り、精神衛生とメンタルバランスを維持するための方法だ。あなたのパートナーがよく知っている親密な相手であればセックスの度にやる必要はないが、まだ付き合い始めでどんな相手かわからない場合、そして一夜限りの関係では特に性魔術の力学は有効だ。

以下に挙げるいくつかの儀式は、セックスの前後に行うことで自らを守り、宇宙エネルギーと調和させるのに役立つ。

神の光と同調させる

私のお気に入りのイメージワークとして、神のヒーリングライトを浴びるというものがある。セックスの前後に、またセックスと無関係に毎日のルーティーンに加えてもいい。心地よく座り、目を閉じ、呼吸を整える。そこに穏やかな空間ができたら、天からまばゆい光が降り注ぐ様子をイメージする。光は頭頂から背骨を伝い、大地に抜けていき、身体はヒーリングエネルギーの柱の中心に入る。次にこのヒーリングエネルギーが右手から右肩、心臓を通って左肩から外に抜けていく。この光の柱は無限大で、始まりも終わりもない。エネルギーは上から降りてくるだけでなく、下からも左右からも入ってきて、心臓のあたりで重なり合っていく。次にこの白いヒーリングの光が目の前から胸に入り、心臓を通って背中から抜けていく。光は胸の前、背中の後ろから無限大にまっすぐ伸びている。こうしてあなたを中心に3本の光の柱（上下、左右、前後）ができる。光が集中している心臓のあたりで呼吸し、その勢いで光を全身に巡らせ、身体が輝いてくるまで続ける。あなたは今全身で光を浴び、自らも光を放っている。心臓が放つ光がどんどん拡大し、あなたは無限の光となり、宇宙と一体となる。この状態でしばらくとどまる。

このワークは白以外の好きな色とエネルギーで行うことができる。火星の過激なエネルギーに同調したい場合は、赤い光で全身を満たす。水星のコミュニケーション力や魔術を取り入れたいなら、オレンジの光で行うといい。

薔薇のように開花する

心地よい場所で瞑想し、心を鎮める。まばゆい黄金の光が全方位から心臓に向かって差し込んでくる様子をイメージする。光は増幅し、全身を巡っていく。愛と保護の黄金のヴェールを全身に浸透させていく。準備ができたら心臓に意識を向ける。息を吸いながら心臓が巨大な開花する薔薇の花だというイメージを描き、花弁は1枚ずつ開いていく。息を吐きながら、薔薇がほんの少し閉じるが、まだ開いたままだ。息を吸うたびに開花がさらに進み、息を吐くと微かに戻る。大輪の花が開ききり、自分の中心に収まったと感じるまでこれを繰り返す。

保護の光のシャワーを浴びる

薔薇の色は何色でもよく、白と金は保護、赤は情熱、ピンクはロマンスを増幅させる。

瞑想のための安全で静かな場所を見つけ、呼吸に注意を払い、今という瞬間に意識を集中させる。天には強い白い光があり、保護と癒やしのパワーを持っていることを想起する。次にその光が滝や雨のように降り注ぎ、不純なエネルギー、不安、そしてあなたが最大限の魔力やパワーを発揮するのを阻むすべてのものを洗い流す様子をイメージする。この浄化とヒーリングの光の中に好きなだけとどまる。

異なる光にはそれぞれの波動があり、ベッドルームに取り入れたい波動、性行為でバランスを取りたい場合などによって使い分ける。したがってもしあなたが過激なセックスをしていて、もっとやさしく労わるようなセックスを取り入れたい場合は、青か金の光でヒーリングエネルギーを取り込む。ロマンティックで愛情深い行為を望むなら、ピンクや緑のヴィーナスカラーを使う。

パートナーとシールディングを行う

これはあなたのエネルギーを保護し、パートナーを安全な容器に収めるという視覚化のワークだ。すでに学んだ基本的なシールディング同様、天から光を降ろし、地球の中心からエネルギーを引き上げる瞑想から始める。心臓で出合ったエネルギーは保護のための球体をつくる。違いは最終的にパートナーとあなたの両方を包み込む球体となることだ。パートナーと2人並んで瞑想を続け、天と地からエネルギーを吸い続け、呼吸に載せて、2つの球体が合体し、2人を包むひとつの球体となる。2人が目指すセックスに合わせて色を取り入れてもいい。次に大きな1つの球体は再び各自を包む2つの球体に戻っていく。それぞれに心臓で呼吸を続け、保護の球体は消滅する。最後にシールディングのクロージングをして終了する。

この儀式は性魔術の前に行うととてもパワフルで、あなたのエネルギーを天に届ける準備ができるまでキープさせる。また、あなたのエネルギーにしぶとくまつわりついているエネルギーや霊を取り除くのに効果を発揮する。

コードを切る

他者とのエネルギーのつながりを断ち切りたい時もある。付き合いの中には不公平な関係や、礼儀やリスペクトを欠いた関係などがあるかもしれない。あるいは単に波長がどうしても合わず、リセットしたい関係もあるだろう。コードカットは、あなたのセックスの相手を含む、あなたが他者との間に無意識に結んだエネルギーの（エーテル界の）線《コード》を切る方法だ。これらのコードとは、対象となる相手が自分をどう見ているだろうか、自分が相手をどう見ていると思っているだろうかなどと考えをめぐらす時に作られる感情エネルギーのつながりで、エネルギーのドミノ効果を持つ。コードはセックスを含む、接触のある誰とでもつくられ、接点が増えるとコードも太くなる。コードを切るには瞑想をする。心地よく座れる場所に収まり、グラウンディングとシールディングをする。次に紫の炎を全身に浴びている様子をイメージする。その炎はあなたにとって不要になったコードを溶かしていく。ここで特に縁を切りたい人を思い浮かべてもいい。大天使ミカエルを召喚し、炎の剣でコードを断ち切ってもらう。相手とあなたの間を結んでいるエネルギーの線を感じてみよう。コードカットはその相手との間のつながりを切るだけで、相手を消すわけではない。これは手放すためのワークであり、もしその相手との関係を断ち切るべきでない場合は、新たなコードが形成される。大天使ミカエルに、そのコードを切ってもらうよう頼み、彼の炎の剣がコードを断ち切り、あなたが被った苦痛を癒やし、しがらみから解放されて前進できる自由を感じてみよう。切られたコードが黄金の光に溶かされてなくなるまで、そのままそこにとどまる。ミカエルに感謝し、グラウンディングとシールディングをして終了する。

第5章
錬金術の道

セックスと精霊溢れるスピリチュアルライフ、魔術的生活、神秘的日常とは、過激なまでに繊細で、それに身を捧げ、防御するに値するものだ。覚醒にコミットするとは、多くの場合自身の闇の部分と向き合うことであり、腸が千切れるほどの苦痛に勇敢に立ち向かうことにより変容を果たすことを指す。それこそが大いなる業《グレートワーク》であり、手放す、浄化する、大宇宙と小宇宙の同調、肉体を通じて宇宙の真実を探ることだ。

これは錬金術の道だ。錬金術の道は多様な姿をしている。この場合は、エロスの神とダンスをするためのスピリチュアル・セクシュアル・エネルギーレベルの変容を指す。錬金術は変質の芸術であり、ある物質が別のもっと洗練されたものへと質的に変化すること（伝統的には卑金属を銀や金に変えること）だ。魂の浄化や進化の手段としての、スピリチュアル錬金術、内面の錬金術の過程もある。そしてそれこそがこの章のテーマだ。エロティックな錬金術では身体をビーカー（容器）に、魂を変化させる対象の物質になぞらえ、セクシュアルセルフの自覚というエネルギーをその触媒としている。

錬金術とは、ある物質の成分を分離させ、それらを純粋な形に変えて再び融合させ、さらにそこから不純物を取り除くことで、元の物質よりパワフルな物質を生み出すという過程だ。スピリチュアルまたはエロスの錬金術師はその視線を内面に向け、スピリチュアリティやセクシュアリティをツールとして視覚化や瞑想、儀式、祈り、召喚、内省、完全なる正直さ、そしてもちろんセックスを通じて同じ変質というゴールを目指す。

この変容の道を単独で進む場合、かなり困難な道となるだろう。しかし聖なるパートナーとともに歩む場合はさらに困難を極めることになる。なぜなら自分の見たくないものがパートナーに投影され、跳ね返ってくるからだ。どちらを選ぶにしても容易《たやす》い道ではない。錬金術の大部分は自我の根幹をなす部分（生活のパターン、厳格さ、複雑さなど）を燃やすことになるからだ。それらはエロスのパワーで錬金術の炉に投じられ、愛する者や神々、宇宙に捧げられる。それは卑金属が灰となる、焼成の過程だ。

もしこの道を選ぶなら、そのコミットメントはあなたの世界に革命を起こすことだろう。変化するのは世界ではなくあなた自身だ。そしてそれはすべてを変化させる。

セックスの錬金術

物理次元の錬金術は研究室の中で文字通り物質を変化させるものだが、感情やスピリチュアルの錬金術は注意力、エネルギー、献身の力で自分を変える。聖なるセックスの錬金術の道は、その関心をエロスに向け、セックスライフで起きるすべてのトリガーを触媒にして、深い変容を目指す。つまり性欲やセクシュアリティを巡る苦痛、闇、陰の深みがどれほど苦渋に満ちたものであったとしても、それらは魂レベルの進化のトリガーとなり得るということだ。

賢者の石（普通の金属を金や銀に変える力があると信じられたもの）は錬金術のゴールであり、卑金属を金に変えるための物質からなり、「神の真逆のものが持つ神聖さ」を象徴する。パラケルススによると、賢者の石とは「太陽と月の合体に形容される、硫黄と塩の融合と変容」からつくられると言う。つまりここで言う錬金術が目指すのは、1人の人格の二元性と二極性の統合ということだ。道教信奉者《タオイスト》に言わせると、これは陰と陽の統合であり、ユング派に言わせると、顕在意識と無意識の統合、カバラの文脈ではシェキナー（女性神）と男性神の統合だ。この合体は錬金術的結婚であり、その結果生まれるのは新しい魂と身体だ。これは恋人たちのタロットカードに見られ、六線星形《ヘクサグラム》の上向きの三角形と下向きの三角形が重なった姿でもある。錬金術の過程はまたタロットカードの節制にも見られ、この道のガイドとなる元型を示している。

スピリチュアル錬金術師は自らの魂に取り組み、セックスとエロティシズムはそれまで誰も足を踏み入れなかった領域への入り口となる。セックスはエネルギーレベルを上昇させ、非常に親密で傷つきやすい行為だからこそ、そこで起きる真の変容には力がある。錬金術は2つの極を融合させる過程であり、2つの身体が合体する時、あるいは自分が自らの恋人となり内在する二極性を融合させる（聖なる、または錬金術的結婚と呼ばれる）時、文字通り起きることだ。クロウリーは、錬金術的結婚のことを「内的自我のエクスタティックな降伏」と呼んだ。2人の人物の合体ですら、内的または神なる性質が自我に投影されたものだとしている。性魔術師は肉体、血液、そして自我を錬金術の対象物とし、オーガズムとエロティックエネルギーを、変容と、グレートワークへと橋を架ける有効な触媒とする。魂（硫黄）と精神（水銀）、身体（塩）が調和する時、エクスタティックな統合エネルギーが生まれる。これが生きたエロスの神と考えられるのではないだろうか。

節制とサーメクの道

エロスの神の錬金術の道の元型として2枚のタロットカードがあり、ひとつは節制で、もう1つは恋人たちだ。恋人たちのカードは双子座を表し、占星術チャートで双子座の対極にある射手座を象徴するのが節制のカードとなる。これら2枚のカードは相互補完関係にあり、神なる統合の道を探究するうちに、これらがエロス探究にどんな役割を果たすかがわかることだろう。恋人たちのカードが統合に焦点を合わせる一方で、節制のカードはそれを可能にするための密儀へと向かう。ヴェールに覆われた秘密の内面へと分け入り、そこでは太陽と月がその秘密を明かすのを待っている。

節制はセクシュアルエネルギーの熱を使って波動の低いものを高いものへと変容させる。古典的なスミス・ウエイト版タロットでは、大天使ミカエルが両手に聖杯を持ち、片方からもう片方へ水を移している絵柄が描かれている。ミカエルは無意識の水を聖杯からもう1つの聖杯へと移し替える。それは激しさと暗闇に愛ある関心を注ぐことで起きる変容を象徴する。彼は、別の現実に足を踏み入れ、愛するものと神聖な合体を経験する前にコミットすべきものを象徴し、錬金術的準備が完了して初めて魂と身体のグラウンディングが可能になると主張する。トートタロットでは、節制のカードはアートと呼ばれ、火が水となり、水が火となる絵柄が描かれている。

節制のカードが示すのはバランスと降伏、そして心臓のポータルを無意識が通り抜けること。それはつまり生命の樹の太陽（ティファレト・美）と月（イェソド・基礎）が一体となるということだ。この二極性のバランスは、ヴァジラヤーナ仏教では赤と白の雫、タントラではシャクティとシヴァ、タオでは陰と陽、グノーシス系キリスト教ではイエスとマリア、神秘学では三角形を重ねて六線星形をつくる図形に象徴されている。生命の樹において、節制は中央の柱（均衡の柱と呼ばれる）の上を移動する。ここは力と形、能動と受動、女性と男性の間のバランスを象徴する。

しかしこのカードには、2人が物理的に合体することにかかわるセクシュアルな秘密も含まれている。ティファレトの太陽（美）は、生命の樹の第6番目のセフィラで、イェソドの月（基礎）は第9番目、つまりこれらのセフィラを結ぶ（節制が管轄する）小径《パス》は69となる。さらに、これは太陽と月の錬金術的合体であり、2人の人物の太陽と月という二極性が、合体により瓦解して1つになる過程でバランスを取ることを示している（性別は関係ない。なぜならどの人間にも男性性と女性性の両方が備わっているからだ）。これをミカエルの両手の2つの聖杯の水が1つの聖杯に収められる様子が象徴している。この水は性分泌液の聖なるカクテル、エリキシルと考えることもできる。これは2人が同時にオーラルセックスする体位である69、そして2つの力が出合うことによる達成を表す聖なる結婚《ヒエロスガモス》の儀式を象徴している（聖なる結婚とは、元々エロティックな豊穣の儀式だった。儀式が象徴するのは誕生、セックス、死、再生の周期であり、それは季節が巡る度に作物が収穫されることの投影だった。時の経過とともに、聖なる結婚は女神である女教皇が皇帝とのセックスを儀式として、統治権を皇帝に委ねるという儀式へと変わっていった）。

以下の儀式は性分泌液を使うもので、太陽と月の合体において非常にパワフルだ。また任意ではあるが69の実践は節制のカードが象徴するパワーを引き出すだろう。

錬金術の道の進み方――パートナーがいる場合／いない場合

このワークのポイントの1つは、いつ身を委ねるかを知ることにある。いつ炉の中に身を投じるかを知る、どれくらい長くとどまっているか。ある時が来たら神秘学的に内面に入り、エロティックな自我が誕生するのを観察する。セクシュアリティには潮の満ち引きのようなリズムがあり、それはつまり時には内面にこもり、外にあふれ出る前に時間を要することを意味する。統合の過程は不可欠で、それはたとえば恋人同士の間での禁欲期間を指す場合もある。あるいは長い間エロスの神を単独で実践してきた人が、自然にパートナーとのセックスを求めるようになるという場合もあるだろう。

以下に紹介するものは人生という旅のどの時点でも実践可能なものだ。このワークに終わりはない。どのパートナー、どの経験、通りすがりの相手でさえも、進化の機会となる。

パートナー（単数・複数）がいる場合

✧あなたが今抱えている問題や課題に取り組む手段として（あなたのやりたいような）セックスをする。肉体を重ねることを錬金術的炉になぞらえ、セックスの熱いエネルギーが、あなたが炉に投じた問題を昇華させるに任せる。

✧意見の相違、投影、嫉妬、影の自分の発動などが起きるに任せ、どんどん掘り起こしていく。不快な部分、困難なテーマに蓋をして拒絶することなく、正面から向き合う。開かれた心と正直なコミュニケーションがすべてだ。

✧パートナーとの関係を尊重する。関係を個人が、そしてパートナーとともに、成長するための器と捉える。個人が関係に奉仕することで２人の間の化学反応が進み、より充実した関係へと進化する。

✧時間をかけて２人（または複数）の間にエロスの神がどのような形で現れるかを見る。２人（または複数）の日常に聖なるセックスがもたらす意味について観察する。

✧今以上にエロティックな錬金術的関係になるために、自分のセクシュアリティとの関係を見直す。個人的にタブー視している行動、エロスの限界を敢えて実践してみる。

✧錬金術の過程には多くの段階があるように、あなたの統合の過程にも複数の段階があることを忘れないこと。より高次のステージへと進化するために必要な器となる機会は誰にでも開かれている。

パートナーがいない場合

✧恋人や他者との結びつきを自我の神秘へと至る道と捉え、すべてのトリガー、不快感、嫉妬心、問題などを錬金術の構成要素とする。徹底的に受容することで、それらはみな錬金術の材料となる。

✧エロティックエネルギーへの奉仕として1人セックスをする。これは、あなたのセクシュアリティは他の誰にも指図されないと知ることであり、いつか誰かと分かち合うこともできると知ることでもある。

✧一定の期間、禁欲を行い、内面に向かい自分を観察する。今の立ち位置や欲望について尊重しつつ考える。

✧行きずりやセフレ、恋人関係など、あらゆる種類の性的関係を尊重する。それは込み入った問題やトラブル、弱さなどどんな問題でも逃げることなく立ち向かうことで自己鍛錬の道を進む手段となるからだ。

✧セックスに関する影の自分を進んで掘り起こし、対話をする。そうすることで裏表のない包括的な自己認識が育まれていく。限界、タブー、怖れ、複雑さ、欲望、境界線、安心感といったものを追求して限界を突破し、より深く自分を知るためのワークとする。

✧自分の性分泌液を儀式や魔術に活用する。たとえば自分自身やタリスマンに塗布するなど。自分の身体を錬金術的触媒として捉えるなど。

振り返りの質問集

錬金術の道は頭がくらくらするような道のりだ。錬金術は魔術の一部門であり、何千冊という書物に書かれているほどその探求の道は果てしない。以下の質問集は、これまで読んできた知識を分解したもので、錬金術の過程を好きなように取り入れて自分の一部にしてもらいたい。文章に記すことで、これらの錬金術的実践や哲学のどれと共振するかを知り、日常のどの部分に取り入れられるかが明らかになっていく。

質問に答える前に、この後に紹介するタロットをやってみてもいいだろう。場所のセッティングをして、好きな質問にだけ答えるといい。その過程であなたはしかるべき方向へと導かれるだろう。そうあらしめよ。

✧聖なるセクシュアリティの容れ物としてのスピリチュアル錬金術に取り組むことは、エロスの神とのつながりを深めるにあたりどう役立つだろう？

✧パートナーとの関係を変容の道具と捉えることは、どのように私の人生と経験を変えるだろう？

✧エロティックな錬金術師になるとはどんなことだろう？　これについてより深く知ることが私のセックスライフをどう豊かにするだろう？

✧錬金術の道を進むとはどういうことを指すだろう？　セックスの苦痛、喜び、エクスタシーは魂レベルの変容にとってどんな意味があるだろう？

✧エロティックな錬金術を通じて変容したいこととは？

✧この道を進むことでどのような成長を望んでいるだろう？

✧この探究に性分泌液をどんなふうに使えるだろう？　どうすればこのタブーに対する偏見を手放し、肉体と精神からの捧げものとして見られるようになるだろう？

✧エロティック錬金術はどのように今を生きることやセックスパートナーをよりよく理解することに役立つだろう？　人生のハードルを変容の好機として捉えるにはどうすればいいだろう？

火渡りのためのタロット

エロスの神の道はどれを選んでもチャレンジを避けられない。錬金術の道は特にそれが顕著になる。人格の荒々しく暗い影の要素を顕在意識に照らし、変容させるには、すべての経験に身を委ねる必要がある。なぜ自らの苦痛や弱さと意識的に向き合おうとしているか、あなたを理解してくれる友人がそばにいなければ、その旅は孤独なものになるだろう。

以下のタロット（オラクルカードを使ってもいい）は、その道を進むためのガイドとなるものだ。場所のセッティングをして心を整え、魔術の気分で心を埋め尽くそう。カードに聞きたいことを考えてから始めよう。習慣に従ってカードの山を分け、カードを引いていく。結果をグリモワールに記録する。直感を働かせてカードの解釈をして、必要に応じてあとで何度でも読み返す。

カード１：どうすれば錬金術の炎がセックスやエロスに関する古い習慣、パターン、怖れを焼き尽くすことができるだろう？

カード2：この道に身を委ねるにはどうすればいいだろう？
カード3：エロティック錬金術を使って私の魂をどんなふうに進化させられるだろう？
カード4：それを成し遂げるには聖なるセックスをどう進めて行けばいいだろう？
カード5：過激なワークを乗り切る時、エロスの本質にグラウンディングし続ける方法は？

エロティックな錬金術師になるためのアファメーション

あなたが持つ力を心にとどめることは、あなたの自我の地下世界に分け入るにあたり、極めて重要だ。そのやり方の1つにアファメーションがあり、そろそろ馴染んできた頃だろう。性魔術の前後に、錬金術の道を進む際に、あるいは自分が何者でどこへ向かっているのかを思い出したい時、これらを繰り返し唱えるといい。いつも言うように、これらは自由にアレンジしてかまわない。ピンと来たものだけを取り入れ、あとは無視してかまわない。第1章の解説に従い、アファメーションの効果を生かしてほしい。


✧私はエロティックな錬金術師だ。

✧私は錬金術の道を進み、自ら炉に飛び込み、変容して脱出する。

✧私の日常のすべては私の進化と変容のきっかけとなる。

✧私のセクシュアリティは錬金術の有効な材料だ。

✧私は聖なるセクシュアリティのパワーを通じて変容する。

✧私のセクシュアリティは自然の力だ。

✧私の進化の道としてエロスの神に敬意を表す。

✧私のパートナーとの関係は錬金術的変容の器をつくる。

✧私はエロティック錬金術の熱に身を委ね、その熱が身体を巡るに任せる。

✧私のセクシュアリティは魂レベルでの成長の道を切り拓く。

✧私はグラウンディングし、パワーを受け取り、エロティック錬金術の道は神が導いてくれる。

✧私は常にセクシュアルなメタモルフォーゼの途上にある。

✧私は私のエロスの本質を使って私の限界を超越する。

69で解放する太陽と月の召喚と錬金術的結婚の儀式

この儀式は節制カードの密儀にインスピレーションを得たもので、太陽と月の錬金術的合体と、それらの潮流を呼び起こす聖なるエリキシルの調合の儀式だ。この儀式であなたとパートナーは、2人でオーラルセックスを始める前に節制のカードのエネルギーに同調し、太陽か月、または両方のエネルギーを思い浮かべる。ここでの意図は、セクシュアルエネルギーと性分泌液を使って太陽と月の自我を統合し、エロティック錬金術のワークをすることだ。

始める前にやること：この儀式をパートナーと2人でやる場合、どちらが太陽でどちらが月のエネルギーを召喚するかを決めておく。自分がどちらにより共振するかを考えて決める。また、2人の占星術のバースチャートをつくり、蟹座の天体を多く持っているほう、また第4ハウスに月をはじめたくさんの天体があるほうが月を、一方で獅子座の天体を多く持っているほう、また第5ハウスに太陽をはじめたくさんの天体があるほうが太陽を担当する。

この儀式を単独でやる場合は、太陽か月の、あまり共振を感じないほうを選ぶことをお勧めする。そうすることであなたの中で太陽と月のバランスを取ることができる。

この儀式をするのに最もふさわしいのは日曜日か月曜日（それぞれ太陽と月が司る曜日）、満月の日（太陽の光が最も強く月を照らす時）、そして太陽か月が射手座にある時（射手座は節制のカードと最も縁が深い）または春分か秋分の日（昼と夜の長さが均等の時）などだ。もし日曜日に儀式をする場合、月の時間帯を選び、月曜日にする場合、太陽の時間帯を選ぶ。これを調べるにはオンラインアプリで天体時間計算機に照らして決めるといい。

用意するもの：祭壇に節制、太陽、女教皇のタロットカード、キャンドルホルダーに設置した金と銀のキャンドル、マッチかライター、グリモワール、ジャスミン、ヴァニラ、イランイランなどのお香（月）、琥珀かフランキンセンス（太陽）

注意点：パートナーと行う場合は、性感染症のリスクがないことをあらかじめ確認しておくこと。責任感のある倫理的性魔女であることは、聖なるセックスのどの道にいても最も重要だ。

追加注意点：オプションとして、ヘブライ語で各エネルギーを召喚する方法もある。「いったい何の話だ？」と思った読者はこれを無視してほしい。

ステップ1：儀式の場所と祭壇のセッティングをして、意図の設定をする

もうここまでくれば聖なるセックスの儀式を始める前のルーティーンはしっかり定着したことと思う。いつも通り、自分と儀式を行う場所を整える。入浴の儀式（P．215）をしてもいいし、外に出て太陽か月の光を浴びるのもいい。聖なる煙、呼吸法、あるいは身体を動かすことで自分自身を浄化する。自分が召喚するものに対応する金属を身につける。月は銀、太陽は金だ。

使うものを集めてくる。儀式の対象となるタロットカードを祭壇に並べる。節制のカード、太陽に対応する太陽のカード、月に対応する女教皇のカード（紛らわしいが、月のカードではない）。太陽の人は金か黄色の服で身を包み、月の人は銀色または透ける布、あるいは裸でもいい。

次に意図がある場合は、パートナーと意図の設定をする。この儀式の目的は太陽と月のエネルギーのバランスを取り、エロティック錬金術でこれらの二元的エネルギーを調整することだが、より一般的・具体的な意図を込めてもいい。もし2人の関係には活動的な太陽のエネルギーが漲《みなぎ》っていて、熱く破壊的な要素が多いと感じたら、そこにはエネルギー

を鎮める、直感的な月のエネルギーが必要となるだろう。一方、２人の関係があまりにも内面的で精神面に偏っていると感じたら、太陽を通じて他者とかかわるエロスの表現を取り入れる必要があるだろう。時間をかけて日記をつける、または前章の質問やタロットの洞察に照らしてから、あなたの意図を明確に記述していく。以下の言葉を導入に使うといいだろう。

この儀式でエロティック錬金術により太陽と月のエネルギーを呼び起こすにあたり、「意図を読み上げる」

ステップ２：グラウンディングとセンタリング

場所のセッティングをして意図の設定が済んだら、グラウンディングとセンタリングをする（第１章参照）。

ステップ３：節制の道を召喚し、太陽と月のエネルギーを引き寄せ、キャンドルを灯す

厳かに祭壇に向かって進む。節制カードの前に立つ。カードがあなたに語りかけるものを呼吸で吸い込む。カードからの連想や、カードが持つ意味について考えないこと。ただそのカードを初めて見たような気持ちで眺める。準備ができたら、以下の言葉を声に出して言う。パートナーがいる場合は一緒に声を出す。

私（たち）は今、節制の道、サーメクの道に立ち、錬金術により太陽と月、2つの光の神聖なる統合へと向かう。私（たち）は私（たち）を通り抜ける聖なるセクシュアリティのエネルギーのうねりを通じ、二元性を統一する。節制のカードがこのエロティック錬金術の儀式を導き、存在し得る最良のものが私（たち）の真の意思とともにあらんことを願う。

ヘブライ文字と共振するという習慣があれば、ここで大きく息を吸い、サーメクと低い声で唱える。

サーーーーーーーメーーーーーーーク

目を閉じて、この道の宣言があなたを通り過ぎていくのを感じる。
次に、あらかじめ決めておいた光を引き寄せる。

太陽を召喚する：頭の上に黄色っぽい金色の球体をイメージし、呼吸とともに頭頂からこのエネルギーが入ってくるのを想起する。活気に満ちた、浄化力があり、エネルギー漲る黄金の光が身体の各部分をゆっくりと、丁寧に通過していく。足のつま先まで行ったら、あなたは内側も外側も光り輝いているだろう。

月を召喚する：頭の上に銀色の球体をイメージし、呼吸とともに頭頂からこのエネルギーが入ってくるのを想起する。穏やかで修復力のある、神秘的で鎮静化してくれる銀の光が身体の各部分をゆっくりと、丁寧に通過していく。足のつま先まで行ったら、あなたは内側も外側も光輝いているだろう。

召喚した光で満たされたと感じたら、キャンドルに火を灯す。それぞれが担当する金と銀のキャンドルに各自火を灯す。単独でやる場合は両方に火を灯す。

ここでそれぞれが担当して具現化した太陽から、月へと移動していく（生命の樹では太陽が先に来るため）。

太陽を担当する人は、自らが溶けてなくなり、太陽として再構築されていく様子をイメージしながら以下の言葉を言う。心の中で言うのでもかまわない。

おお太陽よ、美の顕現、心臓の輝き、すべての中心、知恵と意識の殿堂たる太陽よ。私は今あなたの生命力と活気を私の中に招き入れる。節制の道の、錬金術によるエロス活性化の過程で、私はあなたの情熱、天体を動かす力、黄金の優雅さとまばゆい表現力を召喚し、私の内面を輝かせる。

ティファレト、太陽の神聖な名称と共振するという習慣があれば、ここで大きく息を吸い、ヨッドへ、ヴァヴへ、エロア、ヴァダートと低い声で唱える。

ヨッドへ、ヴァヴへ、エル、オー、アー、ヴァ、ダーーーーーーーーート

月を担当する人は、自らが溶けてなくなり、月として再構築されていく様子をイメージしながら以下の言葉を言う。心の中で言うのでもかまわない。

おお月よ、万物の基盤、直感の叡智と理解の光、神秘と潜在意識の殿堂たる月よ。私は今あなたの闇を切り裂く陰の力を招き入れる。節制の道の、錬金術によるエロス活性化の過程で、私はあなたの内面の輝き、鎮静化に向かわせるストイックな力、冷めた性質と霊的表現力を召喚し、私の内面を輝かせる。

イェソド、月の神聖な名称と共振するという習慣があれば、ここで大きく息を吸い、シャダイ、エル、ハイと低い声で唱える。

シャーーード、アーーイーー、エル、ハーーーーーイーーー

ここで目を閉じる。自分を太陽、月として感じる。分析したり感情の理由を探すことなく、ただ在るものを受け入れる。天から降りたエネルギーがあなたの身体を流れるのを感じる。何も変化を感じなかったとしても、召喚が実際に機能していると信じよう。

ステップ４：意図の設定と宣言

ここで意図の宣言をする。祭壇とキャンドルの前に立ち、パートナーとの場合は一緒に、書いたものを読み上げる。声に出しながら肺から口へ意図のエネルギーが体内を巡り、外に出る時その宣言が現実になると感じよう。

以下の言葉をインスピレーションとして、意図の言葉を繰り返す。

節制の道において、エロティック錬金術の名のもとに太陽と月のエネルギーを引き寄せ、私はここに宣言する。「意図を宣言する」

終わったらそのエネルギーはあなたの身体を抜けて宇宙に届けられると感じよう。

ステップ5：69の実践、エネルギー循環による性魔術

今や節制・サーメクの道が太陽と月を結びつけ、2人は一体となる。単独でもカップルでも、月と太陽のエネルギーを全身に巡らせる。

次に69の体位をつくり、単独の場合は自慰をする。呼吸しながら召喚した光を全身で感じる。

パートナーがいる場合：69のポジションでオーラルセックスをしながら、吸う息で担当の光を体内に溜め、吐く息でそれをパートナーの身体に送り込む。こうしてあなたの口から相手の性器、相手の口からあなたの性器へと巡るループができる。ちゃんと流れていくので、エネルギーの行方に囚われないこと。

単独の場合：召喚した光が体内を巡るのを意識する。次にもう1つの光を取り込んでいく。もし太陽を召喚したのなら、月のエネルギーを吸い込み、太陽エネルギーと融合したと感じてから息を吐く。月を召喚したのなら、太陽のエネルギーを吸い込み、月エネルギーと融合したと感じてから息を吐く。

パートナーとでも単独でも、占星術チャートの太陽と月の記号をイメージし、つながりを築くこともお勧めしたい。エネルギーが十分定着したと感じるまでそこにそのままとどまる。身体が振動を始めたり、光に包まれていると感じたりするかもしれない。何も感じなかったとしても、魔術は起きていると信じよう。

ステップ6：エネルギーを放出する

パートナーがいる場合：オーガズムが近づいてきたら、心の中で意図を唱え、クライマックスと同時に頭頂と性器から意図のエネルギーを放出する。そのエネルギーはパートナーの身体を通って宇宙に届けられる。2人同時にオーガズムを迎えない場合、あとの人が達するまで（または最も接近するまで）性器から口を離さずにとどまり、2人で意図を心で唱え、同様にエネルギーを放出する。両方が終えたら、口の中の精液を相手の口にキスをしながら入れる。互いに太陽と月が抱き合っていると感じ、節制カードの聖杯になったことをイメージする。準備ができたら口を放して精液を分け合い、飲み込む。これで2人の身体は太陽と月の蜜でチャージされた。

単独の場合：オーガズムが近づいてきたら、心の中で意図を唱え、クライマックスと同時に頭頂と身体から意図のエネルギーを放出する。太陽と月のエネルギーが体内を巡るのを感じる。その気になったら、自らの性分泌液を摂取（または身体に塗布）する。そしてこのエリキシルが体内を巡り、内面から光を放ち、太陽と月があなたの中に根付いたと知ろう。

余韻の中に好きなだけとどまる。

ステップ7：錬金術的統合の宣言、太陽と月を見送る

準備ができたら、再び祭壇の前に立つ。太陽と月を見送る前に、この儀式の宣言を以下のように行う。

私（たち）はここに、節制の道のエロティック錬金術による太陽と月の神聖な統合が完了したことを宣言する。すべては終了し、至高の世界へと放たれた。

太陽を召喚した人は以下を付け加える。

おお太陽よ、美の顕現、心臓の輝き、すべての中心、知恵と意識の殿堂たる太陽よ。あなたの神聖な輝きを私に浸透させてくれたことに感謝をささげる。儀式は無事終了し、すべて完了した。心置きなくこの場から去られよ。祝福あれ。

太陽の黄金の光が身体を上昇し、そのまま天へと抜けていく様子をイメージする。

月を召喚した人は以下を付け加える。

おお月よ、万物の基盤、直感の叡智と理解の光、神秘と潜在意識の殿堂たる月よ。あなたの神聖な輝きを私に浸透させてくれたことに感謝をささげる。儀式は無事終了し、すべて完了した。心置きなくこの場から去られよ。祝福あれ。

これを唱えた後、月の銀色の光が身体を上昇し、そのまま天へと抜けていく様子をイメージする。

次に節制・サーメクの道に、ガイダンスと協力に感謝をささげる。節制のカードの前に立ち、以下のような言葉を言う。

おお節制よ。エロスの錬金術師よ。太陽と月の神聖な統合の仕事を祝福してくれたことに感謝をささげよう。儀式は無事終了し、すべて完了した。すべてのエネルギーは心置きなくこの場から去られよ。祝福あれ。

ステップ8：クロージングとグラウンディング

エネルギーが体内を巡ることの深い意味を感じよう。呼吸を整えてからクロージング、グラウンディング、センタリングを行う。天体のエネルギーがすべて天に還り、地のエネルギーはすべて大地の下に鎮まったことを感じよう。ヨガのチャイルドポーズを作り、額を床につけ、体内の余剰エネルギーをすべて額から大地に帰していく。自分自身とパートナーに感謝をささげ、儀式の概要と、感じたことなどをグリモワールに記録する。水を飲み、何か食べて身体に元通り収まろう。

キャンドルは燃え尽きるまで置いておく。安全上必要ならキッチンのシンクで引き続き燃やす。キャンドルを消す必要がある場合、キャンドル消し器を使うか、扇いで消す。息で吹き消してはいけない。同じ意図とつながりたい時にこれらのキャンドルを再び灯す。余剰の蠟は十字路に捨てる。そうあらしめよ。

第6章

神と合一するための道

もしエロスが宇宙の結合組織なら、愛はそこに虹色に輝くエッセンスをもたらす。もしエロスが形なら、愛は力だ。と言っても、聖なるセックスに愛が不可欠というわけではない。私が持っている意図を1つ挙げるなら、それは教会の家父長制度的信条を、ニューエイジ的魔術で包みなおすことではない。あなたがセックスに何を望もうと、セックスは聖なる行為となり、パートナーに恋していなくても愛は受け入れる力となる。愛とは神の意思に完全に身を委ねた状態であり、それがセックス探究と並行して行われる時、あなたは神との合一の道を歩んでいることになる。

神との合一の道とは、聖なるセックスを真剣な交際の一部とし、神聖な結合（それはセックスが儀式的聖餐式となった時にのみ共有される）へのポータルとして取り組む人々のためのものだ。あなたが結婚していてもデート中でも、長い付き合いの相手がいても、一夫一婦制でも一夫多妻制でも関係なく、ただ偽りのない、ゆるぎない献身だけが求められる。錬金術の道同様、神との合一の道は、完全なる信頼と、見ることと見られることに対して身を任せる必要がある。しかしこの道はまた、他者との物理的関係のみならず、神々、宇宙、あるいはハイアーセクシュアルセルフとの関係を深めるためにも使われる。

完全な愛の道。他者への愛、1人ラブ、神への愛。愛は結合組織だ。それはエクスタシーと何か偉大なるものとを直接結合させる。この道を導く元型は恋人たち、タロットの第

6番目のカードだ。神との合一の道は自我に内在する二面性、光と影の二極性、善と悪、陰と陽、太陽と月、拡大と収縮の統合を目指す。神との合一の道は、たとえば理性と感情が違う方向にあり、どちらかが常に主導権を持っているといったバランスの悪さのような、人格の不均衡の修正にも役立つ。トマス・モア曰く、「魂を込めたセックスは常に別次元の現実との交流だ」。それにさらに意図が加われば、真の魔法が起きる可能性がある。もしあなたが結婚しているか、長い付き合いのパートナーがいて、その関係を花が咲き乱れる庭のようにしたいのであれば、この道は特に効果を発揮するだろう。

神との合一の道とは、分離の幻想を捨て、ひとつにまとまることに尽きる。それがある関係という容器だとすれば、共感、気づき、グノーシスが、魂と肉体の宇宙的絡み合いの表面に浮上してくる。この道は聖なる関係にある人々、愛し合い、成長することにコミットし、互いの醜悪な部分をも完全に理解し、受け入れようとする人々のニーズに応えるものだ。それはつまり2人の異なる世界、異なるハートが出会う時、それらの違いを癒やしの機会とし、力学を強化する代わりに、私たちの多くが持つ、気休めでごまかすという傾向を手放すことだ。これも1つの錬金術だ！　セックスとは過激さ、弱さ、苦痛の瞬間を整えるための儀式なのだ。

この道はまた、聖守護天使（HGA）についてより深く知り、対話をするために使うこともできる。HGAは自我の一部であると同時に、別人格でもある高次の自我のことで、大いなる業《グレートワーク》の達成に向けて魔術師をサポートする宇宙の恋人《コズミックラバー》だ。あなたの人生、環境、信念、願望を道しるべにして、あなたにふさわしい道を進んでほしい。

意識的な関係のための聖なる教義

聖なる関係がどうあるべきかについての紋切り型の考え（一夫一婦制、異性愛、ありきたりな関係）は、万人に当てはまる枠組みではない。ヘイヴンとセバスチャンは結婚8年で、それぞれに前の結婚で設けた連れ子が1人ずついる。二人の関係は冒険に満ちたもので、幻覚剤を使って意識拡張をしているカップルだ。私は彼らと長い友人関係にあり、彼らは女神であり恋人であり、フルタイムの仕事や家族、人生の責任を綱渡りしながら神との合一を育んでいるロールモデルとなった。

私はヘイヴンとセバスチャンに、彼らにとっての意識的な関係―神との合一の基本―とはどのようなものか訊ねた。ヘイヴンは、「正直さ、透明さ、弱さ、そしてリアルであること」と答えた。セバスチャンは「どんなことにも注意を払い、当たり前にならないこと。

自動運転の行動をしないこと。自分としての在り方、言葉遣い、行動の仕方、自分の行動にどう責任を取るか、パートナーの行動にどう責任を取らせるか、こういうことはすべて意識的であるべきだ」と答えた。

概念として捉える方法の一つは、「うまくいっている」関係の定義を拡大することだ。ヘイヴンとセバスチャンにとって、すべては相手次第だ。つまり互いの快適さやニーズについて常に話し合いを欠かさない。「お互いに嘘のない全人格として付き合える、意識的関係にいることで、相手に対して勇気をもって怖れることなく対峙していける」とセバスチャンは言う。「境界線の外にあるものなど何もなく、どちらかが知らない冒険も存在しないから、セックスには天井知らずの興奮と冒険と謎があるんだ。」それは彼らにとって、一夫一婦制のあるべき姿の概念の延長線上にある。

この信頼、奉仕、自由が彼らをより深い自立と自覚へと導いた。「彼と暮らすようになってお互いにコミットするようになったら、大人になって以来どの時期よりも自由で自立できていると感じる」一方、ヘイヴンは「僕はいつでも飛び込んで試してみることができる。だって僕には後ろで支えてくれている人がいるから。その人は決して僕の面目をつぶさないし、冒険を応援してくれる。僕個人としてもカップルとしてもね。」

あなたの関係が一夫一婦制でも、オープンな関係でも、一夫多妻でも、あるいは既存の範疇に収まらなくても、あなたと相手との関係は2人を尊重することを基本にしていなくてはならない。

神との合一の例

神との合一の道を参考にするもう1つの方法は、この旅を象徴するフィクションと実話、神話と物語を紐解くことだ。つまり魔術的であろうと平凡であろうと魂を揺さぶられるようなインスピレーションをもたらすカップルを見つけ、観察することだ。私の例で言えば、私が信仰する神との聖なるパートナーシップ、そして人が実践する神との合一がある。後者の例はオカルティストのジャック・パーソンズとマージョリー・キャメロン、ミュージシャンではポイズン・アイヴィーとクランプスのラックス・インテリア、デザイナーのヴィヴィアン・ウエストウッドとアンドレアス・クロンテイラーだ。他にも、いつか私も彼らのようになりたいと願っている友人、ヘイヴンとセバスチャンもいる。どれほど欠点があろうと、尊敬する彼らは私が聖なるパートナーシップに求めるもの、求めないものを教えてくれる存在だ。

これから紹介していくのは、世界のいろんな神話、文化、伝統の中にある神との合一の例だ。あなたがすでに聖なるパートナーシップと呼べる関係を持っているなら、以下の例をじっくり読んで、自分の関係と比較してみるといい。あなたとパートナーがこれから作る神話や青写真が見つかるかもしれない。

シャクティとシヴァ：ヒンドゥー教の伝統では、シャクティとシヴァが創造意識を象徴し、それは神との合一を通じて顕現すると言われている。「宇宙はシャクティとシヴァの遊び、または2人の二極化した姿だ」。そしてそれは身体の生命エネルギー、別名プラーナに投影されている。

シェキナーと神：ユダヤの神秘的伝統の中で、神と女性性を表す神との合一はシェキナーによって表現されている。シェキナーという言葉の元々の意味は、「感覚によって捉えられる神の臨在」だが、タルムードの伝統によれば、シェキナーはシャクティのように、女性性の現れとして見られている。神とシェキナーの合一は、ミツヴァと呼ばれる、安息日に結婚しているカップルがセックスをするという聖なる戒律に反映されている。

ヌイトとハディート：アレイスター・クロウリーが創設した宗教、セレマの宇宙観で、神との合一は世界の中心をなす3神のうちの2柱、ヌイトとハディートによって表現されている。ヌイトとは魂の無限性であり、夜空と彼女の仲間によって表現される。ハディートは性的エネルギーを内包し、ヌイトの周辺領域をつかさどり、ヌイトの無限性が人格化したものである。

イエスとマグダラのマリア：イエスが登場するまで、神秘主義と個人的進化の大いなる業は1％しか達成されていなかったことはよく知られている。しかしイエスの偉業と犠牲が光を生み、虹の橋をつくり、多くの人々が彼に続いた。マリアはイエスに最も愛された弟子であり、『マグダレーナ文書』のチャネリングによって受け継がれている。これはマリアと性魔術を行ったことにより、イエスが男女平等主義の啓蒙の基礎を作ることができたというものだ。マリアは女性性を活性化する力で、シャクティのエネルギーであり、イエスが彼の目標、真の意思を完成させる力を授けた陰の立役者だ。

恋人たちと神との合一

タロットの知識がなくても、大アルカナカード第6番目の鍵、恋人たちのカードを見たことはあるだろう。絵柄はエデンの園の男女で、上から天使が2人を祝福する様子が描かれている。2人は裸で、男性は女性に、女性は天使に視線を向けている。

恋人たちのカードが象徴するのは、顕在意識と潜在意識が神の元に統合されて超意識となるということ。そしてそれは生命の樹のセフィラの1つ、ティファレト／美のラファエルに象徴される。完全に異なる2つの自我の側面が融合する時、そこには新しい視座、次元が誕生する。神との合一の道は、恋人を自分を映す鏡として投影された自分の側面を見出すことにより、これらの精神の統合へと導くものだ。

で、それがセックスとどう関係があるかって？　恋人たちのカードはセクシュアルな自我に結びついた意識レベルを語る。そしてその新しい領域は服を脱ぎ捨て、身体と一体になることで露わになる。このカードについて、古典的タロット解説書『知恵の78度』の著者レイチェル・ポラックが、こんなふうに書いている。「私たちは愛を通じて誰かとの一体感だけでなく、生きることのより深い意味を垣間見ることができる。人を愛する時、私たちは自分のエゴの一部をあきらめる。その行為は2人をその他の人々から孤立させるだけでなく、人生そのものからも孤立を促す。だからこそ天使は男女の頭上に現れ、彼らが個人として見ることのできないビジョンを、2人でなら垣間見られるということを示している」。このように内的太陽と内的月が合体する時、一段高い次元に上昇することができる。肉体を使ってそれを行うと、2人の身体は文字通り1つになる。

ここでの秘密とは、あなたが誰かとともに神との合一の道を進んだとしても、そこに投影されるのはあなたの内的な神との合一だということだ。この道に求められるのは、あなたの恋人があなたの心の奥の真実を映す鏡となることだ。それにより、あなたの中にある二面性を修正することになる。それはだいたいにおいて3つの部分の統合──①自分の内面の統合、②恋人の内面の統合、③2人の人格の統合だ。統合された2人の人格はそれぞれ橋の両端にあり、セクシュアルグノーシスの意図と進化が2人と結婚する。

振り返りの質問集

神との合一の道は、愛する人の肉体を通じて愛を感じたいという魂の欲求として感じられる。どんな関係であれ、人との結びつきには努力と内省が必要だ。時として神との合一の激しさに囚われすぎてしまったら、紙にペンで書くことで現実に返れることもある。少なくともそれはその関係の日時の刻印《タイムスタンプ》となり、2人が神の愛につかまったことを思い出すきっかけとなる。それは2人の長い将来にわたり、素晴らしい思い出として残るだろう。第1章で解説した通りに場所のセッティングをして、これらの質問を答える間、愛する人にそばにいてほしいかを選択する。そしてさあ始めよう！


✧「神との合一」と聞いて何を思い浮かべるか？　何を連想するか？　この章を読んで何かが変化・進化したか？

✧意識的な関係、聖なる関係はあなたにとってどんな意味があるか？

✧愛する人の隣で神との合一の道を進むこととは、どんな意味があるか？

✧どんな性的体験が神との合一を感じる助けになったか？

✧あなたのセクシュアリティとエロティックな本質の全部を尊重することが、どのようにあなた自身、神、恋人との関係を変えるだろうか？

✧あなたの欲望をどうすれば神との合一へと近づけることができるだろうか？

✧錬金術の道と、神との合一の道はどのように相互補完できるだろうか？

✧献身はどのようにセックスの神秘へと導くだろうか？　それはあなたとパートナーとの関係にどんな変化をもたらすだろうか？

✧パートナーの中に神性を見出す時、それはあなたの中にある神性をどのように想起させるだろうか？

✧あなたの人生で出会ったカップル、ポップカルチャーの人々の中で、神との合一の道を歩んでいる人々はあるだろうか？　彼らはあなたにとってどんな参考になるだろうか？　彼らはあなたをどう導いてくれるだろう？

✧この道を進むにあたり、あなたにインスピレーションを与える神や女神の神話はあるだろうか？

神の愛で世界を輝かせるためのタロット

あなたが聖なるセックスの道を歩むのは、あなた自身をよりよく知るためで、肉体と官能の意味を知るためでもあり、そうして得たものを愛する人や宇宙に還元するためだ。このタロットは神との合一の道を辿り、世界へと漕ぎ出していく方法を理解し、その途上で現れる世俗的問題の対処法を導くためのものだ。

自分の中心に心が収まったと感じるまで、心を整える。本書のやり方でグラウンディングとシールディングをする。自分の中心に心が収まり、愛を感じられるような態勢を作るのに必要な自分自身と自分の居場所のセッティングは自分流でもかまわない。カードに聞きたい質問を考える。どうすれば愛でいっぱいにできるか、あるいはシンプルに、この道を前進するにあたり必要なことは？　など。カードをシャッフルし、カードを引き、その意味について考え、記録する。グリモワールには引いたカードや解釈の他、気づいたこと、降りてきたこと、その時によぎった感情についても記しておく。そうあらしめよ。

カード１：神との合一をどうすれば自分のものにできるだろうか？

カード２：それをどうすればパートナーや他者と共有できるだろう？

カード３：私の行動のすべてに神の愛の輝きを反映させるにはどうすればいいだろう？

カード４：嫉妬心や不安に襲われた時でも愛を選択し続けるにはどうすればいいだろう？

カード5：この道を歩むにあたり宇宙からのメッセージは？

神と合一するためのアファメーション

どの道を歩んでも、早晩災難に見舞われる日がやってくる。神との合一の道についてもしかり、特にあなたが意識的な関係のパートナーとともにこの道を歩む場合は。時間の要素は非常に重要で、そんな時は自分のペースで問題の焦点を変えてみたり、別の枠組みで捉えなおしたりするといいだろう。また、「そもそもどうしてあなたが今そこにいるのか」という原点を思い出すにはアファメーションが役に立つ。あなたがハイアーセクシュアルセルフに近づいていても、恋人へのコミットメントを高める途上でも、あなたが困難に直面し、ストレスを感じている時はアファメーションが助けになるだろう。これをすると他者への献身の美しさ、人生にめげそうになった時どんなふうに神の愛が救ってくれるかを思い出せる。アファメーションの生かし方は第1章を参照してほしい。

✧私は神の愛だ。

✧私は神との合一の道を歩んでいる。
✧私は自分自身との聖なる結婚を尊重する。
✧私は私の恋人だ。
✧私は神聖で意識的な関係の道を歩む。
✧私に内在するすべての神なる二元性の合一を支持する。
✧私のセクシュアリティは神との合一の道をガイドしてくれる。
✧私のエロティックな本質は神の愛の奥義へと誘う。
✧自らがより完全な表現をするほど、愛するパートナーを尊重できるようになる。
✧二人の聖なるパートナーシップを通じて私はパートナーを大切にする。
✧私の中にある月と太陽を尊重する。
✧愛の錬金術の炎で、私は内在するすべての二元性を溶かし尽くす。
✧神の愛は私を導き、私を虜にする。
✧私は人生の官能体験を完全に生かしきる。
✧苦痛や怖れの感情は私を愛に引き戻す。

神との合一の神聖化の儀式は神や宇宙との合一を目指すもの

神との合一へのイニシエーションの実践は大きな一歩だ。それは聖なるコミットメント、壊せない絆ではないものの、愛の名のもとに味わう苦痛や弱さといったリスクを伴う、魂のワークだ。それは急いでやることではない。私の助言としては、真剣にコミットし合えるパートナーシップでのみ探究するということだ。この儀式はまた、自分自身の中での神との合一、あるいは神や宇宙との合一を目指す場合にも使うことができる。

この儀式は性魔術による浄化と神聖化からなり、聖なるセックスが神との合一のポイントを通過したのを示すために性分泌液を使う。儀式に最適のタイミングは新月か下弦の月の時期で、この儀式を以て新しい旅が始まる。曜日ではヴィーナスの神の愛を多く受け取れる金曜日がお勧めだ。

用意するもの：聖水（水道水、ムーンウォーター、ローズウォーター、フロリダウォーターなど）、聖油（上質なオリーブオイル、フランキンセンスオイル、サンダルウッドオイル、ローズオイル、イランイランオイル、ジャスミンオイルなど）、聖なるハーブ（ラヴェンダー、オオヨモギ、ヒマラヤスギ、まがい物でないパロサント）、ライター、ハーブを入れる容器、聖なるセックスグリモワール、お気に入りの性玩具、潤滑剤。この儀式を単独で行う場合、鏡を用意する。

この儀式を始める前に、もう一度読んで、この通過儀礼があなたにとってどんな意味があるかについて瞑想する。パートナーについて考え、自分自身について考える。このコミットメントによって2人の関係やあなたのスピリチュアリティがどのように変化するかについて考える。つまり、もしあなたが性魔術を追求しない（カジュアルに、儀式でない楽しみとしてのセックスを望む）場合でも、このポータルを超えればどんな関係でも神聖化され、あなたのセックスは聖なるものとなる。本章前半の振り返りの質問集やタロットを読み返すのもいいだろう。この儀式をパートナーと一緒にやる場合、2人にとってこれがどんな意味を持つのか、2人の関係がどんなふうに変わるかについて話し合う。

この儀式専用に祭壇を設置する場合は、祭壇に薔薇などの生花、恋人たちのタロットカード、写真、宝石、手紙、何らかの意味を持つ置物やフィギュア、神との合一を想起させるものを並べる。パートナーとともに儀式に臨む場合は、それぞれの参加者を表すものを祭壇に置く。

始める前に、東の方角を確認しておく。

ステップ1：準備

この儀式をパートナーと一緒にやる場合、始める前に十分に1人の時間を取る。シャワーか入浴をする。儀式のための衣服を選んで身につける。装身具や香水をつける。いつも通りに場所のセッティングをする。

ステップ2：神殿に進入、グラウンディングとシールディングをする

神殿に入る時、その行為は自分のハート、パートナーのハート、あるいは神へと至る扉をくぐると想定する。あなたの意図にふさわしいキャンドルに火を灯す。愛するパートナーと祭壇を眺める。次に、パートナーの正面で心地よくいられる場所を見つける。目を閉じて、グラウンディング、シールディング、センタリングをする。（P．69参照）

心臓の中心に意識を持っていき瞑想する。神の光が足の下と頭上から来て、心臓の中心で出合う様子をイメージする。その場所の広がり、あるいは狭さを感じる。ここでのポイントは決めつけや分析をしない、変えようとしないこと。ただ心臓の状態を感じ、そこに愛と慈悲を送る。

準備ができたと感じたら、水と火を使って浄化と神聖化を行う。この儀式をパートナーとともにやる場合、水と火の担当をそれぞれ決める。または2人で両方を担当してもいい。水を取り、初めに東の方向に水を振りかける。そして次の言葉を言う。

最も神聖な心臓の水をもって、

次に1周の4分の1だけ右に回転すると南を向くことになる。そして水を振りかけて次の言葉を言う。

エロティックな直感のポータルを超えて、

次に再び4分の1周だけ右に回転すると西を向くことになる。そして水を振りかけて次の言葉を言う。

私はこの神殿を浄化する。

最後に再び4分の1周だけ右に回転すると北を向くことになる。そして水を振りかけて次の言葉を言う。

神の愛の名のもとに。

これが終わったら、パートナーに聖水を振りかけ、パートナーに聖水を振りかけてもらう。頭頂部から第3の目（眉間）、心臓、太陽神経叢《しんけいそう》、臍下《せいか》の丹田に振りかけていく。水を浴びるたびに不安、怖れ、重荷など、神の光と100%共振しないエネルギーが消えていく様子をイメージする。

次に火を使って同様のことをする。用意したハーブを燃やし、すぐに火を消して煙を使う。

初めに東の方向に向かって煙を扇いで送る。そして次の言葉を言う。

最も勇猛な献身の炎をもって、

次に1周の4分の1だけ右に回転すると南を向くことになる。そして煙を扇いで送って次の言葉を言う。

エロティックなコミットメントのポータルを超えて、

次に再び4分の1周だけ右に回転すると西を向くことになる。そして煙を扇いで送って次の言葉を言う。

私はこの神殿を神聖化する。

最後に再び4分の1周だけ右に回転すると北を向くことになる。そして煙を扇いで送って次の言葉を言う。

神との合一の名のもとに。

これで神殿の神聖化が完了したので、パートナーとあなた自身を聖なる煙で神聖化する。頭頂から下に順に降りていき、両腕、両足、胴体、掌、足の裏、両腿の間にも煙をかける。煙を浴びながら、神との合一を阻むものがすべて消えていく様子をイメージする。

神に自らを捧げることで神との合一を望むなら、
今こそ神を迎え入れ、あなたの儀式に召喚しよう。

ステップ3：視線を向ける

視線を向ける、または鏡を見ることにより、今日あなたが神聖化した神とのつながりを形成する時が来た。参加者数が3名以上の奇数の場合、タイマーをセットして全員が全員に視線を向けられるようにする。単独の場合は鏡を見る。

パートナーの正面で心地よくいられる場所を見つける。タイマーを3〜5分にセットする。パートナーの右手をあなたの胸に当て、左手をパートナーの右手の上に置く。パートナーにも同様にしてもらう。心臓の中心を意識して数回深呼吸をする。パートナーと吸う息、吐く息のリズムを合わせる。呼吸を続けながらパートナーの左目に視線を向ける。単独の場合は鏡を見る。どこか馬鹿げていると感じたり、居心地が悪くなっても会話はしない。沈黙は、宇宙の卵が孵るための空間だ。ここで何かビジョンが見えたり洞察が浮かんだら、呼吸で受け止め、可能な限り身体の中にとどめる。

参加者が3名以上の奇数の場合、必要なだけ何度でもこれを繰り返し、全員が全員と視線を交わせるようにする。

ステップ4：聖油の塗布とアファメーション

あなたの意図の宣言をして、自分自身に、そしてパートナーに聖油を塗布する。自分のオイルを横に置き、ほんの少し指先に垂らし、パートナーの目を見ながら額に塗布する。単独の場合は鏡を見ながら自分の額にオイルを塗る。それが済んだら次の言葉を言う。

私は、［パートナーの名前、自分の名前、神の名前］とともに神との合一のダンスを踊るべく、私のすべてを解放する。

次に喉にオイルを塗布して次の言葉を言う。

私の魂、言葉、ハート、行動が神との合一へのコミットメントに沿ったものとなれ。

心臓の上に塗布して、次の言葉を言う。

すべての時間と場所で、私は神との合一のイニシエーションにコミットする。私はすべての場所と時間であなたに対して開かれる。私は身体と魂の聖なる結婚の儀式を行う。存在し得る最良のものが私（たち）の真の意思とともにあらんことを願う。そうあらしめよ。

これを複数のパートナーでやる場合、このプロセスを繰り返す。オイルを塗布された人が次のパートナーに宣言する。全員が終わったら次の言葉を言う。

私は愛のために分離した。合一への希望のために。

ステップ５：セックスでエネルギーレベルを上げる

ここで肉体の物質たるゆえんを探究する。身体に触れる、キス、マッサージをして室内のエロティックなエネルギーレベルを上げていく。自分自身やパートナーに感謝や愛の言葉をささやく。聖なる前戯の間に、なぜこの儀式をするかを思い出す。

「ヤブヤム」と呼ばれる体位から始めるといい。２人が向き合い、１人がもう１人の膝の上に乗り、両足は緩く相手を包むように置く。この体位では背骨がまっすぐ直立し、エネルギーが自然に流れ、互いに見つめ合い、キスができ、心臓同士をくっつけることができる。向き合うことができれば好きな体位で始めてかまわない。

セックスを始める前に、しばらくこのエネルギーを感じる時間を取る。これから超えようとしている関門はキラキラと輝いている。これを超えることがどれほどの偉業かについて改めて考える。セックスを始めたら身体の動きと呼吸を合わせ、ペースを整える。ひと呼吸、ひと動き、タッチひとつするたびに神との合一へと近づいていく。

オーガズムが迫ってきたらパートナーと視線を合わせ、エネルギーを送り合う。複数でやる場合は全員とこれを繰り返す。精液に抵抗がない場合、ペニスのある人は射精をする。（精液は次のステップ６で使う。）単独の場合は鏡を見てエネルギーが体内を巡るのを感じる。

この儀式は単独でも、パートナーとでも変わりなく
このオーガズムまたはエネルギーの高揚は
あなたと他者との間に神聖な絆を結ぶと覚えておこう。
これはあなたとパートナーを結ぶ聖なる誓いのエネルギーの現れだ。

この後しばらく横たわり、エネルギーが体内を巡るのを感じ、新しく生まれた関係をどう受け止めるかをイメージする。好きなだけそのままとどまる。

ステップ6：神聖化とイニシエーション

あなたの性分泌液であなた自身とパートナーを神聖化し、イニシエーションを確認する。液はあなたが本質的に変化したことの証拠だ。ヴァギナ、またはペニスから液を取り、自分自身とパートナーの額、喉、心臓（胸）につけたら、その指を舐め、パートナーも同様

にする。性分泌液の塗布を終えたパートナーは以下の言葉を言う。

私はここに、聖なる合一のイニシエーションを宣言する。私は変容を遂げ、聖なるセクシュアリティと神の愛の力によってまったく新しく生まれ変わった。2つのものは1つになった。この儀式は完了したが、神との合一は永遠に続く。そうあらしめよ。

複数でやる場合は全員とこれを繰り返す。アドリブで浮かんだ言葉を言ってもかまわない。

ステップ7：クロージング

心臓を意識しながらしばらく瞑想する。以前とどこが変化しただろう？　より柔らかく、広がりを感じ、より完全な自分を感じるだろうか？　浮かんだ思いに身を任せ、神との合一がすでにあなたに成長、進化の機会をもたらしていることに気づこう。クロージングとグラウンディングをして、召喚した神々に感謝して元いたところへの帰還を促す。ヨガのチャイルドポーズで額を床につけ、余剰エネルギーを体内から大地に戻していく。

グリモワールに記録をつける。祭壇の前で1人、またはパートナー、神々と対話、瞑想したりする。これは始まりにすぎないことであり、本当の変化はこれから起きるということを覚えておこう。この儀式があなたの新しい愛と合一の世界を開くことを願ってやまない。

第7章
神秘家の道

セックスとは献身のアートであり、女性神と絡み合い、一体化する手段だ。聖なるセクシュアリティとは至高の境地へと至る儀式であり、古代の神殿の神官、聖なる娼婦、神なる売春婦の類魂と関係を持つことだ。これは神秘家の道。これはヘテラ（ギリシャの高級娼婦）の道。これはエロス信奉者の道だ。

愛の女神にはたくさんの化身《アバター》があり、肉体を通じて賛美される。古代史では、愛の女神の女性神官たちは自らの性的エネルギー、性的表現、性行為そのものを通じて女神を賛美した。女性神官は女神を体現するだけでなく、自らの性的エネルギーを捧げ、その波動を儀式の相手に送り込んだ。これらのエロス信奉者たち―あるいは多くの人が「聖なる娼婦」と呼ぶ人々―が実在したかどうかは不明だ。しかし魔術師や性魔女が実在したのは、その魔術の潮流から見てほぼ確実だ。聖なる娼婦、神なる売春婦の道は今あなたの目の前にある。

神秘家とエロス信奉者の道はセックスと性的エネルギーを使って女神へと至る道と定義され、より具体的に言えば、女神の化身であるエロティックな生命力へと至る扉と捉えている。セックスと性魔術は自我に内在する、また自我を通じて降りてくる神とつながる手段だ。純粋に心を込めてこれを行う時、セックス自体が神との交流となる。

本書で紹介するすべての道の中で、私はこれに1番共感できる。セックス、セクシュアリティ、そしてエロスの神は私が愛と欲望の女神とつながり、それと一体となるための道だ。自慰はエネルギーを捧げる儀式となる。デートは私の内なる女神ババロン、ヴィーナスへの招待だ。セクシュアリティはくねくね進み、振動する力となり、私が仕える女神へのコミットメントを想起させる。私のセクシュアリティは私のものだが、同時に私の外にも存在し、愛の女神に奉仕する私の人生を導いてくれる。

古代のエロス信奉者たち

人類の歴史上、記録に残る最古の詩人は約4，200年前の古代シュメールに生きていたエンヘドゥアンナ（性と闘いの女神イナンナに仕えた神官）だ。イナンナの神話はエロティックに描かれ、彼女に仕える神官は女神への憧れと渇望を表現する。これにはヒエロデュールという言葉があり、その意味は「聖なる召使」と呼ばれる宗教的神官で、彼らが行う儀式には性行為が含まれていた。イナンナの後継者、イシュタルはハーロッツの母で、偉大な女神ハーと呼ばれた。イナンナ、イシュタル、アナト、アシュタルテ、イシス、キュベレー、ヴィーナス、アフロディーテにはみな、これらの愛の女神とその神殿に仕える神官たちがいて、その仕事の一環として性の儀式を行っていた。『聖なる娼婦：永遠の女性性』という書籍には「豊穣・愛・情熱の女神を信仰しているところには必ずその社会の重要な構成メンバーとして聖なる娼婦たちがいた」と書かれている。

エロス信奉者たちは聖なる娼婦、神なる売春婦、または神殿の神官と呼ばれた。

もしあなたがこれに似たような形で、女神への捧げものとして、そして女神とつながる手段としてセクシュアリティを行使するなら、これらの呼称のいくつかで自分を呼んでみるといいだろう（もしあなたが性労働者なら、特に効果が大きい）。聖なる娼婦、神なる売春婦の名前を何度も呼ぶうちに、ネガティブなイメージが消えていくだろう。セックスと精神は有史以来不可分の関係で、その神聖なる共生を改めて主張する時が来た。

エロス信奉者は欲求と性欲の魔術を織り上げる。エロティシズムは結合の触媒、導管となり、粗野で繊細な肉体のチューニングをするアンテナとなる。セクシュアリティはソケットと電気だ。セックスは神とつながる電流となる。この電流とはクンダリーニであり、タントラ左道のタントリカの中にある。セックスがタブーとなるのは、セックスにこの境界を破る破壊力があるからだ。タブーを伴わない破壊は存在しない。

今日のエロス信奉者

神秘家の道を進むにあたり、どれか特定の女神、あるいはどの女神も信奉しなくていい。セックスを万物の源、あるいは神との合体として取り組むだけでいい。あなたのセックスへの情熱の中に女神は既に存在しているからだ。神秘家の道では、身体が神殿、心臓が祭壇となる。神はあなたの中にも外にも存在し、誰にでもどこにでも遍在している。セックスは単なる行為以上のものとなり、あなたの人生を囲む黄金の後光となる。これがエロスの神だ。エクスタシーと快楽を、かすかなオーラで覆われた未知の生命を肯定する手段として追求することを賛美する。どの瞬間も行動もオーガズムとなり得る。素肌に触れるシルクの感触、鳥の声、耳元でささやく恋人の声……どんなことでも宇宙の領域へと至るポータルとなる。すべてが信奉の儀式となる要素を持っている。単独でも相手がいても、セックスはあなたのスピリチュアル探訪の一部となる。

この道は、瞑想と儀式を通じてあなたの性的エネルギーとのつながりを深めていく。その先であなたはエロスパワーをよりよくコントロールし、より敬意を払いながら、エロスに浸るようになるだろう。プロのSMプレイの女帝、臨床催眠療法家、性魔女、女神信奉者でもあるシドニー・ジョーンズはこう言っている。「女神はあなたの中にもいるし、そこらじゅうにいる。それは本当にパワフルなことで、女神は変化と成長、神なるものとの結合のパワフルな触媒だということを、たとえ世間が否定したとしても、みんなにわかってもらいたい」。

聖なる娼婦、神なる売春婦、そして神秘家とエロスの信奉者の道を賛美することとは、あらゆるセクシュアリティを受け入れることだ。それは性のポジティブさ、それが自分の考えとどれほどかけ離れていようとも、人の性的表現の選択を支持することを指す。それはエロティックな自分を徹底的に認め、セックスを神、他者、自分への捧げものとすることだ。

あなたのアイデンティティにかかわる月の神秘と周期

この道は官能的で、周期を持つ。それは進化し続ける液体であり、体内の性的エネルギーの潮流とその流れに同調している。あなたのエネルギーと同調する方法の一つとして、月の周期を使うことが挙げられる。月は45億年以上前から存在する、いにしえのパワーの源だ。これまでに存在したすべての人類が、同じ月を見たということに思いを馳せるだけでも感慨深いものがある。

占星術で月は心理の深層、潜在意識、女神による豊穣と創造のパワーを象徴する。バースチャート（人の誕生の瞬間にすべての天体がどの位置にあったかを示す占星術のスナップショット）で、月は内面世界を表す。たとえば育成や愛情表現の好み、母親との関係の特徴、顕在意識に上らないあなたの真の姿などだ。傑出した占星術師、アメリア・クイントシェアはこう言っている。「太陽はあなたのアイデンティティで、月はあなたの感情だ。そして好むと好まざるとにかかわらず、セクシュアリティには感情や身体が関わってくるため、月はセクシュアリティに必然的に関わっている」。

月は毎月死と再生を繰り返し、女性の生理による子宮内膜の再生周期を真似ている。28日周期の始まりの月は漆黒の闇で、太陽の光は届かない。上弦の月の進行に伴い、光が徐々に増え、頂点に達すると満月となり、これが月のエネルギー的クライマックス（オーガズム）だ。そののち月は下弦となり光は減少し、闇夜の月に帰り、周期を繰り返す。

共感呪術、つまり望ましい成果を叶える魔術では、新月から満月に至る、光が増大する時期には何かを生み出す願いを唱え、満月から新月に至る時期には何かを手放し消失させる願いを込める。これより私は新月のフェーズから解説を始めるが、どのフェーズのワークから始めてもかまわない。

新月

エロティックな意図の種を蒔く

新月は、宇宙の力を得て何かを創造するタイミングだ。太陽の光はまったく月に届かないため、この時期は心の深層、光の当たらない部分に取り組む時期となる。新月はタロットではゼロ、愚者のカードに相当する。信頼とコミットメントを要する始まりのエネルギーであり、そこから始まる一か月のビジョンと意図を決めるための時期だ。性的文脈で言えば、新月はエロティックな意図の種を蒔く時だ。それはたとえるならBDSMセックスについてパートナーに提案・交渉する、誰かとデートする前に卑猥な画像やメッセージを送り、相手の出方によってどんなセックスができるかを探ったりするといったことだ。ここではあなたの性の妄想を探り、どんな経験を求めているか、どんなふうにやりたいか、それをどのように女神に捧げるか、それによって何を得たいかなどを考察する時期だ。エロス信奉者にとってはどんな儀式をやりたいか、どんなものを捧げるか、それについてどんな意図を持っているかを決める時だ。

これは信仰を始めるのにふさわしい時期、あるいは実践している儀式を望ましいものに改編するための時期でもある。（聖なるセックス信仰については本章後半で紹介する）新月はこの信仰の開始、意図の設定、儀式の開始を反映している。ファーストキス、最初のボディタッチ、最初のエロスのきっかけについて考える。それは恋人に目が釘付けになり、2人の間に電流が走るステージだ。

単独のセックスにとって新月は自らの性的エネルギーに息を吹き込む時だ。

上弦の月
エネルギッシュな前戯のステージ

上弦の時期は、あなたの意図や欲望が成長・発展する時期だ。この時期にあなたの意図を盛り込んで魔術的・世俗的日常生活を送っていく。エロスの神秘家の道で、上弦の月はちょうどエネルギッシュな前戯のような時期だ。いちゃつき、ヘビーなペッティング、69の体位など。儀式では呼吸法、1人セックス、パートナーとのセックスでエネルギーレベルを上げていく時期となる。この時期はまた信仰のためのエネルギーを蓄え、女神にエネルギーや時間を捧げて女神とのつながりを強化する時期でもある。

満月

エクスタシーの頂点

満月は、積み上げてきた光とエネルギーが最高潮に達する、月のオーガズムだ。あなたのエロティックパワーとのつながりがクライマックスを迎える。セックスでは最も神と一体化しやすく、女神や恋人と一つになれるタイミングだ。信仰で言えば、オーガズムを使って意図のパワーアップを図る。満月はこれまで積み上げてきたエネルギーを宇宙に送り、意図を現実にする時だ。新月からすでに2週間が経過しているため、儀式を完結させる時期でもあるが、次の新月まで、あるいは好きなだけ続ける儀式もある。

満月はエロス信奉者、聖なるセックスの神秘家としての自分に近づける時期でもある。これは性魔術の時、オーガズムのパワーを利用して物質界に変化をもたらす時、そしてチャネリングにより自分のセクシュアルパワーとのつながりを深める時だ。このフェーズでは精液、愛液(膣液)、生理出血、唾液を塗布することによりタリスマン、魔術の道具、神々の像、自分自身や恋人の神聖化を行うことができる。満月は性的神官に立ち返り、自分のすべてのエロティックな部分に自信をもち、決めつけたり卑下したりすることなく、すべてを力として肯定するための時期だ。

下弦の月
残光と統合の時

満月のピークが過ぎ、月は輝きを失っていき、エネルギーの残光を身体に受ける時期。これは統合の時期で、手放すべきものを手放し、休息する時だ。セックスでいえば性交が終わったところのステージで、自分やパートナーを視覚・触覚・嗅覚で味わう時間だ。信仰では満月での活動を終えたことに感謝し、捧げものをする時だ。また性魔術の信仰を継続する時期でもある。

闇の月
内省と闇の女神の時間

月の周期の最終局面に闇の月は現れる。魔女によっては光のない時期ということで、下弦の月や新月と同一視する場合もある。この時期は恋人との別れ、ごたごたの整理・解決、最後の光が消える頃には正気に戻るというタイミングだ。儀式ではすべてが終了し、その効果に気がつく頃だ。新月から次の新月までの信仰をしている場合、ここではまだ完結していないが、最終局面での捧げものをして収束に向かう時期だ。

闇の月は、闇の女神に象徴される性と死の難解な神秘へのポータルが開く時だ。これは影と破壊の女神で、それまで思いもしなかったような自分の心のひだの奥へと関心を向けさせる。女神はセクシュアリティを白日の下で正直に語るよう求める。外界でどんな変化が起きているか、内面では何が変わったかに注目してみる。この時期は苦痛、怖れ、悲しみなどがどんな形であれ変化したこと、信仰によって意識が拡大したことを肯定的に受け止める。自分の影の部分を動揺することなく受け入れ、痛みを伴ったとしてもその部分と仲良く折り合っていく。

このタイミングで、これまでの活動をグリモワールに記録する。あなたの神・女神、パートナーと対話して、「この周期は私にとって良かったが、あなたにとっても同じくらい良いことだったか？」と訊ねてみる。月の周期を終えたあなたはよりやさしく繊細になり、意識にも変化が起きていることだろう。闇の月はそのための空間を用意してくれる。心置きなく変容の渦に身を委ね、そのエネルギーを浴びよう。

神秘家の道　ネオタントラとクンダリーニ

神秘家の道は性的情熱の枠組みが溶けて一つになる道だ。その潮流は女神の神殿や古代のエロス信奉者たちに通底し、東洋のタントラの伝統と、西洋の性魔術にも脈々と受け継がれている。これらの潮流が合流して生まれたのが「ネオタントラ」だ。これは西洋の人々によく知られているタントラのことだ。すでに解説したように、タントラの伝統を継ぐタントリカは、すべてのものから流れ出る「シャクティ、または女神のエネルギーのエッセンスを感じる」ために複雑な儀式を行う。そしてそれはこの生命力が活性化し、シヴァ、または男性神の意識が覚醒する時だ。真正タントラはグルとの師弟関係と、サンスクリットの高度な知識を要するが、それは多くの儀式が物理的な身体、エーテル体のサンスクリット文字での視覚化や奉納を伴うからだ。しかもヘブライ語同様、サンスクリット文字はそれぞれが特定のエネルギーの容れ物となっている。この先のタントラの儀式は長く複雑なものとなる。

ネオタントラは性的傾向で言えば、性魔術同様左道タントラで、提唱したのはランドルフ、クロウリーその他の人々で、カーマスートラは新たな叡智をもたらした。長い話を短くすると、タントラ＋性魔術＝ネオタントラということになる。グルによってイニシエーションを受けていないタントラと、セクシュアルエネルギーへのフォーカスが合わさると、ネオタントラとなる。性魔術は力を求め、タントラは霊的意識を求める。エロス信奉者や性的神秘家はセクシュアルパワーをその啓示を達成する道具として使う。エロス神秘家はセックスと肉体を使って人の意識の眠っている領域を揺さぶり、覚醒させる。

このような方法で啓示を得る手法のことをクンダリーニヨガと呼ぶ。クンダリーニとは高次の創造力であり、骨盤底部に眠っている女神としてのシャクティエネルギーのことだ。このエネルギーは背骨と中枢神経に沿って、2つの経路を上昇する。1つはイダ、または月、受動的、左の経路は副交感神経系を辿る。もう1つはピンガラ、または太陽、能動的、右の経路は交感神経系を辿る。これらの経路のことをナディと呼ぶが、螺旋を描きながら頭頂まで上昇し、松果体に通じていて、クンダリーニの通る導管として機能する。クンダリーニは神経系全体とエーテル体にエネルギーを送り出す。クンダリーニヨガは呼吸法と、マントラやキルタン（詠唱）といった聖なる音、手で作る印（ムードラ）、エネルギーの固定（バンダス）、そしてヨガのポーズ（アーサナ）を使って、クンダリーニの上昇を助け、そのゴールは現世での悟りにある。

タントラ信仰や崇拝の対象の1つにリンガム（ペニス）があるが、これはシヴァを象徴するもので、ヨニ（女性性器外陰部）はシャクティを象徴する。リンガムは多くの場合、円錐や竿の形で、ヨニは穴だ。2つ合わせ神聖な男性性と女性性のバランスを表している。

ネオタントラはこれらの概念と聖なるセックス、性魔術を合体させて確立したシステムで、呼吸、身体の動き、性的エネルギーを使って目標達成（意識的セックス、願望の実現、グノーシスなど）を目指す。ネオタントラの目標はエクスタシーの実現にあり、短期的なものと、輪廻転生の輪からの解脱を含む長期的なものの両方を含む。ネオタントラは呼吸法、エネルギー固定（バンダス）、視線の固定、意図、儀式、魔術を儀式化して性的行動のペースを抑制し、超自然領域へと至らしめる。

神なる女性性はすべてを1つに束ねる。神なる女性性または女神は隠れたエロスパワーで、すべての生命を地上、あなたの心と身体、動物、子供、創造的作品として誕生させる力だ。女神は生み、維持し、破壊する。女神はあらゆるものが生まれ出る底知れぬ深い穴であり、それらを顕現させる力だ。あなたの中にも同じエネルギーが流れている。あなたもこの波長に合わせられる。神なる女性性と女神のエネルギーは、性別とは関係ない。女神の定義は人によって異なり、女神との関係もまた人それぞれで築いていくもので、その力はリアルに存在する。もしこのエネルギーとの共鳴が感じられないなら、それでもかまわない。

グノーシスの伝統では、女性原理はソフィアとして顕現し、その意味は「知恵」だ。知恵とは知識であり、理解を生み、悟りへと至る。カバラの伝統でソフィアは生命の樹のセフィラの一つ、コクマー（ヘブライ語で知恵、の意）に相当するが、神なる女性性は別のセフィラ、ビナー（理解）に相当する。これらが合わさると、生命の樹の秘密のセフィラ、ダート（知識）として顕現する。

あなたのセクシュアリティ、欲望、エキセントリックさ、身体、心のことを理解し、その知識を女神に捧げる時、あなたを通して女神が顕現する道が開かれる。あなたは女神の流出となり、あなたは神そのものに近づくことになる。この道を楽しみながら進んでいくと、あなたは愛の神官となる。信仰心を持ち、性的エネルギーで自らを変容させたら、あなたはエロスの新境地、新しい意識へと覚醒するだろう。エロティックな毎日を生き、自らの身体をエネルギーの流れとしてみる時、あなたは女性性のアンテナとなり、出会うすべての人やモノに対して愛の神官となる。

エロス信奉者の神　女教皇――霊的境地へと至るエロスの扉

神秘家の道は献身、ネオタントラ、性魔術、そして女神をスピリチュアルな枠組みとして機能する。あなたのすべてのエキセントリックさ、フェチの居場所はここにある。そしてあなたの心の居場所でもある。結果はあっと驚くことになるだろう。この旅の始め方の1つとして、タロットカード第2番目の鍵、女教皇（月に対応する）を取り込むことがあげられる。女教皇はイニシエーションを通じて口伝えされた神話、グノーシス、そして魂の探究の守護神だ。彼女は能動と受動、力と形、陰と陽、男性と女性の間の中道を表す。要するに二元性の外にいる。

古典的なスミス・ウエイト版タロットカードの絵柄で、女教皇は知識のヴェールの前、ソロモンの神殿の黒と白の柱の間に座っている。儀式を進行し、神秘を分け入るには女教皇の静謐さが必要だ。彼女を崇敬するだけでは不十分で、力と形、セックスと精神の間の中道を見つけ、彼女になりきる必要がある。女教皇は霊的境地へと至るエロスの扉であり、それは意識だけではなく身体で経験されなくてはならない。

女教皇はこの旅の途上であなたが求める内なる光だ。ちょうど真夜中に月の光があなたを導いてくれるように。しかし女教皇の光は内側から活性化しなくてはならない。女教皇は内なる真の知恵であり、その知恵の恩恵を受けられる者が、それを受けるに値すると証明できる日まで、薔薇の下に隠されている（これはイニシエーションをした者にだけ許される）。

女教皇は肉体のイニシエーターだ。肉体が人生の啓示となる日まで、セクシュアリティの神秘の守護神であり続ける。彼女は言葉で語ることはないが、ハートに直接洞察を降ろす。そのメッセージは耳では聞こえないが、感じることができる。女教皇はあなたに心のヴェールをめくって深淵を探るよう導き、愛の女神へと至る道を理性で探ってはならないと注意喚起する。彼女の神殿はあなたのハートのポータルにいつでも存在している。彼女は無条件の愛の聖なる娼婦。彼女は見返りを求めることなく与え、セックスはすべての人生の儀式だと捉える。そして全員が同じ考えになるようにと誘う。

今、あなたは女教皇となった。この魔術から強さとよりどころを見つけられよ。

オーガズムを奉納する

聖なる娼婦の母体にアクセスするお気に入りの方法がある。それは私の性的エネルギーを女神（または特定の神）に奉納するという方法だ。私が聖なる1人セックス、または誰かとのセックスをする時、自分の性的エネルギーを捧げるのは、エロティックな神秘を探検しながら、同時に女神への献身を形に表すことができる。本章は古来の女神信仰のエロス信奉者をテーマとしているので、ヴィーナス、アフロディーテ、ババロン、イナンナ、アシュタルテ、フレーヤ、ラティ、イシスと共鳴することもあるだろう。

オーガズムや性的エネルギーを女神に捧げる方法はシンプルだ。1人セックスやパートナーとのセックスで、オーガズム、またはそれに最も近いところまで到達したら、その溜まったエネルギーを身体から宇宙に向けて放出・奉納するのをイメージする。そうしながら、近くに女神の像や写真を置いて眺める、あるいは想像する。これの楽しいところは、この過程を好きなように演出できることだ。香り、色、装飾品、シギル、聖なるシンボルなどを適宜動員する。たとえばそのエネルギーをヴィーナスに送る場合、薔薇の香水を身につけ、薔薇のお香を焚き、銅製のアクセサリーをつけ、緑のキャンドルを点す。イシスに奉納する場合は、白いキャンドルに青い蓮のお香、ローズオイルを塗り、銀製のアクセサリーを身につける。

瞑想やお祈り、神々の儀式を執り行い、あなたのオーガズムを奉納するという意図を考えるなど、どれもあなたの儀式を充実したものにする。性的な要素については、ペースを落とし、一瞬一瞬を楽しむ、呼吸を感じ、声を発することでエネルギーを放出する、その経験に浸ることは重要だ。これは献身であり、奉納だ。このように女神を崇拝することであなたは女神と一体となる。性分泌液をタリスマン、シギル、女神の像や写真などに塗布する、あるいはセックスの前に女神を召喚するなど、あなたがやりたいことを好きなだけやっていい。上なるが如く、下もまた然り（天地照応）。あなたのエネルギーを神聖な女性性に捧げる時、あなたは自らに捧げているのだ。

身体には無数のエネルギーの中心がある。最も伝統的な考え方によると5つまたは7つの中心がある。ヒンドゥー教やヨガの伝統では、これらをチャクラ（サンスクリット語で車輪という意味）と呼んでいる。チャクラは背骨に沿って縦に並んでいる。次に示す表にこれらのエネルギーセンターに関する詳細、サンスクリット語の名称、正確な位置、それらの守備範囲などが解説されている。

チャクラと性魔術

西洋の神秘学の伝統によると、エネルギーセンターは背骨に沿って存在し、生命の樹の中央の柱に対応している。道教では、エネルギーは

チャクラ	色	位置	守備範囲
サハスララ	紫、白	頭頂	霊的気づき、悟り、宇宙意識
アジュナ	紫、インディゴ	眉間	霊的視点、想像力、真実を見通す
ビシュッダ	青	喉	意思疎通、明晰さ、自己表現力
アナハタ	緑	胸の中心	愛、慈悲、共感
マニプラ	黄色	太陽神経叢	自信、意志、強さ
スヴァディスタナ	オレンジ	臍下丹田	性的エネルギー、情熱、生命力
ムラダラ	赤	骨盤底部	グラウンディング、安心、安全

中央の経路とそれに呼応した場所を辿り、背骨や全身に行きわたる。中医学では、背骨を含む経絡と呼ばれるルートに沿って移動する。それぞれの伝統により、エネルギーの通り道にはそれぞれ独自の名称があり、体内には何百という道がある。要するに、このエネルギーの流れはどこか一つの伝統だけに見出されたものではなく、多くの伝統に共通するということだ。性魔術を深めるには、あなたの体内でエネルギーを上昇・循環させることが求められ、それには呼吸法、視覚化、瞑想が有効だ。

ステップ１：中央経路に沿った１人セックス瞑想

１人セックスと呼吸により、エネルギーを背骨に沿って上昇させ、頭頂へと送る。ルートチャクラ、骨盤底部の辺りで息を吸い込み、意識を上昇させながら息を吐き、頭頂にまで持っていく。あるいはエネルギーを背骨に沿って上昇させながら息を吸い、同じ道を通り、骨盤底部まで戻しながら息を吐く。チャクラやエネルギーセンターについては特に気にする必要はない。中央の経路や背骨に沿ってエネルギーを移動させることに慣れていこう。絶頂が迫ってきたら溜まってきたエネルギーを頭頂に集め、その先の宇宙に放出しながらあなたの意図が成就する様子をイメージする。または、エネルギーを体内で循環させて、生命を維持させているエネルギーを実感する。

ステップ2：チャクラを使った1人セックス瞑想

背骨に沿ってエネルギーを上昇させるコツが摑めたら、ひとつひとつのチャクラを経由させることを学んでいこう。まず意識を1つのチャクラに集中させてから次へと進む。はじめにルートチャクラ、次にセイクラルチャクラ、太陽神経叢、胸の中心、喉、第3の目、そして最後に頭頂のチャクラ。最後に頭頂でオーガズムに至るようにペースを作って行く。何度も経験していくほど各エネルギーセンターの感覚、エネルギーの変化、性的振動にどう反応するかが分かってくるだろう。ルートチャクラでは重いグラウンディングのエネルギー、ハートチャクラでは開放的でエネルギーが増幅するのを感じるだろう。

チャクラを通過する際、場合によっては閉塞感や絡みつくような感覚があるかもしれない。その場合はそのチャクラが司《つかさど》る領域のテーマに何らかのブロックがあることを示している。その場合は別の瞑想を試し、そのエネルギーセンターが抱える障害に意識を集中させたうえで、白い光を呼吸しながら送り込む。たとえば、喉のチャクラに詰まりを感じたら、それはあなたの心の真実を言葉にして伝えることや自己主張に対する恐れや抵抗を示している。その場合は水星エネルギー、あるいはヘルメスやトート神の協力を仰ぐ。これらの神々はコミュニケーションの守護神だ。アファメーションをつくり、特に瞑想中にそれを繰り返し、自己暗示をかけよう。オレンジ色のキャンドルを点し、ラヴェンダーのお香を焚き、喉のチャクラにオレンジ色のエネルギーを満たしていく様子をイメージしよう。

ステップ３：チャクラと視覚化の１人セックス瞑想

各チャクラが異なるやり方であなたのエネルギーを変えることがわかってきたら、チャクラの色とシンボルの視覚化を始めよう。各チャクラに元々与えられた色を使ってもいいし、それらを光のオーブや花、車輪に見立ててもいい。各チャクラに息を吹き込みながら、それぞれの色、輝き、花の開き方、車輪の回り方をイメージする。はじめは決まった色を使い、慣れてきたら自分流に変えていくといい。

振り返りの質問集

スピリチュアルライフを生きること、宇宙やエロスの神と同調する最も美しい面の１つに、「終わりなき進化」がある。好奇心と驚きに導かれてスピリチュアルな活動を続けるうちに、それは勢いづいて止まらなくなり、ノンストップで喜びが続いていく！　セクシュアリティは無限に流れ続ける川であり、自分のすべてが分かったと思った瞬間にも、新しい気づきやパートナーを通じて未知の体験、エキセントリック体験、あるいは情報のダウンロードが起きる。いつでも学ぶこと、感じること、探求すること、味わい、見ることが尽きることはない。そして神秘の信奉者、エロス信奉者の道もまた同様だ。

聖なるセックスを奉納というレンズで捉えると、そこには独特のひねりがある。突然あなたのセクシュアリティがあなたのものであると同時により大きなもののために存在し始める。これには圧倒される。次の質問集は、あなたのエロスの奉納に関して確かな基盤を築く助けになるものだ。これらをジャンプ台にして、自由に記述したり、自動書記を試したり、言葉の連想やマインドマッピングなどで遊んでみてほしい。場所のセッティングをして心を整え、女神とあなたのハートに導かれて聖域へと踏み出そう。


✧神秘家の道を進むとはどういう意味だろう？

✧エロスの信奉者、神殿の神官となるとはどういうことだろう？　この流れを私はどのように泳いでいくだろう？

✧私のセクシュアリティを自分以上のものとして敬意を払うとはどういうことだろう？

✧私のセクシュアリティは神なる女性性とどう結びつくだろう？

✧私にとって神なる女性性、女神とは何だろう？

✧私のクンダリーニエネルギーとエロティックエネルギー体験とは？　それは身体の中でどんな感じがするだろう？

✧身体に回帰する道として、ネオタントラをどう探究すればいいだろう？

✧私の性的エネルギーを自分とつながり、増やし、献身できるものと捉えることがどのようにエロティックな自分自身とのつながりを深めることに役立てられるだろうか？

✧この道を進むにあたり、私は神々のどの部分とつながれるだろうか？

✧私のセクシュアリティが超自然とつながるにはどんな感覚的体験がふさわしいだろう？

✧私のセクシュアリティと献身を高めるためにどんな儀式をつくり、実践するのがいいだろう？

✧どうすれば自分の身体を聖なるセックスの祭壇や神殿と捉えることができるだろう？

✧女神の生まれ変わりとして生きるには、私のエロティックな自我をどう育てればいいだろう？

✧身体の動き、呼吸、音、身に着けるものによって女神のエネルギーを聖なるセックスの儀式へと昇華させられるだろうか？

エロティックな献身を高めるためのタロット

このタロットはエロスの信奉者の道を迷わず自信を持って進み、自らの中にガイドの声を聴き、宇宙の支援を受けるためのものだ。全員にとって役立つ道というものは存在しない。しかし神なる女性性があまりに頻繁に拒絶されるこの世の中において、これをあきらめることほど恐ろしいことはない。カードはこの道の展望を示し、あなたがこのテーマとともに歩み、グラウンディングをし、可能な限り護られるよう導いてくれる。

これも極力儀式の一環として実践しよう。準備ができたと感じたら、この道を進むにあたり知りたいことをカードに訊ねる。次にカードをシャッフルし、カードを引き、カードの意味を解釈し、それらをグリモワールに記録として残す。

カード1：エロスの献身は私にとってどんな意味があるだろう？

カード2：私のセクシュアリティを、神、女神、宇宙との架け橋として尊重するにはどうすればいいだろう？

カード３：私の人生の中でどのように高め、未来に継続していけるだろう？
カード４：この道を進むにあたり、いつでも自分の中心に収まり、護られるにはどうしたらいいだろう？
カード５：エロスの信奉者の道を歩むにあたり、必要なものとは何だろう？

神秘家の道を歩むためのアファメーション

神秘家の道を進むには、自分自身と女神に対する献身が不可欠だ。この献身を忘れないため、それを声高に宣言することは良い方法だ。アファメーションは祈りのように、いつでもそれについて考えたくなった時に碇のように心をそこにとどめてくれる。そもそもあなたがなぜそれをするのかという理由、それができることへの感謝と喜びを思い出させてくれるツールだ。

アファメーションを儀式として、また日常のルーティーンとして取り入れてほしい。心臓と性的中心に向かって呼吸を入れ、それら２つのポータルをエネルギーが往復するのを感じる。第１章で解説した通りに行い、女神にインスピレーションをもらい、自分仕様に書き換えてかまわない。

✧私は女神の神官だ。
✧私は愛と魔術のエロス信奉者だ。
✧私のセクシュアリティと性的表現は、宇宙への捧げものだ。
✧私は自分のセクシュアリティとオーガズムを女神に捧げる。
✧私は私より大きなもののための通路、触媒だ。
✧私は愛、欲望、魔術の体現だ。
✧私は性の神秘家、エロスの信奉者の道を行く。
✧私はエロティックな自分と性的真実と魔術に献身する。
✧私は神なる女性性に至る道として性的エネルギーを共有する。
✧私は自分の性的エネルギーと肉体を、自分に合った誰とでも共有する。
✧私は女神の化身であり、それとして自分自身を崇拝する。
✧エロスの神を降ろし、自分自身を性的神官として尊重する。
✧私の最も官能的・神的表現をいつでもあらゆる場所・手段で発揮する。

聖なるセックス信仰を始める

魔術の実践の中で、信仰は私のお気に入りだ。信仰は儀式のロングバージョンで、数日、数週間、数か月、あるいは数年に及ぶ場合もある。普通はある特定の神々のために行うものだが、あなたが魔術的に引き寄せたいもののための信仰もある。その対象が誰かとの愛とセックス、破壊的セクシュアリティの獲得、未知なる何かであってもいい。このような習慣を日常に組み込み、一定期間実践したうえで、それを儀式に落とし込んで毎日実践すると、とてつもなくパワフルな成果が得られるだけでなく、人格や人生が変わるほどの変容が起きる。

何故なら、信仰をすると世俗的なことでもすべて魔術に変わるからだ。毎日のルーティーン、その外にある行動など、あなたの行動のすべてが信仰の一部となる。気づきと注目の深さ次第で、あなたの現実のすべてにそれが浸透し、儀式や呪文、呪術では到底できないことが実現する。

エロスの神秘家にとって、その関心の焦点はセックスと性魔術だ。まずは奉納であれ、自らの探究であれ、あなたの意図を決める。それからあなたが望むような聖なるセックスを信仰の対象とする。本章ですでに紹介したタロットや、振り返りの質問を使って自分にふさわしい信仰のテーマや意図を決めてもいい。

ステップ1：意図を決める

どんな魔術の実践でも、第1ステップはいつでも、何をなぜやるかを明らかにすることだ。場所のセッティングの前に、何のためにセッティングをするのかを知っておく必要がある。以下はそのためのヒントとなるだろう。

私の意図は……


✧私の性的表現に関する羞恥心や罪悪感を手放す。

✧女神、特定の愛の女神、欲望とつながり、私の性的エネルギーを奉納する。

✧エロスの信奉者、神殿の神官とつながり、そのエネルギーと一体になる。

✧私のセクシュアリティとエロティックエネルギーをより深く理解し、指向性を高める。

✧性的自由と愛の女神の波動を享受する。

✧性魔術に熟達し、私の体内で性的エネルギーを高め、循環させていくことにコミットする。

これらのどれにも興味を感じなかったら、タロットと質問集に戻り、あなたにとって信仰するに足る意図を探してみよう。

ステップ2：スケジュール

意図が決まったら次は計画を立てる。お勧めは月に合わせた信仰スケジュールをつくることだ（P.292〜298参照）。信仰の開始は、たとえば新月、春分・秋分、夏至・冬至、または誕生日、記念日、祝日など特別な日にするといい。羞恥心や罪悪感など何かを手放したい場合は満月がふさわしい。または、意図の内容に合わせて、太陽や月がどのサインにあるかによって日取りを決めるのもいい。

信仰のスケジュールに入ったら、それに見合った毎日の儀式をつくる。キャンドルを点す、お祈りをする、瞑想やおまじないをするなど簡単なことでかまわない。大事なのは毎日欠かさず続けることにある。それがあることで、あなたが献身的に信仰しているという現実が生まれ、それをどれくらい続けているかがわかるからだ。

もし信仰の経験がなく、毎日何かを続ける習慣がない場合は、5日〜7日間で始めてみよう。それより長くできそうなら下弦の月の間に内容を決め、新月から開始、満月までの

2週間を実践してみよう。毎日のルーティーンの習慣がある人は信仰の期間を1か月に定め、（少なくとも）新月から次の新月まで試してみよう。

ここで鍵となるのは自分に対して徹頭徹尾正直であることだ。1か月と決めて穴だらけになるくらいなら、1週間にしておいて毎日欠かさず行うほうがいい。それで短いと感じたらいつでも好きなだけ延長できる。

ステップ3：毎日の儀式を決める

意図とスケジュールが決まったら、本格的な楽しみの時間だ。こんなふうに自問してみよう。「私の意図を確認するために役立つ毎日の儀式とはどんなものだろう？」「どんな毎日のルーティーンが意図を深めてくれるだろう？」すでに書いたが、簡単なことでかまわない。複雑なことを計画し、大変だからと言って途中で投げ出すよりずっといい。まずは1つか2つ決めて始め、習慣としてすっかり定着してから好きなだけ増やしていけばいい。

✧瞑想
✧お祈り
✧日記

✧キャンドルを灯す
✧お供えをする
✧捧げものとしてアート作品をつくる
✧タロットカード、オラクルカードを引き、その結果を日記につける
✧性魔術をして体内のエネルギー循環をする
✧ダンスをする、歌う、音楽を聴く
✧アファメーションやマントラを唱える

毎日やる習慣として2つ決めるか、1つか2つを数日やってみてから他のものに変えていくなど、自由に進めていい。直感と意図に導かれて進んでいこう。経験しながら好きなように変更できることを覚えておこう。時の経過とともに意図が現実になってきたら、それに合わせて毎日の儀式を変えるといい。

ステップ４：聖なるセックスと性魔術の役割を決める

本書のテーマは聖なるセックスなので、この信仰の中心に来るのは性行為だ。信仰の期間を禁欲期として、性欲を溜め込んで一気に放出するのを楽しみたいだろうか？　毎日性

魔術を実践し、性的エネルギーを自在に動かせるようになりたいだろうか？　毎週金曜日（金星の日）に性魔術を実践し、オーガズムと性分泌液を金星の女神に奉納したりタリスマンに塗布したいだろうか？

ステップ５：信仰と意図に合わせて祭壇をつくる

73～77ページに書かれたステップに従って祭壇をつくり、信仰の中心とする。と言ってもベッド脇のテーブルに写真やキャンドルを置く程度の簡単なものでもいいし、意図に合わせて好きなものを並べて複雑で大きな神殿をつくってもかまわない。意図につながるものであれば何でもよく、女神の像や写真、性玩具、ポルノグッズ、水晶、キャンドル、タロット・オラクルカード、方位神の象徴、魔術道具など。美しく並べてみよう。

ステップ６（任意）：信仰に名称をつける

名前や言葉には言霊が宿る。これは魔術の特徴の１つだ。悪魔を支配するにはまずその名前を知らなくてはならないとよく言われる。何かに名前をつけると、そこに生命が宿るので、あなたの信仰にも命を吹き込もう。意図に関連したタイトル、たとえば「エロスの信奉者の信仰」「愛の女神に捧げる信仰」、または個人的な目標に合わせたタイトルをつける。

ステップ７：信仰を始める

意図、スケジュールが決まり、祭壇が作られ、名称がつけられ、毎日のルーティーンが決まった。あとは始めるのみだ。これはオリンピックの開会式のようなもので、それ以前と以後を分けるためのものだ。その儀式はあなたの意図に合わせてカスタマイズしていいが、以下の案も参考になるだろう。

✧場所のセッティングをする
✧お祓いをする
✧グラウンディング、センタリング、シールディング
✧魔法円をつくる
✧円の浄化と神聖化
✧崇拝する女神の召喚（意図に合っていれば）
✧正式に意図を宣言し、瞑想をする
✧タロット・オラクルカードを引き、瞑想し、記録する

✧性魔術の実践
✧女神に感謝し、元いた場所に帰ってもらう
✧魔法円を終了する
✧グラウンディングとクロージング
✧お祓いをする
✧捧げものを置く

あなたの信仰を表すため、以下のような宣言をする。

私、［自分の名前を言う］は、ここに正式に［信仰の名称］の信仰を開始する。この信仰で目指す私の意図は［意図を宣言］。私は本日より［終了予定日］まで、自らを浄化し、聖なるセックスの波動と同化するために、この信仰にコミットする。存在し得る最良のものが私の真の意思とともにあらんことを願う。そうあらしめよ。

ステップ8：毎日のルーティーンを実践し、チェックする

かくして信仰はスタートした。この後どこまでコミットできるかはあなた、そう、あなた次第だ。信仰は毎日のルーティーンを超えるものだということを忘れないように。意図を全身で感じ、エネルギーに浸る。毎日自分の様子、心を確認し、女神が意図に介在すれば女神と対話する。進展の様子をグリモワールに記録する。

ステップ９：クロージングと振り返り

初めに設定した信仰期間が終了したら、始まり同様に、終了したことを明確にする必要がある。ステップ７に従い、「始まり」を「終了」に差し替え、以下の言葉を宣言する。

私、［自分の名前を言う］は、ここに正式に［信仰の名称］の信仰を終了する。私は本日までの［実施期間］で、この信仰を通じ［意図を言う］を目指し、［　　］を習得した。私をこの信仰にとどめ、導き、聖なるセクシュアリティの道を進ませてくれたことに対し、［女神、ガイド、先祖、ハイアーセクシュアルセルフ］に深い感謝をささげる。私はこの信仰が完了したことをここに宣言する。そうあらしめよ。

すべて終えたら捧げものを供え、瞑想したり経験を記録したりする。この信仰の成果は目に見えないかもしれないが、辛抱強く待ってみよう。行為の結果は必ず存在する。そうあらしめよ。

信仰内容の具体例

意図：エロスの信奉者、神殿の神官、そして聖なる娼婦の血脈をわが身に取り入れる

期間：新月から次の新月まで

毎日のルーティーン：赤と金のジュエリーを身につけ、毎日自分の官能的魅力を表現する

第1〜7日：エロスの信奉者の探究。瞑想7〜10分間。（＋禁欲期間）

第8〜14日：瞑想7〜10分、お祈り5分、自分にとっての聖なる娼婦について考えて記録をつける。（＋禁欲期間）

第15〜21日：満月にキャンドルを奉納、火を灯す。お祈り5分、アファメーション、性魔術。

第22日〜28日：キャンドルを灯す。瞑想7分、お祈り5分、アファメーション、

性魔術。

前半の2週間：視覚化、呼吸法、つながりを通じて性的エネルギーを高めるが、性魔術はしない。
後半の2週間：エロスの信奉者の類魂とつながるために毎日性魔術を行う。
信仰の名称：聖なる娼婦の信仰
祭壇に置くもの：赤い薔薇、愛の女神の写真、赤いキャンドル、金のジュエリー、水晶製の性具、エロス詩集、コンドーム、潤滑剤、ローズクォーツ、カーネリアン、香水、古典的エロスの信奉者宛の手紙、翡翠製ヨニエッグ（膣トレ体操用）、金のアナルプラグ薔薇付き、ビンテージもののＢＤＳＭポストカード。

開始の宣言

私、［　　　　］は、ここに正式に聖なる娼婦の信仰を開始する。この信仰で目指す私の意図は、愛の女神の乗り物となってエロスの信奉者となり、すべての行動にそれを表現し、共有することだ。私の意図はまた、古代の神殿の神官の血脈をわが身に取り入れることだ。私は本日の新月の日より次の新月まで、毎日お祈り、性魔術、瞑想、振り返りの儀式を行う。存在し得る最良のものが私の真の意思とともにあらんことを願う。そうあらしめよ。

修了の宣言

私、「　　　」は、ここに正式に聖なる娼婦の信仰を終了する。私は本日までの月の1周期で、この信仰を通じ聖なるセクシュアリティを体現し、それを愛の女神となる方法として習得した。私は自らのエロティックパワーについて知り、自分自身や女神とのつながりを深めるために使うことができる。私をこの信仰にとどめ、導き、聖なるセクシュアリティの道を進ませてくれたことに対し、女神、ハイアーセクシュアルセルフ、過去・現在・未来のすべての聖なる娼婦たちに深い感謝をささげる。私はこの信仰が完了したことをここに宣言する。そうあらしめよ。

第8章

闇の神・女神の道

閲覧注意・免責事項

本章にはBDSMに関する記述があり、その中には合意の上での苦痛や肉体を傷つける行為が含まれる。精神衛生上好ましくないと判断した場合、本章はスルーしていただきたい。

聖なるセックスを色にたとえると乳白色、玉虫色、まばゆいばかりの白があるかと思えば、死に挑むような狂暴で魅惑的な暗闇もあり、その中間色もある。それが意味するのはたとえば早朝のレイキ風のキスであり、痛みを伴うボンデージの夜の営みでもあるということだ。本章では後者を扱っていく。

聖なるセックスのこの領域が、闇の神・女神の道と言われるには理由がある。この道は柔らかく安全で温かいものを愛好し、〝ネガティブ〟で激しいものを避け、拒絶する道ではない。その反対で、闇の神の道は自ら進んで闇に分け入り、それと戯れ、愚弄され、もてあそばれ、からかわれ、変容を促されることを期待する。この道を進むことにより変態プレイやBDSMが聖なるサドマゾへと変わる。これは意識、愛、拡大、グノーシスが過激に変容する方法としての限界を極める道だ。

これは信仰的逸脱の道であり、破壊行為は高次のものの名のもとに行われる。あなたが今ここにいる理由、そしてそこから得るものはあなた独自のものだ。変態プレイを闇の神・女神に捧げてもいいし、自分の性的アイデンティティを知るためにしてもいい。このアプローチを世間は「間違いだ」とか「悪徳だ」とか言うかもしれないが、あなたが今ここにいるには理由がある。たとえばタブーを破るというパワフルな行為がしたいとか、あるいは肉体を通じて強烈な変性意識を経験したいからかもしれない。

主流派から見れば邪道かもしれないが、苦痛や変性意識、激しい身体感覚を扱うことは有史以来スピリチュアルな経験の１つとして存在している。これは万人向けの道ではない。実際のところ、ほとんどの人が選ばない道だろう。だがもしあなたに好奇心があり、身体の安全が確保できるなら試してみようという気があるなら、ようこそ。そしてこの道が気に入らなければ、すぐに別の道を行き、自分について学んだ通りの経験を選択すればいい。

聖なる変態行為とは、過激な自己認識と自己探求のことだ。この道はあなたに、自分の欲望について知ることを促し、あなたの自己認識、何が正しいか正しくないかの定義があなたの現実を作ると主張する。タブーとは、有害と思われることからあらかじめ社会を保護するための手段だ。タブーが破られることは罪となるが、それがスピリチュアルな目的の元に行われた場合、エネルギーの解放となる。ＢＤＳＭはエネルギー交換だという事実を含め、魔術、儀式、エキセントリックなセクシュアリティには膨大なエネルギーを生み出すパワーがあるのは自明のことだ。プロの女王様シドニー・ジョーンズ曰く、「変態プレイは視覚的・内面的経験である以上に、エネルギー交換の活動だ。性魔術とはそういうものだ。ある目的を持ってどこかを目指す。はじめに何らかの意図があり、こういうタイプのエネルギーのアーチをつくる。その経験が普通とは異なる高揚の刺激をもたらすのだ」

聖なる何かを生み出すことには畏敬の念が伴う。儀式としてBDSMをする時、すでに多分に儀式的な行為を魔術的行為にまで高めることになる。性魔術の最中に身体を叩いてエネルギーを高揚させたり、ボンデージで縛り上げて変性意識に到達しようとしたり、感覚を奪うことにより別の方法での快楽を得たりするなど、魔術的変態にはあなたが思いつく限りのいろんなやり方が可能となる。

あなたの変態プレイ（または普通の異性間セックスから逸脱した、あなたを高揚させるプレイ）やフェチ（あなたのセックスを満足させるために必要なもの）は、儀式に対応できる。1人セックスやパートナーとのセックスの前に変態プレイをしてもいいし、変態プレイを性魔術そのものとしてもいい。

本章ではこの旅の始め方を解説する。だがその前に安全について考えたい。

安全に変態プレイを行うために

以前（十年以上前）は、多くの人が変態プレイの条件として、ＳＳＣ（Safe, Sane, Consensual）安全、正気、合意の上、という頭字語を使っていた。しかし「正気」を定義するのは難しい。私にとっては正気の、儀式の一環として身体に針を刺す、縄で宙吊りにされる、などはあなたにとっては正気の沙汰ではないだろう。すでに変態の烙印を押された人々にとって、言葉による分類は彼らをさらなる変態へと押しやることになる。早い話がＳＳＣは以前のように機能していない。

今有効なのはＲＡＣＫ（risk aware consensual kink）、つまりリスク認識型の合意に基づく変態行為だ。真実を言えば、変態プレイやＢＤＳＭという行為は、潜在的に自らの身体と心を危険にさらすものだということだ。これを知っていることは鍵であり、それに合意することも鍵だ。ここで怖いと感じたら、この道は進むべきではないだろう。それもまったくオーケーだ。もしこの先を進みたいなら、ＲＡＣＫとは、あなたに潜在的リスクや危険を知らしめ、それを可能な限り緩和することを意味する。本章はこの旅の始まりにすぎず、旅そのものですらない。

RACKの実践にはたくさんの意味が含まれていて、その例を以下に列挙した。


✧パートナーとプレイの安全性や、過去のパートナーについて話し合う、変態でないセックスをする、自分の直感に照らすなどして相手を入念に調べる。

✧ボンデージや衝撃が身体のどの部分なら安全か、そうでないかを学ぶ。

✧痛みや傷、痣、予想外の反応（縄で縛られた時の不安発作など）が起きるなどの可能性があることを承諾する。

✧これまでのすべてのパートナーとの交渉・合意事項を知る。

✧相手にストップをかけるための合図の言葉をつくる。段階別に赤はすぐにやめてほしい時、黄色はペースを落とし、軽くしてほしい時、そして緑はそのまま続けてほしい時、など。

✧双方が定期的に性感染症の検査を受け、安全なセックスを心がける。

✧自分の欲望を認識し、はっきりと相手に伝える。


もしあなたがアブノーマルセックスに関心はあるものの、これまで軽いお尻叩き程度しか（それすらも）やったことがないという場合、本で知識を収集したりＢＤＳＭのプロのレクチャーを受けるなどするといいだろう。ＢＤＳＭの世界は奥が深く幅も広い。どんなセックスをしても、その先には終わりのない広大無辺の宇宙が広がっている。それ以上に知っておくべき安全確認があるが、それは本書の趣旨を超えている。ＢＤＳＭに関する定番書籍は時代遅れで、性同一性に問題のない白人男性によって書かれている。それでも安全性についてはそれなりの情報源となる。これらの本の巻末にある参考セクションを読み、どこから始めたらいいかの参考にするといいだろう。

ドミナ・ディア・ダイナスティ（この道のエキスパートの名前・サイト名）には、初心者向けにこのようなきちんとした注意事項が記載されている。「ＢＤＳＭには安全なやり方とそうでないやり方があることを理解したうえで、ゆっくり始めよう。たとえばキャンドル魔術をするにあたり、自分やパートナーの肌に蠟を垂らしたい場合、あらかじめ蠟を一滴身体の敏感でない部分、腕や足などに垂らしてみてから、徐々により敏感な部分で試してみる。縄でのプレイにあたり、あなたやパートナーが縄での安全確保についての基本的知識を知っておき、安全のため手近なところにはさみを置いておくといい。」

ゆっくり時間をかけて知識を深めていくうちに欲望も高まっていく。知識を取り入れる過程で強い感情が湧き起こったら（「よし、行ってみよう！」でも「なんじゃこりゃ？」

でも）、それを記憶にとどめておくこと。最も強い反応があった場所は多くの場合あなたが1番追求したいこととなる。基本的な安全確保の方法を、十分時間をかけて習得してほしい。たとえば身体のどこなら鞭打ったり叩いたりできるか、2人の四肢のどこなら一緒に縛ってもいいかなどをあらかじめ知っておくことで、実際に臨む時自信を持って行為に及ぶことができる。

イニシエーターとしての闇の神・女神

この道とつながる方法の1つに、闇の神・女神の目とエネルギーを通して入るというやり方がある。ハデス、ババロン、カーリーなどの闇の神々は、影の世界をつかさどり、闇に潜んでいる。これらの神々は多くの場合地下に棲み、黄泉の国《アンダーワールド》を領域として、彼らの信奉者をそこに引き込んでいく。この神々にはそれぞれ好き嫌いやこだわりがあり、自らの闇もあり、全員が闇の神・女神の資質を持っている。そのなかでも究極の、闇の神々を本章で紐解いていく。

愛を司《つかさど》る闇の女神とは、聖なる破壊、そして衝撃的で不謹慎なセクシュアリティを通して顕現する女性神の姿であり、それは私たちが社会に洗脳されてきた善悪や正誤といった二元性を超越した、すべてを包括する愛を発信する。それはすべてを愛の眼差しで受け入れ、最も醜悪な、最も欲深い肉欲をも受け入れる愛だ。私の変態プレイやＢＤＳＭはすべてババロンに捧げるものだ。ＢＤＳＭは私のマゾキストの限界を超える手段という意味において、私にとってグノーシス、信奉、強さの道具だ。儀式の最中に変性意識に至り、私は女神、ガイド、自分自身、そしてパートナーと一体となる。

闇の神々の元型《アーキタイプ》はギリシャ神話ではハデス、ローマ神話では冥王《プルート》として顕現する、死者を導く黄泉の国の王であり神だ。同様に、彼の女王、配偶者である、ギリシャ神話のペルセポネー、ローマ神話のコレーは1年の半分を黄泉の国の女王として過ごし、初めて黄泉の国へやってきた魂を導く。ちなみに残りの半年は春の女神となる。変態プレイはエゴの死へと導き、自分の定義となる境界線を限界まで押し広げるダイナミックなポータルであり、魂レベルの再生を起こし得る。ハデスを召喚し、闇のガイドとなってもらおう。特にセラピストやメンタルヘルスの専門家、トラウマについて理解のあるパートナーと行う場合は、ハデスにトラウマの癒やし手になってもらい、あなたの物語の書き換えを行うといい。あなたの中にある闇の世界の聖なる探究を進めるにあたり、ハデスとペルセポネーにガイドと強さを乞うといい。

同様に、シュメールのイナンナ、アッカドのイシュタルといった女神は黄泉の国に行き、変容して地上に帰ってくるという女神だ。イナンナとイシュタルは娼婦やセクシュアリティの守護神であり、あなたがバラバラに引き裂かれ、再生するような経験にはぴったりのガイド役となる。どれほど闇が深く、恐ろしくても、変態プレイを探究する際には闇の女神への崇敬を持ってしよう。真の変容とは、このような破壊の種を蒔く時に訪れるものだからだ。愛と闘いの女神はセックスと苦痛、愛と死、闇とハートなどの二元性の間に橋を架けてくれる。

もうひと柱、協力者となり得る神はババロンだ。ジョン・ディーとエドワード・ケリーがエノキアンマジックで紹介した女神であり、のちにアレイスター・クロウリーのセレマの魔術でも召喚されている。ババロンは、聖書に登場する〝バビロニアの娼婦〟の化身であり、唾棄の母であり、ヨハネの黙示録に出てくる神秘の中の神秘だ。彼女はすべてを姦淫の聖杯の中に受け入れ、いかなるものも差別することなく愛し、世界中とセックスする能力を象徴している。ババロンは反キリスト、または私たちが知っている宗教観、スピリチュアリティを破壊する新時代のメッセンジャーの生みの親だ。ババロンとともに歩むとは、あなたが知る限りのあなたすべてを犠牲にすることを指す。彼女は破壊を愛し、尊重し、自らのセクシュアリティを大切にする人、特に娼婦を偏愛する。

そして最後に、ヒンドゥー教の女神カーリー・マーだ。カーリーは破壊神、奈落の底の主だ。カーリーはエゴの殺害者だが、ここでの死は創造の一形態だ。カーリーは徹底した受容の女神であり、その強烈な紺色の肌は空、虚無の色だ。カーリーはあなたに目を内側にくるりと向け、舌をだらりと垂らして自らの内面を見るよう促す。カーリーはあなたに、闇への注目を促す。解放は闇からしか起きないからだ。カーリーは母なる神で、母にすべてを捧げる子供たちを獰猛なまでに保護する。

闇の神・女神の時間　ダークムーン

激情、憤怒、悲哀、苦痛がみな螺旋を描き、ダンスし、形を変え、くねって進むように、闇の神・女神の道もまた曲線を描く。それは魔術の性質であり、女性性の特徴でもある。したがって自らの深淵に向かって曲がりくねった道を進むことは、闇を解明し、もう１人の自分自身を発掘する作業の大半を占めている。時にはフラストレーションがピークに達し、鬱陶しさに苛立ち、嫉妬の棘に苛まれるかもしれない。しかし過程の物語に囚われないことは非常に重要で、それを認識しながら先を目指すことがすべてとなる。とりわけ変態プレイは激しさや苦痛、恐怖を意識することにより、今という瞬間への鮮烈な気づきを促す。自分のその部分にアクセスするにあたり、ダークムーンを取り入れるのは、それが月の周期の最終段階であり、月にまったく光がない状態、再生の前夜だからだ。ダークムーンが終わると月の新たな周期が始まる。

ダークムーンは底知れぬ闇の時間だ。それは官能的でセクシュアルで、堕落したオーガズムのエクスタシーの高み、そして現実から切り離され、別のすべてとつながったと感じる瞬間だ。しかもそれだけではない。ダークムーンはあなたの中にある暗闇との出会いの招待状だ。1つはっきりさせておこう。暗闇は悪ではない。太陽が不在だからと言って夜を悪徳と呼ばないのと同様に、人に内在する闇も悪ではない。あなたのこの部分にもっと関心を持とう。これは社会通念からはみ出した、あなたの道徳的倫理的自我、エロティックな真実だ。これは有史以前の地底に眠る、発掘されるのを待っている化石のようにしぶとく残る古代の叡智、老婦人だ。

ダークムーンはあなたの中に潜む変質者、フェチ、変態、妄想と対話するための時間だ。この探究の初日はダークムーンの時間にしてみよう。これまで縁のなかったポルノを楽しみ、新しい自慰の仕方を試そう。パートナーとのセックスに新しい性玩具を使い、以前からやってみたかったが勇気がなくてできなかった行為を試してみよう。足の指を舐めさせよう！　縛り上げられよう！　お尻にかぶりつこう！　鞭で強か痛めつけられよう！　赤ちゃんプレイをやってみよう！　合意の上でなら、2人の大人が妄想で遊ぶことに何ら不都合はない。好奇心全開で開かれた心で、新しい経験を求めることは信じられないほどの福音であり、あなたはそれを受け取る権利がある。

ダークムーン期にあなたに内在する闇の神・女神と一体化するための方法

✧闇の神・女神についてリサーチし、それがあなたやあなたのセクシュアリティにとってどんな意味があるか記録する。これらの神々について瞑想やお祈りをしたり、彼らのエネルギーを身体に取り込むとどんな感じがするか、その方法について考えてみる。これらの神々のための祭壇をつくる。

✧イエス・ノー・メイビーリストを振り返り、最新の内容になっているか確認する。メイビーリストの中で、次のダークムーン期に試してもいいものを見つける。

✧新しいポルノに触れ（過激なほどいい！）、身体がどんな反応をするかを知る。もし強い不快感を覚えたら、何がそのトリガーになっているかを追求する。

✧パートナーと、または単独で、これまでやったことのないことを試してみる。fetlife.comのサイトに行き、フェチや変態プレイのバリエーションを探究する。あなたが興味を持っているプレイについてパートナーと話し、安全にできるかを探る。

✧あなたの最もワイルドな性的妄想を極力具体的に書いてみる。瞑想をして実際に試している様子を想像し、そのエネルギーを宇宙、闇の神々に送る。

✧暗闇で瞑想をして、あなたに内在する破壊的でエロティックな自我を呼び出す。好奇心を高めて何が現れるかを待つ。それはどんな存在で、あなたはどう感じただろうか？

✧セクシュアリティやタブーに踏み込んでいくことに対する怖れについて瞑想し、日記につける。

✧1人セックスやパートナーとのセックスの前にはグラウンディングとシールディングをする。不安、怖れ、不純なエネルギーからあなたを守る保護バリアとしてダークムーンを召喚する。

✧ダークムーンの元でダンスし、苦悶のうめき声をあげ、叫び、あるがままの自分になる。その表現をあなたの破壊と闇に捧げる。

✧変質者、キワモノ、変人、変態プレイヤーその他これまで忌み嫌ってきた呼称を自ら名乗ってみる。ダークムーン期は新月直前の3日間しか続かないが、この時期の行為がどんなふうに感じられるか試す。結果をグリモワールに記録する。

変態プレイを性魔術に統合する方法

　性魔術は私の魔術・スピリチュアルの実践の中心となっている。闇の神への信仰を通した変態プレイも同様だ。ＢＤＳＭは正しくやれば儀式的要素を内包している。誰かとともに行為に及ぶ前に、相手と交渉し、あなたが試したいすべて、禁じ手のすべてを俎上《そじょう》に載せて話し合う。安全について、怪我、不安、怖れなどについて共有し、行為が終わった後にどんなケアが必要かについても話し合う。アフターケアとはたとえばハグやシャワー、毛布にくるまる、セックスをする、あるいは後でご機嫌伺いのショートメールを出すことかもしれない。パートナーがあなたと同じような意図を持ち、正しいエネルギーを共有できるかをチェックして、イエスとなった時にのみ実行に進もう。

　責任あるＢＤＳＭの基本はいつでも交渉、プレイ、アフターケアという３つの過程を踏む。この構造を聞いて何か思い出さないだろうか？　もちろん、儀式だ。第１にグラウンディングとシールディング、場所のセッティング、第２に儀式を遂行し、最後にクロージングとグラウンディングで終了する。ＢＤＳＭもごく自然に魔術の設定の下に進められる。

(とは言え、儀式以前の準備として時間をかけてBDSMについて調べることをお忘れなく。BDSMについてどう感じるか、どんなことに興味があり、どんなことは嫌なのかを知ってから本番に臨もう。)

次のセクションでは、BDSMのさまざまなやり方をタイプ別(上か下か、従者か支配者か、マゾキストかサディストか、単独か複数か)に紹介し、あなたのプレイに取り入れていくためのヒントを示した。この文脈で、変態とフェチは「変態カテゴリー」の傘の下で、使う道具、道具の素材、そして行為そのものにおいて文字通り一致している。変態とフェチはエネルギー的に何をするか、どう感じるか、そしてどこに立脚しているかなどについて象徴的にも一致している。たとえば麻縄は文字通り大地と身体を象徴している。なぜなら縄は麻でできていて、苦痛、ボンデージ、縛られること、拘束、何かにコミットすることなどを象徴するからだ。これらはもちろん単なる例であり、確定的なリストではない。世界にはあなたや私が想像もつかないほど先を行っている変態がたくさんいる。ともあれ、ここから始めれば、変態と聖なるセックスを統合するための糸口がきっと見つかるだろう。

BDSMは、きっと予想もしなかった感覚をもたらすことだろう。

変態肯定派で、結婚・家族問題を専門とした心理療法家(水瓶座クイーンでもある)パム・シャファーはこう言っている。「セクシュアルな冒険の旅に出る時は、その経験とあなた自身に対してやさしさ、好奇心、忍耐力を持って臨むことをお忘れなく。それまで生きてきた人生次第では、自分自身について驚いたり、羞恥心を感じたりすることもあるかもしれない。あなたの欲望がどこから発しているのかに好奇心を持って臨むといい。どんなプレイが自分に合っているか、どんなプレイは切り捨てるか、など、あらゆることに偏見を持たずに試すといい。公序良俗に反している時に生まれる羞恥心や抵抗感にも同じように好奇心を持って受け止める。あなたが感じることはすべて、あなたの偽らざる欲望とその理由を紐解くための重要な情報となる」

それでは始めよう。

シギル（紋章）とエンブレム（徽章）

変態プレイを儀式に変える最も簡単な方法の１つは、ある意図のもとにシギルをつくり、プレイの最中にそれを思い浮かべながらエネルギーを送ることだ。これは儀式ではなく、性魔術でもない相手とのセックスでも使える方法だ。１回だけの行為の意図のためにシギルを作ってもいいし、長い間使い続ける長期仕様のシギルとしてもいい。たとえば女神イナンナの信奉を象徴するシギルをつくり、プレイのたびにイナンナを思い浮かべ、送るエネルギーは彼女への捧げものとなる。このシギルを儀式での捧げものとし、あなたに合ったやり方で使うための参考例が本章の最後に書かれている。シギルを具体的な意図や目標達成のために短期的に使うこともできる。たとえば、一定額の資金が必要な時、決まった期間内に新しい住居を探している時など。意図は世俗的なものでかまわない。これもあなたの欲を満たす手段の1つであり、行為に畏敬の念を注ぐことでそれは聖なる行為となる。新しい仕事や仲間など、あなたが欲しいものや必要なものを得るために鞭で叩かれてエネルギーレベルを上げたとしても、あなたの性魔女としての価値はいささかも減ることはない。

ボンデージ

ボンデージ（縄、手錠、ラップ、テープなど、手足や身体を縛るすべてのものが含まれる）は、呼吸法とともにやる場合は特に、変性意識に至るパワフルな手法となる。結び目をつくるという行為は瞑想的でリラックスできる。上側にいる場合、フロー状態に入りやすく、今という時間の臨場感が極まってくる。下側にいる場合、ボンデージは服従を迫り、コントロールを手放すよう促してくる。拘束の度合いや痛みによってそれはさらに強く迫ってくる。

ボンデージはあなたがエネルギー的に自らを縛っている契約またはコミットメントを象徴する。同時に、ボンデージを解く時はそれらから解放されることを象徴的に示している。縄や結び目の魔術の実践により、縄のボンデージはそのような開放のためのワークとなる。正しく安全に縛る方法に関してはかつてないほど豊富な情報源（shibaristudy.com など）があり、非常に始めやすくなっている。ボンデージをして性魔術儀式を終えてから、ボンデージを解かずにセックスをすると、その経験はそれまでとまるで違ったものになり、あなたの意図に物理的存在感を与えるだろう。

温度プレイ

魔術の探究の道の入り口は、あなたの五感だ。儀式の中で味わう視覚、聴覚、触覚、嗅覚、味覚体験は、まったく新しい変性意識状態へと導き、そこに変態プレイが加わるとさらに強くなる。

たとえば温度プレイでは、火と水を使う。身体にとって安全なキャンドルにエネルギーをチャージして、火を灯し、あなたやパートナーの身体に蠟を垂らすと、キャンドルマジックは新たなステージへと至るだろう。垂らす蠟で特定のシンボルやシギル、エンブレムなどを描くとさらにパワーアップする。特定のエネルギーの活性化を目的としてそれぞれのチャクラの上に垂らすのもいい。蝋のプレイは火、セクシュアリティ、創造力といったエネルギーを象徴し、エロティックでセクシュアル、どう猛な神なる女性性を引き出す。セクシュアルパワーの獲得を目指すワークにはキャンドルプレイ―オレンジ色のキャンドルを使い、蝋をセイクラルチャクラ（性的エネルギーセンター）の上に垂らす―が大いに奏功する。蝋の後始末を簡単にするには、垂らす前に肌にベビーオイルをたっぷり塗っておく、ラップで肌を覆っておくなどするといい。

氷を使い、肌のぬくもりで溶かすプレイは性的ヒーリングに役立つ。氷でシギルやシンボルを肌に描く、文字を書くなどして、そのメッセージを身体に浸透させる。あるいは癒やしが必要なチャクラの上に氷を置き、ヒーリングエネルギーが体内に浸透するのをイメージする。ヴィーナスなどの女神やポセイドンなどの神を崇拝する手段としてアイスキューブを使うのもいい。祝福と浄化のためにはお尻の上にヒーリングの言葉を書く。熱い蝋と氷のプレイを交互にすると実に刺激的だ。

感覚遮断

感覚遮断は身体の探究、そして特定の感覚を遮断することによる恐怖体験となる。これは霊的感性を鍛えるのに非常に有効だ。たとえば目隠しをすると、心の目が活性化して自分発見につながったり、透視や霊的メッセージを聞くなどの能力が授かることもある。儀式としての目隠しは、魂の闇夜からのイニシエーションを意味する。目隠しを取る時、それは光の世界への帰還、そして闇の期間を克服して再誕したことを象徴する。耳栓をするワークでは、心の声、神々の声を聴く、あるいはすべてを受け入れて霊的情報に対して開かれる行為となる。猿ぐつわは喉のチャクラを活性化し、話すことではなく聞くことによって叡智を受け取るよう促すワークとなる。猿ぐつわをはめられることは屈辱的なため、これも変性意識に入りやすく、聖なるセックスの新しい形を探究するのに役立つ。変態プレイを単独で探究するなら、自分に目隠しと猿ぐつわをして性魔術に臨むといい。

インパクト

インパクトプレイとは鞭などで叩く行為だ。レザーストラップ、野菜やパドル、ヘアブラシなどを使って行う。不安がある場合はお尻の下のほうだけを叩くといい。そしてあらゆる場合に言えることだが、相手の腰骨の上だけは叩かないこと。（これを避けつつインパクトを与えるには、叩く側の人は相手の腰骨に手を当てて叩く。）苦痛は変性意識に至る回路をつくるので、リズムよく呼吸に合わせて叩く行為や儀式と相俟って効果は加速する。呼吸のリズムに合わせてインパクトを与えると興奮する。

インパクトを与えながら、または受けながらアファメーションやマントラを唱える、祈りをしたりシギルを心に描きながらエネルギーを送る、性的真実に対する怖れを克服するなどの意図に意識を集中させる。あるいはただ単にその場の状態を受け入れ、苦痛をエネルギーに変えて性魔術に専念する。

洗濯ばさみと乳首クランプ

洗濯ばさみと乳首クランプは単独でもパートナーとの行為でも、どちらも神秘的マゾキズムの探究と意図的などん底体験に有効なやり方だ。洗濯ばさみは手に入りやすく安価で、使える道具だ。洗濯ばさみを体中の広い範囲につけて肌をはさんでいくと、すぐに変性意識へと至る。洗濯ばさみを特定の形、シギルやシンボル、ヘブライ文字などの形に並べて皮膚をはさんでいく。特定の色の洗濯ばさみを買う、または手持ちの洗濯ばさみを特定の色に塗る。その色に合ったエネルギーを取り込むために乳首や性器をはさみ、そこに意識やエネルギーを集中させて儀式や魔術を行う。乳首をはさむ乳首クランプはハートチャクラを活性化し、乳房からグレートマザーの元型エネルギーを覚醒させる。乳首クランプは苦痛と臨場感を高め、その状態（これにボール付き猿ぐつわとチェストハーネスをつけるとなおいい）で瞑想をすると深い変性意識に至ることができるので、私はこれが大好きだ。

洗濯ばさみで乳首や皮膚を挟む場合、１回に10～15分以上はさみ続けないこと。（長い間はさんでいればいるほど、取る時の痛みは強くなる。）

タブー

魔術的意図のもとで個人的タブーに踏み込むことやタブーを破る行為は、闇の神の道を進む方法の１つだ。聖なるＳＭを通じてタブーに触れることは、エネルギーレベルを上げ、社会が人々に課している束縛《ボンデージ》を破る行為となり、神への捧げものとなる。破るべき一般的タブーには、アナルプレイ、生理出血や愛液・精液にかかわる行為、そしてフェチなどがある。

肛門は安心感、グラウンディング、個人的怖れなどをつかさどるルートチャクラにつながっているため、魔術的な効果が期待できる。儀式として肛門に詰め物や指を入れたりアナルセックスをする行為は、安心やグラウンディングをもたらし、怖れを克服するのに役立つ。これはババロンや、性的マイノリティに縁の深いメルクリウスなどの神々に捧げるワークとなる。生理出血は絵を描いたり、タリスマン、グリモワール、偶像や身体などに塗布するために使う。カーリーのような闇の神への捧げものとして、ワインを入れた聖杯に混ぜてもいい。捧げたものをそのまま飲み物として飲んでもいい。

強い抵抗を感じるものがあれば、それについて考え、聖なるSMでタブーに取り組んでみるといい。それはあなたを変性意識へと導くだろう。さらにエネルギーレベルを上げ、それ自体が儀式になるだろう。格下げ、蔑み、モノ扱い、血液プレイ（血判のような絆を築く）、尿プレイ、スキャット（糞）プレイはどれも過激なツールとなる。

奉納

儀式としてのBDSMには、神々の崇拝がある。それらの神々を降ろし、自らが一体となることで行う。アポロ神を召喚して太陽になりきることがどれほどパワフルか想像してほしい。その際、黄色いキャンドルから蠟を胸に垂らし、太陽のシギルを描いたらなおさらだ。神・女神となってロールプレイング（または一人芝居）をするのは万人向けではないので、変態プレイで召喚する前に、その神・女神との関係性を築いておく必要がある。

変態を偏愛する神への崇敬を示す場合、その神への服従を示す意味で首輪をつけることもできる。首輪をつける行為は、支配する側が被支配者に首輪をつけ、首輪がついている間は常に服従することを示すものだ。実際に首輪をつける必要はなく、ネックレスや布を巻くだけでも同じ意味が発生する。首輪、ネックレス、チョーカー、どんなものでもこの正式な主従関係を象徴する証として身につける。現実の世界でそのような主従関係がある場合、その関係をその神に捧げることができる。

もしあなたが娼婦など風俗を生業とする場合、あなたの仕事を神々に捧げるか、その神にあなたのパトロン、守護神になってもらおう。娼婦の守護神としてババロン、ヴィーナス、アフロディーテ、アシュタルテ、イナンナ、イシュタルは最適だ。

影に光を当て、統合する変態セックス

聖なるセックスは影のワークだ。神聖なる行為として進める時、意図を持って行う時、セックスは癒やし、変容、新たな官能表現手段となる可能性がある。西洋ではセックスを狭い定義からはみ出たものをすべて非難する傾向にあり、恐らくそれはあなたの価値観の一部となっていることだろう。性的虐待の被害者や、客に蹂躙された娼婦、有色人種や性転換した風俗関係者などにとってはなおさらのことだ。変態セックスはそれに輪をかけて異端のラベルを貼るものだ。なぜならＢＤＳＭは２０１０年まで診断・統計的精神障害マニュアルで精神病とみなされてきたからだ。

したがってＢＤＳＭをすることや聖なるセックスをすることは、心の奥にしまい込まれ

た深い傷を癒やす潜在的可能性がある。それがごく普通であれ変態風であれ、自分の思う通りのセックスをするのは錬金術的行為となる。それは気づきをもたらし、セックスの激しさにより古い信念体系や境界線を瓦解させる。セラピスト、パム・シャファーはこんなことを言った。「意識的セクシュアリティや変態プレイは私たちの創造力を動員して自分やパートナーに快楽の体験をもたらすだけでなく、コミュニケーション能力を増大させ、感情の扱い方にも磨きがかかる。これらはすべて自分や他者の受容と慈悲という素晴らしい境地へと誘い、それはかかわる全員にとって有益なことだ」

あなたの中にある変態的自我を否定するのは簡単だ。社会はそれを強く望んでいるし、変態的自我はあなたの心の闇の領域にあるからだ。鞭で打たれ、縄で縛られ、蔑まれ、小便をかけられ、赤ちゃんプレイや近親相姦、電気刺激を求めるのは「正常」とみなされない。そのためそういうことに蓋をして、あなたの性的アイデンティティを封印するのは簡単だ。しかし聖なるセックスや聖なるSMを行えば、あなたもパートナーとの合意に基づく安全な行為ができ、あなたのその部分を癒やし、統合することができるだけでなく、そこからエネルギーを創出できる。

私の変態探訪体験から言えば、普通の人生で私は被支配者ではないものの、変態プレイで被支配者の役を演じることは多大なるヒーリング効果をもたらした。その経験から自らの欲望に身を委ねることへの気づきがあり、そのための力の源泉となった。なぜなら、被支配者こそが、その場を支配する側だからだ。ソーシャルメディアで@ａｓｋａｓｕｂとして知られるフェアリー・サブマザー、カラード24／7（四六時中首輪付）被支配者リナ・デュナはこう説明した。「支配者、被支配者の力学は二人の対等な人物による合意に基づく力の交換としてのみ存在し得るもの。どの文化でも多くの場合誤解されているのは、被支配者は力ずくで作られると思われていること。しかし真の被支配とは、被支配者が価値を見出すパートナーに託す贈り物なのだ。被支配は私に精神的・物質的に弱さと向き合う実験という経験をもたらした。自分に見えない部分があるとわかったこと、そして自分のニーズを正確に満たすことができるとわかったことは、身体で納得できた経験となり、それはこのようなプレイや体験からしか見つからなかったことだと思う」

さらに言えば、私が苦痛を楽しんでいると気づいたことは、自分で自分に感情的苦痛を与えているという事実に気づくきっかけとなった。私は普通の日常の中で無意識に自虐行為をしていたことに気づくようになり、そのパターンを克服でき、その傾向を別のよりふさわしいセッティングで育てるという道を切り拓いた。同様に、対等な立場の相手に対し、意図的に自分のパワーを相手に明け渡したり、自分の欲求や境界線を相手に伝えたりする様子から、私が日常的に無意識に自分に対してマゾキスティックなことを行ってきたのに気づくことになった。私が被支配者になることが相手にどれほどの贈り物となるかが分かった今、もう誰にも贈り物をしなくなった（本当にその価値があると思える相手は例外だ）。

変態プレイは一切の偏見を差しはさむことなく、あなたのエロスの真実を浮かび上がらせる。合意に基づく2人の大人が行為に及んでいる限り（その過程で意図的に相手を傷つけない限り）、そこには何の問題もない。あなたの変態性は他の誰とも違うし、その逆も同じだ。その違いは慈悲と共感を生む可能性があり、またそうなるべきだ。それが分断と批判の種となってはならない。

悪魔　神聖なる逸脱の父

鎖につながれず、束縛されず、邪魔されることもない、悪魔はあなたが思い通りの人間性を生きていいと知らせることで家父長的モデルの破壊を象徴する。悪魔はタロット大アルカナカードの15番目の鍵で、占星術で山羊座（その支配星は土星）に対応する。（タロットでは占星術に対応しているカードがもう1枚あり、星のカードが水瓶座に対応している。）土星の象意同様、悪魔は境界線と信条を語り、他者の意見に従うのがベストだとあなたを枠に閉じ込めようとする。これは夢遊病状態で、すべての魔女や魔術師はその幻想から覚醒し、意識的に生き始めなくてはならない。

古典的スミス・ウェイト版タロットでは、恋人たちのカードのように薄気味悪く見えるが、違いは大天使ラファエルの代わりに、バフォメットの前に２人の男女が立っているという絵柄だ。バフォメットとは、エリファス・レヴィによって表現された、テンプル騎士団に関係があると言われる異教の神で、現象界のすべての二面性を象徴する存在だ。バフォメットは「上なるが如く、下もまた然り」を体現するシギル、エネルギー、類魂だ。闇と光は同時に存在しなくてはならず、拡大と縮小も共存するべきであり、生と死、快楽と苦痛も同様だ。善悪、正誤には明確な定義があるというような、世間の常識となっている二元性を破壊するのがバフォメットの主張だ。バフォメットの教えによると、両極端とは同じものが極まった姿であり、同じ領域の両端にあるものだ。そしてどちらの端に行ってもそこにはスピリチュアルな束縛《ボンデージ》が生まれる。

２人の人物の首には鎖がはめられているが、外せそうなほど緩い。しかし彼らには尊厳の意識がないため、もっときつくしてもよさそうだ。悪魔が示唆するのは無意識の鎖が人の成長や進化を妨げているということだ。

聖なるセックスの場合、悪魔はあなたを少し奇異な方向へと誘う。どんな鎖があなたを古い因習に縛り付けているだろう？　どうすればそれを変態的手法で、オーガズムの儀式を使って破壊できるだろう？　悪魔は耽溺・禁欲のどちらの極端にも走らないよう警告し、中道を推奨する。古いやり方を腐敗と劣化（たとえば死など）へと導くことにはパワーがあり、それまで忌み嫌われてきた領域を掘り起こすことにも力が宿る。要するに悪魔とは、神聖なる逸脱の父なのだ。

振り返りの質問集

もうおわかりのことと思うが、誠実なセクシュアリティには内省と探究が必要だ。普通のセックス以上に変態セックスにはそれが不可欠だ。自分は何が好きかを自覚するのはもちろん大事だが、それ以上に明確な境界線を示す必要がある。そこに魔術的要素が加われば、それは死活問題となる。そのワイルドさは楽しみの一部ではあるが、変態行為には予想外のことが常に起こるため、初めに内面の仕事をきっちり済ませてから臨んだほうが思う存分楽しめる。そこに振り返りの質問が出番となる。

以下の質問集とタロットは、逸脱とエロスの神との旅路の試金石となるものだ。どれに興味を感じるか、感じないかを知るための参考としてほしい。あなたの探究、たとえば講座や地下牢に行く、ポルノを見る、参考文献を読むといった活動の副読本として活用するといい。ピンとこない質問は無視してかまわない。場所のセッティングをして自分自身を整え、質問の答えをグリモワールに記録すると、その行為は神聖なものとなり、１年後のあなたがどれほど成長したかを見ることができる。


✧闇の神・女神の道は私にとってどんな意味があるだろう？

✧どんな性的タブーに興味、そして恐怖を感じるか？

✧自分のセクシュアリティやエロティックな部分のどこを拒絶しているか？　なぜそれを受け入れられないのか？

✧経験してみたいのにまだ自分に許していないことは？

✧変態セックスとＢＤＳＭを私の性魔術に組み込むにはまずどうしたらいいだろう？　もし実践したらどんな結果になるだろう？

✧私が今渇望している性的体験とはどんなことだろう？　単独で、またはパートナーとそれをするにはまず何をすればいいだろう？

✧悪魔のカードが私の探究、聖なるＳＭ体験にどんなインスピレーションをくれるだろう？

✧どんな刺激的体験を自分やパートナーに与えたいだろう？

✧私のフェチや変態とは？　何に1番ムラムラするだろう？

✧私は支配者、被支配者、交互のどれになりたいだろう？　それにはどんな意味があるだろう？

✧変態行為に当たり、私はどの神を信奉したいだろう？　その信奉を続けるにはどんな力学が必要だろう？

✧私の限界基準値はどこにあり、それは私の何を示しているだろう？　グレーゾーンにはどんなことがあるだろう？　意図的な逸脱の試みとして、それらを実践できるだろうか？

闇の神・女神の道を進むためのタロット ——羞恥心と罪悪感の解放

この道を進むにあたり、もう少し宇宙的な広がりが欲しいと感じているなら、ようこそ！　ぴったりのタロットを紹介しよう！　もうおわかりの通り、聖なるセックスの世界で繰り返し出てくるテーマは羞恥心と罪悪感の解消だ。何度も出てくるのは、それらが簡単に撤去できないからだ。トートの欲望タロットが示す通り、飼い馴らし、対話し、エロス化することは可能だ。覚えておこう。あなたがそう感じるのはその行為が罪だと思っているからで、罪とは実に美味なるものなのだ。以下のタロットはこの道を俯瞰するためのものであり、道中でどのようにダンスを踊るかのヒントになる。場所のセッティングをして、さあ始めよう。そうあらしめよ！

カード１：この道から私はどんなメッセージを受け取るだろうか？
カード２：欲望に対する羞恥心を手放すにはどうしたらいいだろう？
カード３：性的欲望、変態性欲、フェチをもっと真剣に受け止め、踏み込んでいくにはどうすればいいだろう？
カード４：この旅を進むにあたりどこに行けばインスピレーションを得られるだろう？
カード５：私の性魔術の一部として、破壊的セクシュアリティを尊重する方法は？

闇の神・女神の道を行くためのアファメーション

聖なるセックスでは変態を恥と思う余地はないと言ったのをご記憶だろうか？　これには心の中で変態や娼婦を恥と思うことも含まれる。自分自身や自分のセクシュアリティに対する期待を変えるには時間がかかる。根深い思い込みは、実際に変態やフェチに接触すると強化される場合もある。結論から言えば、闇の神・女神の道を行く時間が長ければ長いほど、あなたは変態度を増していく。なかには普通の人生をやめる人もいるが、ほとんどの人にとって変態であることは生きていく上でのあり方の1つだ。何でもそうだが、あなたと変態セックスとの関係は、周期的な軌道を描くことだろう。キワモノの旗を掲げて意気揚々と頑張る時期があれば、人と違うことや他人にからかわれるようなことをしたくないと思う時期もある。

羞恥心の影があなたに付きまとうのに気づいたら、以下のアファメーションで吹き飛ばしてほしい。あなたがどれほどパワフルかを思い出したい時に使ってほしい。今のあなたの定義を書き換え、一段高いレベルのエクスタシー、変態、逸脱を経験したい時に唱えてほしい。自分自身が闇の神・女神だと感じたい時に読んでほしい。自分の力を忘れないように。


✧私はインスピレーションを感じるすべての方向にセクシュアリティを探究する。

✧私の変態、フェチ、欲望は性魔術を深めてくれる。

✧私は闇の神・女神の道を進み、破壊的セクシュアリティを実践する。

✧私は成長とグノーシスの道として逸脱の神を崇敬する。

✧苦痛と快楽の両極性を受け入れる。

✧私の性魔術の道にすべての変態性、フェチが含まれる。

✧私はエロスの神、闇の神・女神だ。

✧私は変質者、破壊者であっていいし、好きなだけセクシュアルになれる。

✧私はエロティックな欲望、官能的本質、進化し続けるセクシュアリティを受け入れる。

✧私は自分の影を忘却の彼方に葬り、残ったものと愛し合う。

✧私の欲望には価値がある。

✧私は自分の欲望と、情熱、明晰さ、弱さ、深さをもって対話する。

✧私のパートナーは変態で、信頼でき、オープンな心の持ち主で、私のセクシュアリティを一緒に探究してくれる。

✧弱さ、壊れやすさはエロティックだ。
✧信頼はものすごくセクシーだ。
✧私は誇りと強さをもって自分のエロスの限界に挑戦する。
✧私は自分に対して慈悲の心で接し、感謝と愛を持って自分の境界線を尊重する。

神聖な逸脱のための悪魔カードを使った聖なるSM儀式

ここまでであなたは自らのフェチを紐解き、欲望と折り合いをつけ、変態と聖なるセックスが両立するところを見てきた。もうすでにあなたの性魔術でSMプレイが始まっているかもしれないし、そうでないかもしれない。いずれにしてもこの儀式は、悪魔カードを使ってあなたのエロスにまとわりつく重荷を手放すことにより、聖なるSMとスピリチュアルな生き方の整合性を図るためのものだ。性魔術は任意で、いつでも変更可能だが周到なほうがいい。（性玩具や潤滑剤を用意しておいて実際には使わなかった、というほうが、使いたい時にないよりずっとましだ。）儀式の解説を読んで内容を把握してから、好きなようにアレンジしてかまわない。

用意するもの：変態やフェチプレイに使うもの（縄、パドル、ワーテンバーグホイールなど）、悪魔のタロットカード、グリモワール、性玩具、潤滑剤、聖なるセックスキャンドル。

注意：悪魔のカードの代わりに闇の女神を使ってもいい。カードで瞑想する代わりに、瞑想で好みの神々を召喚してもいい。

ステップ１：どんな変態・フェチ行為を試したいか決める

始める前にどんな変態・フェチ行為を試したいかについて考えてみよう。それはあなたのエネルギーレベルを上げ、変性意識に入るようなものでなくてはならない。これをパートナーと一緒にする場合は、内容を相手と話し合う（２人でその行為に及ぶため）。たとえば、それぞれの許容範囲、どちらが上・下になるかなどの通常の交渉の他、どんな変態・フェチ行為に興奮するかについて話し合う。変態行為の安全確保についての確認は、儀式の枠外で行うこと。

単独・複数にかかわりなく、本章を読み返し、どんな行為にインスピレーションを感じ、抵抗なく試せるかを探ってみる。決めかねたらまずはお尻叩きからやってみよう。簡単で安全で、いろんなやり方ができるうえ、簡単にエネルギーレベルを上げられる。

ステップ2：意図を決める

次に意図を決める。パートナーと一緒にやる場合は、これも交渉の1つに入れておく。2人で同じ意図を掲げられるだろうか？　それとも別々の意図を作ったほうがいいだろうか？　以下は意図の例で、好きなようにアレンジするといい。

私の意図は……


✧私の神聖な逸脱と破壊的セクシュアリティのすべてを完全に受け入れる。

✧私の変態とフェチは、私の魔術の実践の一環だ。

✧魔術の行使として罪の領域に深く入り込む。

✧リスクをわかった上で純粋に、魔術的に変態プレイを私と探究してくれるパートナーを引き寄せる。

✧聖なる変態の探究をする自分自身を信じる。

✧聖なる変態プレイを通じてパートナーとの絆を深める。

✧セクシュアルな自我が居座ることを止めようとする怖れを手放す。

✧聖なる変態の探究の道筋をつくる悪魔のパワーを解放する。

✧聖なる変態の行為を神々に奉納する。

ステップ3：場所のセッティングをする

意図が決まり、これからどんな変態行為を経験するか、誰が何を担当するかが決まった。次は儀式の場所のセッティングをしよう。悪魔カードのための祭壇をつくり、黒（悪魔カードの支配星土星の色）か赤（欲望、情熱、セックスの色）のキャンドルを置く。場所のセッティングをしたら、儀式に参加する全員に行き渡る水があるか確認する。体力勝負の折檻やボンデージをする場合はナッツや果物などのスナックを用意しておく。

ここは闇の神・女神になりきるための時間でもある。変態やBDSMは妄想だ。それは魔術的側面もあり、衣装も大事だ。したがってあなたの意図に沿った、変態行為を高めるような、心地よい衣服やアクセサリー、タリスマンを身につける。あたかも神々に服を着せるように着て、自分を神のように丁重に扱う。413〜418ページにあるような、神聖化したものを身につけてもいい。あなたは神なのだから。始める前に212ページの入浴魔術をしてもいい。

ステップ4：グラウンディングとセンタリング

完全に神聖な自分となったら、お祓いをする習慣のある人はここでお祓いをする。それから69ページに従って、グラウンディングとシールディングをする。

ステップ5：悪魔カードで瞑想する

身体の中心に収まったら、自分がいいと思うようなやり方で悪魔カードの瞑想をする。悪魔の鍵が目の前にあることをイメージする、あるいは悪魔カードを眺め、そこから発信されるエネルギーを吸い込むなど。バフォメットが目の前にいる様子をイメージし、バフォメットが自分に何かメッセージがないか訊ねてもいい。光の玉をイメージし、それを悪魔に届け、悪魔とバフォメットがあなたと共有できるものがないか訊ねる。あるいは自分自身がバフォメットか悪魔になってみて、どんな感じがするかを確かめる。生命の樹に精通しているなら、悪魔の瞑想をしながらアインというアルファベット、ホドの神の名前（エロヒム・ツェヴァオト）、ティファレト（ＹＨＶＨ）を発音する。

このステップの意図はなぜこれをするかを明確にすること、

欲望を解放する力とつながり、悪魔の自由にアクセスすること

ステップ６：意図を宣言する

悪魔カードから抽出できるすべての叡智と理解を吸収したら、声に出して意図を宣言しよう。この宣言は聖なる署名、コミットメントの証、あなたの意図と儀式を明確にし、神に捧げる手段となる。次に挙げる文を読んでもいいが、自分の心の正直な言葉でかまわない。複数でやる場合は１人ずつ順番に読み上げる。

この日、この時間に、私は聖なる破壊とパワーを身にまとう。私はこの儀式のための意図を、証人であるガイド、アセンデッドマスター、１００％光として存在する神々の前で宣言する。私は［意図］にすべての場所、すべての方法で献身する。存在し得る最良のものが私の真の意思とともにあらんことを願う。これを以て儀式が始まる。

ステップ7：変態・フェチ行為でエネルギーレベルを上げ、変性意識に入る

ここで変態遊びを始める。あなたの変態遊びを楽しみながら、意図を思い出し、遊びの感覚を堪能し、解放のエネルギーを満喫する。呼吸することもお忘れなく！　パートナーと、あるいはもっと大人数でやる場合、エネルギー回路をイメージしてエネルギーを全員で回してみる。行ったり来たりさせ、全員でエネルギー量を増していく。

性魔術の実践を望まない場合、あなたの意図のためにエネルギーレベルを上げ、動かしていく。絶頂に近づいたら頭頂から宇宙へとエネルギーを放出する。そして全身から光を放ち、宇宙からあなたの姿が見えるほど強い光線を放つ。あなたの意図が現実になる時間として、余韻の中にしばらくとどまる。

ステップ8（任意）：性魔術でエネルギーレベルを上げ、エネルギーを送る

性魔術をしたい場合、今がその時間だ。単独でも複数でもやり方は同じだ。変性意識に入ることに集中している場合、イメージを思い浮かべたり、霊的メッセージを降ろしたりして性魔術で深く入っていく。セックスや自慰をして、その快楽を味わいながら、変態・フェチプレイとの違いを感じる。セックスをしながら、エネルギーを背骨に沿って上昇させ、クライマックスと同時に頭頂に達する。そのままエネルギーを放出する。複数でやる

時、同時にクライマックスを迎えなかった場合、各人が同じプロセスを繰り返し、クライマックスに一番近いタイミングで意図にエネルギーを吹き込んでいく。意図が現実になるのを感じながらしばらく余韻の中にとどまる。

ステップ９：クロージングとグラウンディング

終了したら、儀式の終了を宣言する。以下の文章を参考にして、複数でやった場合は全員で読み上げる。

この日、この時間に、私（たち）はエネルギーとパワーの上昇を確認し、完了した。悪魔カードの神聖なる逸脱に導かれ、聖なる破壊の正当性を信じ、私（たち）は存在しうる最良のものの名のもとに、この活動を終了した。そうあらしめよ。

84ページで解説したやり方で儀式を終了する。自分の身体、自分自身に戻り、元の呼吸に戻り、場を保護していた球体が溶けて日常が戻ってくる。チャイルドポーズで額を床につける。水を少し飲み、軽く食事を摂って平常心に還る。予めパートナーと話し合ったアフターケアを行い、このすべての経緯をグリモワールに記録する。その後の変化や気づきについても記録する。そうあらしめよ。

第9章

男性神の道

私は女性神を崇拝し、度々それについて講演や執筆活動をしている。あまり公表しては来なかったが、私は男性神も崇拝している。男性優位の時代にあって、西洋の文明では男性であることの弊害ばかりが目立つ昨今、男性神の崇拝や尊敬、一体化はそれ自体がある種のタブーだ。少なくとも変人のすることだ。私たちが認識する男性のイメージは、広告、犯罪、犯罪ドキュメンタリーなどの作品、そして男性は女性よりタフでマッチョで、よりよいということを主張するメディア操作によってつくられてきた。そこには感情、感動も涙もない。このような男性であることの表面的な解釈は、内面的強引さがもたらす強権的権威主義や、他人の身体を所有物と捉える発想がもたらす性的虐待や強姦に現れる、最も歪んだ男性性の外面的な強引さとは似ても似つかないため、混乱を招いている。一般論としての男性性は、彼らの性的アピールや自己表現のほんの一面にすぎず、それは操作され、歪められてきた。男性優位の概念は女性だけでなく、男性にとっても有害だ。

男性の神聖な元型である男性神を崇拝することとは、この間違って定義された狭義の男性性に中指を立てる行為に他ならない。それは真の男性原理が持つパワー、それが行使される前の姿、全知全能の潜在能力や底力にフォーカスすることを指す。男性性とは悪でもなければ男性優位性でもない。それは世界に活気とパワーを注ぎ込む、推進的・発展的エネルギーだ。女性性が身体や大地になぞらえられるなら、男性性は生命を生み出し、生命力を吹き込む原理だ。神なる女性性同様、神なる男性性はひとつの人格だ。あなたのセクシュアリティを十全に行使することとは、力と形、能動と受動、発展と縮小、流動と固定、月と太陽、熱いと冷たい、ネガティブとポジティブ、陰と陽といった、軸の両端が私たちのすべての行動に浸透していると理解することを意味する。女性性が繊細な身体や直感、呼吸などで経験されるとすれば、男性性はインスピレーションや刺激を受けた瞬間に内面から湧き出る熱や情熱だ。それはどちらも物理的に現れる。たとえば性行為の最中に身体が溶けて別次元へと移行していくように感じる時や、自分より大きな存在を身近に感じた時などがその例だ。

神なる男性性の道を進むこととは、男性優位の法則によってしか男性性を表現（エロスの面でもそれ以外でも）できないとする考えを拒絶することだ。本章では男性性に関する既存の概念を拒絶し、あなた独自の概念を構築するための例を示している。重要なのは、女性性を通じて男性性のための場所が提供されるということだ。つまり人の受容的、直感的、繊細な面、心に湧き起こる感情、魂のやさしさを通じて男性性を経験するということだ。そこに畏敬の念が加われば、それは瓦解して知恵と強さとなる。そしてこの知恵と強さを神なる男性性のレンズを通してみると、世界を支える共感と慈悲になる。

男性優位性の拒絶が意味するのは、男性性の別の表現法を模索することだ。これは男性でない性にとっても重要なことだ。なぜならすべての性がこれまで男性優位原理によって苦痛や闘いを強いられ、心理的なダメージを被ってきたからだ。「有害な男性優位原理しか選択肢がない」という立場にノーを突き付ける時、そのダメージや心の傷のヒーリングが始まる。そこに安全で受容的な、本当の意味での強さを持った、別の男性原理が浮かび上がる。そこには信頼と対話が生まれ、それは男性とセックスをするすべての人に不可欠の要素だ。そして親愛なる男性諸君、それは単独で自らの目的や真の意志を法とする、神を体現する道を進むことを指す。この拒絶により快楽や自分の欲望（刷り込まれた欲望でなく、あなたが心底求める欲望）を知ることへの道が開かれ、怒りや暴力を伴わない拒絶を可能にする。これは簡単ではないが、その意義は計り知れない。肉体の中に収まって生きることの弱さと正直さを認識するほど、他者に対してもその弱さと正直さを尊重できるようになる。あなたの性的解放とは、すべての人々の解放へとつながる。

神なる男性性は個人のレジリエンスと安定のエネルギーだ。それは個人の自治権を主張すること、自らの欲望に耳を傾けること、慈悲と創造力をコアバリューとして捉えること、共感、そして身近な人が男性優位の毒によって傷つけられた時、その話を聞くことだ。それは積極的な傾聴に対するレジリエンス、そしてそれを受けてよりよい行動を取ることだ。神なる男性性の道はあなたが男性性を、誰の犠牲の上にでもなく、全員にとって理想となるように世界を創造し、変容させる発展的な力として体現するよう誘《いざな》う。それは自分の力とつながり、自分自身を知り、男であることにグラウンディングし、勇気と他者への敬意を持つよう促す。このアプローチのもとで聖なるセックスを探究する時、男性性は自己の完全なる表現となり、それは真の魔術となる。

エロスを超えた神なる男性性

はじめにエロスの外にある男性性について語ろう。前提として覚えておいてほしいのは、神なる女性性と神なる男性性は、性別や性器とは関係がないということだ。私たちは、夜と昼、熱いと冷たい、北と南、幸せと哀しみといった、2つの極の間にすべてが存在するという二元性の世界を生きている。私が神なる女性性、神なる男性性という時、生まれ持った身体の性別を言っているのではない。同じ軸の両端にある2つのエネルギーの、一連の現れ方をする波動域のことを言っている。同性愛のコラージュによるタロット、アビスタロットの創作者、ライアン・ハリソンはインタビューでこんなことを言った。「神なる男性性の最上級の形は、創造の火花、始まり、インスピレーションや夢や誕生以前の原初の種だ。世間の人は自分の性別と結びつけたがる。人間は外見から自分と似たものとして理解するのでそれも無理はないが、そういった物理的な区別の裏にはずっと大きなエネルギーの存在がある。それは魂の始まりの閃光、本質のようなものだ」

神なる男性性は成長、発展、創造的表現、そしてエロスの体現のトリガーとなる。何かを始める時、コミットする時、初めて何かにめらめらと情熱が湧き起こった時、これを思い出し、それに導かれて創造するといい。それはキスする前の胸の高鳴り、ボディタッチ、聖なるセックスの瞬間だ。古い概念を捨て去り、この男性性を迎え入れると、神なる男性性の霊的表現、自分より大きな存在への入り口に立つことになる。神なる女性性や女神のエネルギーが内在性、大地、身体の叡智を表すように、神なる男性性は万物の神聖さの火花を顕現させる。

私はごく自然に神なる女性性と波長が合っているが、私の自己鍛錬性、創造力、エロスの本質をすべての行動に反映させる力は、私に内在する神なる男性性のなせる業だと思っている。私のエロティックでない部分の日常を見れば、スケジュールに従って本を執筆し、魔術や女神、エロスの神について講義をするなど、フルタイムで仕事をする原動力となっている。神なる男性性は私の自己鍛錬とコミットメント、たとえば毎日の瞑想を欠かさないこと、ベジタリアンでいること、自分のヘアスタイルをキープすることなどに現れている。神なる男性性とのつながりは、乱高下や螺旋を描く神なる女性性の中で、ゆるぎない強さと存在感として現れる。

時間をかけてあなたの日常にある神なる男性性を見出し、その意味について考えることで、あなたと聖なるセックスとの関係にそれをどう生かせるかがわかってくるだろう。男性性をあなたにとってプラスになるようなものとして再定義することは、あなたのエロスの存在価値を確かなものにするだろう。ハリソンは「神なる男性性について考える時、何を思い浮かべ、どんな言葉を書くだろう？　神なる女性性について考える時、何を考え、どんな言葉が浮かぶだろう？　たぶんそれがあなたの両極、黒と白を示すものだ。どちらか片方の極しかない人は存在しない。私たち全員がこれらの両極の間のグレーゾーンのどこかにいる」と言っている。

神なる男性性とは、自分について納得していることだ。無気力だったり迷いがあったりするものでなく、自明のことを指す。神なる男性性はあなたの芯からくるパワーの進化系であり、多くの人に刷り込まれてきた他人や女性を貶めることで得る強さとは異なるパワーだ。自分自身を知り、しっかり地に足をつけることが、神なる男性性の顕現となる。エロスの面で言えば、その立場から自分の欲望を主張し、その瞬間に意識を向け、自らの真実を表現することだ。神なる男性性は、セックスの前や怒りに囚われた時など、湧き起こる感情を受け止め、行動に示す前にひと呼吸おくという、内面に向かう瞬間に現れる。これができたうえで、普通の時間を聖なる儀式へと変える創造力へと身を乗り出す、あるいはただそこにとどまるだけでも、それは神なる男性性であり、身体を媒介として顕現した男性神だ。

神なる男性性のインスピレーションさまざま

神なる男性性についてあなたなりの定義をつくる参考に、あなたが共鳴できるかどうか、いくつか例を挙げてみよう。概念として理解することと、それが現れた形を知ることは別物だ(インスピレーションが欲しいなら古代ポンペイのアートを見るといい。男根は幸運や効力のお告げや象徴であり、フレスコ画、銅像、肖像画として家々に飾られ、ジュエリーのデザインにもなっていた)。

神なる男性性の生きた人物の例は数えきれず、その多くはエロスとは無関係だ。しかし本書の趣旨に従って、能力と錬金術的セクシュアリティをとどめたまま神なる男性性を体現した、私のお気に入りの男性たちをこれから紹介していきたい。ただしこのリストはそのほんのごく一部にすぎない。これらを読んで、あなたが取り入れたい神なる男性性がどこにあるかを考えるスタートラインとしてほしい。

もしあなたが男性なら、予想を超えるような例からインスピレーションを受けたいと思うかもしれない。セラピストのステファニ・ゴーリックは男性であることの意味を幅広くとらえることの重要性を主張する。「ノンバイナリー（自らを男性、女性のどちらにも属さないと認識している人）の女性が書いた本を読みなさい。たとえばミドリ、シンクレア・セックススミス、プリンセス・カーリーなど。性別の問題に限らず多種多様な伝統的宗教の宗教的指導者について知りなさい。たとえばスターホークのスピリチュアリティに関する記述は、レイチェル・ヘルド・エヴァンスのそれとは大きく異なるし、ラビ・ジル・ハマーやペマ・チョドロンともかけ離れている。普通に暮らしていたらおよそ出会うことのない人々やその考え方と出会うとどうなるだろう？　彼らは自分たちやその人生についての考えを一新させ、セクシュアリティについても同様にした。」

目にとまった例はグリモワールにメモしておくと、あとでインスピレーションが欲しい時に役立つだろう。

リル・ナズ・X
大胆で挑発的、悪びれない表現力

この10年では断然最も有能なラッパーの1人、リル・ナズ・Xは豊かな芸風のゲイの黒人。無作法なまでにあからさまなセクシュアリティで、誰に嫌われても臆することなく王道のポップを発信し続ける。彼のスタイルも音楽も自己表現であり、あらゆる形の愛、特に世界の舞台でこれまで見たことがなかった同性愛の表現だ。怖れない、悪びれないリル・ナズ・Xは、神なる男性性が根付いた自分自身へのコミットメントの代表例だ。

アポロ
煌めきとパワー

太陽神アポロ、預言と癒やしの神でもあるアポロは、古代ギリシャ・ローマ時代に最も広く崇拝された神々の1人だ。アポロは太陽神であり、双子の妹アルテミス（ローマ神話ではダイアナ）は月の女神の称号を持つ。アポロには多面的な神なる男性性の特徴がたくさんあり、例を挙げるとアート、アーチェリー、太陽の神であり、都市、動物や鳥の群れの守護神だ。アポロはまた「デルフィの神のお告げ」を統括し、その預言やビジョンは最も崇高なものとされた。このようにアポロは女性性、そして全知全能の洞察を持った人物を通じて顕現した神なる男性性だ。

牧羊神《パン》

素朴な快楽主義《ヘドニズム》

　異教崇拝の中で根強い人気がある神々の1人がパン、とどまるところを知らないセクシュアリティを大地を通じて表現する、山羊の足を持つ古代ギリシャの神だ。パンは自然や森の神で、一風変わったセクシュアリティを行動のすべてに狡猾に表現する。パンは最も密度の濃い、最も動物的な、自然界に育まれたエロティックエネルギーを象徴している。この欲望と原始の神は私たちに感覚に身を委ね、私たちに内在する動物にアクセスするよう促す。

ディオニソス／バッカス

神聖さと狂気のエクスタシー

　ギリシャ神話のディオニソス神、ローマ神話ではバッカスと呼ばれる神は、パンとつながりがあるが異なるやり方で自らの力を表現する。ディオニソスはエクスタシーとワインと神がかった狂気の神で、彼を信仰するカルト信者は、乱痴気騒ぎの儀式や宴会で聖なる狂気、変性意識へと至ることを教義に持つ。パンのセクシュアリティの根源は大地にあるが、ディオニソスのセクシュアリティの元は身体と、そこに内在する官能的性的パワーだ。

ゴメス・アダムス
エキセントリックなロマンティスト

ゴメス・アダムスはロマンティックなゲルマンの王だ。フィクションの物語、アダムスファミリーの家長で、1930年代ニューヨーカー誌に初めてチャールズ・アダムスによる漫画として登場した。ゴメスは、モーティシア・アダムスの愛する夫であり、ウェンズデイ、パグスリー、赤ん坊の父として本やテレビ、映画に登場した。ゴメスは男性とはどんな外見かというステレオタイプを覆した。自己主張が強く、アグレッシブで頑固という典型的男性像の代わりに、ゴメスはロマンティックでやさしく、妻に対しては性欲の塊だ。彼はやさしい心がパワーの源であると躊躇なく表現した、神なる男性性の好例だ。

ラム・ダス
慈愛と無私の奉仕

ラム・ダスは幻覚剤全盛期に登場し、最も愛された人物の1人だ。リチャード・アルパートとして生まれたラム・ダスは元ハーバード教授の心理学者で、1960年代に体験した幻覚剤が彼の人生を不可逆的に変えた。彼の愛と慈悲心によって創られた精神はマインドフルネス、献身、奉仕、意識、死などに関する彼の教えのすべてに脈々と表現され、彼の著書『ビー・ヒア・ナウ』は、西洋社会と神秘世界を結びつける革命的研究書となった。

オスカー・ワイルド
美と文学の耽溺

オスカー・ワイルドを代表する言葉、「自分を愛することとは、ロマンスの始まりだ」、これ1つだけでもこのリストに載る資格十分だ。ワイルドでダンディなゲイの詩人であり、ヴィクトリア時代のイギリスの世相の雑音にひるむことなく、人生を快楽と自己表現に捧げた人物だ。彼の詩作、戯曲、そして彼が著した唯一の小説、〝不道徳な〟『ドリアン・グレイの肖像』には彼の溢れんばかりの表現力と美的センスが詰まっている。彼は男性の恋人との性的でロマンティックな関係についての〝酷い猥褻〟の罪で逮捕され、2年服役した。

精液と快楽のタブー

前項のリストに挙げた人々は全員何らかのタブーを犯している。だからこそ彼らは自らの境界線を守ることへのコミットメント、そして既存の境界線を突破することへの信念という点でリストに記載されている。

あなたの性別に関係なく、神なる男性性を体現する道にコミットするのなら、既定の型を破ることに快感を持たなくてはならない。既定路線の男性性は小さな箱に収まり、その男性優位ボックスには感情も快楽も入る余地がない。男性性を復権し、野性味を取り戻すには、自らの内面を注意深く意識し、今いる場所から創造と行動を起こしていかなくてはならない。それはつまり自分を維持する方法を見つける一方で、生命の快楽にとことん浸ることを意味する。それはタブーを受け入れ、エロスを全面的に統合するもう1つの方法だ。身体を通じて魂の交流をするのである。

多くの人は身体を神なる女性性の領域だと考えるが、ここにも神なる男性性は見つけられる。女性、陰のエネルギーは動き《ムーブメント》、感覚、探求、身体を使ったダンス、エーテル体に見出され、男性エネルギーは骨、構造、足蹴りやパンチ、大声で叫ぶ、怒鳴るといった力、強さに現れる。肉体の快楽を通じて神なる男性性との出会いは、肉と物理的な器を通じて行われる。

健全な形で怒りや憤怒を表すこと（壁に穴を開ける代わりに枕に向かって叫ぶなど）や、こもった感情を発散して生まれるスペースには快感がある。気持ちを込めたボディタッチ、力を込めた動き、官能的セックス、性の解放には快感がある。進んでタブーに切り込んでいく意思を持つことは、このつながりを強化する方法の1つであり、神なる女性性と神なる男性性を隔てる障壁を破る方法でもある。神なる男性性は拡大し、豊かにし、活気づけ、磁力で惹き付ける。これはつまり、世間の常識として踏襲されてきた境界線を打ち破ることを指す。多くの場合、〝到底あり得ない〟と思われてきたことをある日誰かが破り、それ以降は〝当然それしかない〟とみんなが考えるようになる。

境界線の破壊とタブー探訪は、微視的レベル、身体、自分の中から始められる。そしてもちろん、本書のテーマは聖なるセックスなので、精液から始めよう。タブーという言葉は適切ではないが、精液が持つ抵抗感や魅力からそのヒントは得られるだろう。

魔術の観点から言うと、儀式の途中で生まれるあらゆる性分泌液（愛液、精液、生理出血）には、その儀式と意図の波動エネルギーがチャージされている。性魔術の儀式や聖なるセックスの結果、射精された精液には神聖さが宿るため、それを飲んだり、モノに塗布したりエネルギーをチャージしたりできる。

あなたの旅の現時点で、自分の強い反応（面白い、または嫌だと思うか）に注意を払うことについてもうおわかりだろう。もしあなたのパートナーがあなたの顔の上に射精したら飛び上がってしまうか、あなたのパートナーが精液をあなたの口に入れてきたら気持ち悪いと感じるか、自分が射精した精液を味わうなんて論外と感じるか。もしそうなら、この個人的逸脱はあなたの中で眠る、神なる男性性を育てる魔術になり得ると捉えてほしい。このようなタブーや欲望の境界線を超えることは、あなたと宇宙を隔てる障壁は何もないと宇宙に伝える行為に他ならない。これによりあなたはより強く存在感のある自分自身という次のステージへと進むのを阻んできた柵を壊している。

皇帝　神なる男性性の顕現

タロットカードにはエロスや神秘の元型となるものがたくさんある。元型は苦しい立場にある時に突破する勇気や、より強く前に進むための自信をくれる。この場合の元型は、最上級の男性性への回帰への招待となる。皇帝は、現在世界が直面する男性エネルギーの二面性を象徴する。最も歪められた状態での皇帝は男性優位の象徴だ。統治下の臣民の二ーズには目もくれず、自分のエゴを満たすリーダーだ。彼は資源を独り占めする億万長者で、自分の利益を優先して自らの負担を避け、世界を飢餓に陥れる力があるがゆえに、それを厭わない。彼が男性（社会で価値のある存在）たり得る唯一の手段は、力と暴力だと信じて疑わない。皇帝は支配と破壊に向かう道において辛辣で容赦なく、非情だ。これは大地、その資源、そこで暮らす女性や子供たち、そしてその他大勢の被支配階級の民を暴力と悲劇の血に染める、最も気まぐれで不安定な戦士の元型だ。

しかし、その軸の部分、そして最も進化した部分において、皇帝は神を体現する男性だ。これに対応する女帝のカードと均衡を保っている時、彼はその民の幸せを守る、親切で慈悲深い王だ。彼は資源を等しくその民に分け与え、理性と感性の両方の声に耳を傾け、力は彼だけでなく、どの人にも等しく備わっているものと信じている。皇

帝は怖れを知らず、進んで直感に従う。彼は感情にも愛にもひるまないどころか、それらは彼を導くガイドとなる。彼は平和の王と闘いの王の真ん中に位置する、中道の王だ。それらは彼の中に生きている。

皇帝は占星術では牡羊座（白羊宮）に対応している。牡羊座は活動サインで、火のエレメントを持つ。つまり、触れるものすべてを燃やし尽くし、ワンランク上のステージへと引き上げる。12星座の先陣を切って勇敢に突き進むことから、愚者のカードの象意を含んでいる。牡羊座の皇帝は、置かれた場所を出て生きるために必要な熱、炎、力を象徴している。神なる男性性には燃えるような情熱があり、タブーや境界線破りの力は明晰なビジョンの元に使われると最も有効となる。

振り返りの質問集

他のどの道もそうだが、神なる男性性を体現する道にはアップダウンがある。この道特有のチャレンジもやってくるが、そこは勇気を奮い立たせて立ち向かってほしい。生まれた時から繰り返し刷り込まれてきた男性優位の原理に逆らうことは大仕事で、その有効な方法の1つが「記述する」というパワフルな手段だ。言葉にまとめる作業は、意識の中の混乱を解き、思索を深め、あなたの信条と動機を理解するためのロードマップとなる。あなたにそぐわない概念を捨てる時、そこに新たなものが入るスペースが生まれる。振り返りの質問に回答することは、正直で弱さも含んだ自分の欲望を偏見なく把握することを促し、その記録によってあなたの成長と進化を辿ることができる。

いつも通り、第1章で解説したように、これを儀式にして取り組んでほしい。私にはあなたが見える。あなたに愛を送る。あなたに伝わる。


✧神なる男性性をどのように定義できるだろう？

✧本章を読む前と後で、定義は変わったとしたら、どこがどう変わっただろう？

✧性的な意味で神なる男性性を体現するとはどういうことだろう？　性的でない意味では？

✧男性の定義を枠組みから変えることで、男性優位のしがらみをどのように消すことになるだろう？

✧神なる男性性を自分なりに表現し、献身することは自分にとって助けになるだろうか？　そうだとすればどんな助けになるだろう？

✧神なる男性性体現者のリストの中で気に入った人物はいただろうか？　そこから何を得ただろう？

✧私の内なる男性神を表現することは私が日常生活を送り、セックスし、人生を楽しむにあたり、より多くの勇気、創造力、パワーを創出しただろうか？

✧性的文脈にかかわりなく、私は男性性についてのどんな古い概念を捨て去ることができるだろうか？

✧性的文脈にかかわりなく、私は男性性についてのどんな新しい概念を取り込むことができるだろうか？

✧この自信を私のセックスライフにどう生かせるだろうか？

神なる男性性を体現するタロット

神なる男性性を体現することとは霊的で、エーテル界の出来事のように感じられる。そこには辿るべき明解な道はなく、実践者の心と身体を通じて表現したものがその人にとっての道となる。私は振り返りの質問やアファメーションの力を信じているが、神なる男性性のような身体的でないものに言葉を使って取り組むのは難しいことも理解している。そこでタロットが大いに役に立つ。カードが示すシンボリックな意味を紐解けば、より容易に潜在意識にある言葉を引き出すことができ、神なる男性性をあなたの人格、そして日常に降ろす道が開かれるだろう。

場所のセッティングをして、自分自身を整える。カードの束を手に取り、身体の中心に収まり、カードに訊ねる質問を考える。エロティックに神なる男性性を体現するために知るべきこと、あるいはもっと別の知りたいことなど。心にその意図をとどめながらカードをシャッフルする。カードを引き、解釈し、記録する。タロットカードは瞑想、内省、儀式、インスピレーション用にいつでも使えることをお忘れなく。タロットカードをあなたの楽しみのレパートリーに加えてほしい。

カード１：神なる男性性に覚醒するために、私には何が必要だろう？
カード２：それは私のエロティックな自我とどうかかわるだろう？
カード３：私は神なる男性性についてどのような古い概念を手放すよう求められているだろう？
カード４：私は神なる男性性についてどのような新しい概念を取り込むよう求め

られているだろう？

カード5：私はこの道を進むにあたり宇宙からセクシュアル・スピリチュアルな面でどんなサポートを受けているだろう？

神なる男性性の体現のためのアファメーション

そろそろ男性性に関する古い信念は燃やし尽くすことができたことだろう。そうして生まれたスペースに、あなたにプラスになる信念を入れるのが次のステップだ。現時点でやるべき唯一のことはアファメーションであり、それが持つパワーを信じることだ。新しい神経回路をつくることにより、さらなるポジティブな思考回路や行動パターンが作られるようになる。そのほかにもアファメーションは、古い思考回路が再登場した時にそれまでとは違った行動を起こすための道具を用意してくれる。そのプロセスの手始めとして以下のアファメーションを活用してほしい。自分流に必要なことを書き加え、アレンジしてかまわない。

✧私は神なる男性性を表現する存在だ。

✧私は神なる男性性を体現する。

✧私はエロティックな神なる男性性を体現する。

✧私は自分の波動に合った部分において内なる男性神を表現する。

✧私は男性の外見や行動パターンに関する古い認識を手放す。

✧私は自分のエロスの本質を大切にし、強さ、創造力、力を表現する。

✧私は自分の心と身体、性的・創造的表現を通して神なる男性性を見つける。

✧私の強さは天賦の財産だ。

✧私の性的表現のすべては神なる男性性の神聖なる投影だ。

✧私は自分に内在する男性神で変容し、創造し、進化する。

✧私は真実と慈悲でグラウンディングし、聖なるセックスの儀式をするにあたり、神なる男性性として行動する。

✧私の聖なるセクシュアリティは、誰をどんなふうに愛そうと変わりなく発展的で神聖で完璧だ。

✧私は自分の中で、神なる男性性と神なる女性性を、愛と慈悲の心をもって統合していく。

有害な男性性の概念を消し
エロティックな男性神を召喚・体現する魔術

まずは真実を言おう。たった1つで有害な男性性の概念を消せる魔術は存在しない。しかし魔術は触媒であり、エネルギー的青写真やストーリーの書き換えの手段となる。この消去の魔術は有害な男性優位の男性性を消すためのポータルとして働く。しかしそれも現実の日常での行動と合わせて行われなければ、効力はない。宇宙と自分の両方からの歩み寄りが不可欠ということだ。有害な男性優位の概念はあなたの価値観の深層にまで染みついているため、何度も繰り返し行わなくてはならない。層を1枚剝がすごとに次の課題が現れるだろう。

この魔術は本書の他の魔術と少し違っている。最初は単独で行う。なぜなら払拭するべき有害な男性優位の概念や父系社会の認識はあなた1人のもので、他の誰のものでもないからだ。これは過激なまでに個人的な作業だ。他の魔術と違って、このワークは2週間かけて行い、満月の数日後の下弦の月から始め、後半は新月の時期となる。

この魔術はシギル、火、性魔術、皇帝カードを使って行う。シギルの創造、自慰、視覚化、意図などを行うが、日常生活の上でも有害な男性優位の概念に基づく制約を手放す行動を開始する。あなたにとって神なる男性性が意味するものをより滑らかに簡単に、そして真実に基づいて表現できるようになるだろう。友人でもパートナーでも社会でもなく、あなたにとっての意味に従って行動してほしい。

用意するもの：紙、はさみ、ペン（または鉛筆）、皇帝のタロットカード、ライターかマッチ、シギルを燃やした灰を収める容器（耐火性のボウル、水を入れたポット、大釜など）、性玩具、潤滑剤、聖なるセックスグリモワール。

始める前に2つのリストをつくる。

1つは有害な男性優位の特徴と思われるもの。

もう1つはエロティックな内在男神として体現し、表現したいもの。

これらは儀式の前や最中に書き留める。

あなたの中にある有害な男性優位の概念を消去する。

開始のタイミングは満月の数日後、
下弦の月の日

ステップ1：場所のセッティングをして、自分自身を整える

あなたはこれから有害な男性優位の概念を消去するワークにコミットする。その通り！これは大変な大仕事だ。第1章のガイドラインに従って自分自身と場所を整えて行こう。

ステップ2：グラウンディング、センタリング、意図の設定

このタイミングであなたの習慣に従って浄化やお祓いなど、追い出しの儀式をする。準備が整ったら第1章に書かれている通りにグラウンディングとシールディングを行う。あなたを守る保護球の中に収まったら、神々や天使、ガイド、エネルギー、ご先祖などを召喚し協力を依頼する。どんな概念を消去しようとしているのかについて考えながら瞑想する。家父長制や男性優位性があなたにとってどんな意味があるかについて考える。それを身体で感じてみる。

準備ができたら意図を書きとめる。以下の文章を下敷きにしてもいい。

この［年、月、週、日］、私は宇宙の前で、私にとって役割を終えたものを手放す。私はここに、私に内在する有害な男性優位の概念と、家父長制度によってつくられた私の男性に関する表現や定義のすべてを消去する。この儀式を通じて、私は有害な男性優位の概念や家父長制度によって課された制約を消去する。こののち私はすべての場所、すべての方法においても私の真実によって立ち、前進する。私は［意図］を宣言する。存在し得る最良のものが私の真の意思とともにあらんことを願う。そうあらしめよ。これにて魔術は発効した。

ステップ３：シギルをつくる

あなたの意図を紙に書き、重複する単語や文字をすべて消していく。すべての母音を消してもいい。残ったアルファベットを並べて好きなシンボルを作って行く。いろいろ並べ替えてみて、文字の原型を消すほどいいシンボルとなる。デザインが決まったら別の紙

（裏に文章を書くので小さすぎないように）にシンボルを描き、シンボルを丸で囲んだらはさみで丸く切り抜く。

シギルを描いた面を裏返し、あなたが取り込んだすべての有害な男性優位性や家父長制度に起因する特徴を書く。正直に！　このリストは誰の目にも触れない。これについて瞑想をしてから書いてもいいし、儀式の前に書きとめたリストを書き写してもいい。必要なだけ書き、終わったらしばらくそれについて考える時間を持つ。

ステップ4：性魔術

シギルの紙は見えるところに置いておく。自分自身に触れ、エロスの本質を呼吸する。自慰をしながら今という時間にとどまる。絶頂にだんだん近づいてきたら、家父長制の影響を消す意図について考え、エネルギーのバランスを取っていく。オーガズムに到達、またはそれに極力近づいたら、シギルに目をやりそれらの悪魔を追放するのを感じる。シギルの上で射精、オーガズムを迎え、エネルギーを注いでもいい。ゆっくりと呼吸し、余韻に浸る。家父長制や男性優位の考えが持つ重圧が取り除かれて身軽になった感覚を楽しむ。

ステップ5：シギルを燃やし、逆位置の皇帝カードのエネルギーとつながる（または視覚化

する）

シギルの紙の上でオーガズムを迎えた場合、紙を乾かす。または、この部分の儀式を後日行ってもいい。皇帝のカードをイメージするか、実際にカードを置き、逆位置（男性性のネガティブな面を象徴する）にする。指示が降りたと感じたらシギルを破り、意図が宇宙に届けられたことを感じる。次に火をつけて燃やし、逆位置の皇帝カードのエネルギーが消えていき、あなたの男性に関する表現を縛ってきた男性優位性や家父長制に基づく表現が燃やされ、消えていくのを感じる。紙が全部灰になるまで燃やし続ける。灰はトイレに流す、土に埋める、空中に放り投げるなどして、消去したエネルギーが宇宙に届く様子を心に描く。

ステップ６：クロージング

儀式に神々、天使、ガイド、エネルギー、ご先祖などを召喚した人はこのタイミングで彼らの愛と協力に感謝する。儀式が無事終了したことを告げ、元いた場所に帰ってもらう。準備が整ったら、儀式の終了を、以下の文章を参考にして、好きなように書き換えて宣言する。

この［年、月、週、日］、私は宇宙の前で、有害な男性優位の概念を消去する儀式を遂行できたことに心から感謝している。私は私の中からすべての家父長制の概念、そしてそれによる制約や束縛を受けた男性の定義や表現をすべて手放した。儀式はこれにて終了したが、私のコミットメントは今後も継続する。そうあらしめよ。

正式に儀式の終了を宣言したら、69ページのガイドラインに従ってグラウンディングとクロージングをする。ヨガのチャイルドポーズのように額を床につけて余剰エネルギーをアーシングして大地に返す。追加の浄化が必要ならここで行い、手を叩いたり足を踏み鳴らしたり、笑う、ダンス、食べる、入浴するなど、好きなことをして儀式後の余韻を楽しむ。協力を仰いだ神々に捧げものをする。この経験をグリモワールに記録する。そうあらしめよ！

ステップ7：次の2週間は特に、日常の中で実践する

最後のステップ：日常の中で、特に向こう2週間にわたり、意図にコミットする。（あなたが男性なら）男性の集団に参加し、本を読み、自分の見方や考え方に間違いを見つけたら正す。女性に対する感じ方や考え方の中に女性蔑視が含まれていないかをチェックし、男性でいることの意味について考える。この期間に積極的に古い思考パターンの消去を行う。この一連の行為は魔術で行ったことの現実界での対となる。簡単なことではないが、私はあなたを信じている。

あなたの中にエロティックな男性神を召喚する

これは新月の日に行う。

ステップ１：場所のセッティングをして、自分自身を整える

あなたは外界からも内面からも、家父長制の男性観を追い出した。その通り！　ついにあなたが一体となりたいエロティックな男性神を召喚する時が来た。儀式の最初のいくつかのステップはいつも通りだ。

ステップ2：グラウンディングと意図の設定

ただし今回、あなたの意図は神なる男性性とその性質を召喚し、一体となるというものだ。儀式の場所に入る前に、（または儀式に入ってからでもかまわない）それがどういう意味を持つものなのか考え、記録するといいだろう。

この［年、月、週、日］、私は宇宙の前で、男性性の新しいビジョンを召喚し、受け止め、一体となる準備ができたことを宣言する。新月のこの日、私はエロティックな神なる男性性を、すべての場所、すべての方法で私の中に招き入れる。私のすべての欲望が、私の価値観と信念に沿って生命を吹き込まれるために、私はこの人生を肯定する、発展的で、創造的で、豊穣な太陽エネルギーを私の中に取り入れる。この儀式を以て私は、男性性を健全で前向きに表現するという新しい時代に突入する。私は［意図を言う］という意図をここに宣言する。存在し得る最良のものが私の真の意思とともにあらんことを願う。そうあらしめよ。

ステップ3：シギルをつくり、内なる男性神の特徴をリストアップする

前述の儀式のステップ3と同じ方法でシギルをつくる。ただし今回は内なる男性神をどのように経験したいか、なりきる経験に焦点を置く。家父長制の弊害を消去する代わりに、あなたと内なる男性神とのつながりを顕現させていく。

シギルを作ったら、紙を裏返してあなたが召喚し、受け止め、一体となりたい内なる男性神の特徴をすべて書きとめる。これがあなたが進化していくためにコミットする未来の男性像だ。一筋縄ではいかないが、これは大変大きな、そして有意義な最初の1歩となる。リストを作る前に瞑想をして心を整理するか、あらかじめ作っておいたリストを書き写すかする。書きたいだけ全部リストに入れ、すべて書き終えたらしばらく考える時間を持つ。

ステップ4：性魔術

シギルを目に付くところに置いておく。自分の身体を撫でながら、自らのエロスの本質を呼び起こす呼吸をする。自慰をしながら今に意識をとどめ、絶頂が迫ってきたら内なる男性性の意図とつながり、あなたの力が漲ってくるのを感じる。クライマックス、またはそれに極力近づいたら、シギルに目を向け、文字通りこの新しい現実に移行したことを実感する。シギルの上に射精してもいい。その後余韻に浸り、聖なるビジョンとエロティックにつながったことの喜びを感じる。

ステップ5：シギルを燃やし、皇帝カードとつながる

シギルの上で射精した場合は、紙を乾かす。または、この部分の儀式を後日行ってもいい。皇帝のカードをイメージするか、実際にカードを置き、逆位置から正位置に変わったことを確認する。自らが皇帝、高貴な君主の地位を得たと感じてみる。シギルを破り、意図が宇宙に届けられたことを感じる。次に火をつけて燃やし、エロティックな内なる男性性の旅が始まったのを感じる。紙が全部灰になるまで燃やし続ける。灰はトイレに流す、土に埋める、空中に放り投げるなどして、召喚したエネルギーが宇宙に届く様子を心に描く。

ステップ6：クロージング

シギルを燃やし、処分したら儀式を終えるステップに移る。神々、天使、ガイド、エネルギー、ご先祖などを召喚した人はこのタイミングで彼らの愛と協力に感謝する。儀式が無事終了したことを告げ、元いた場所に帰ってもらう。儀式の終了を、以下の文章を参考にして、好きなように書き換えて宣言する。

この［年、月、週、日］、私は宇宙の前で、エロティックな内なる男性神を私の中に招き入れ、一体となる儀式を遂行できたことに心から感謝している。これより私はこのエネルギーに根を下ろし、この世界に生きていくことができる。儀式はこれにて終了したが、私のコミットメントは今後も継続する。そうあらしめよ。

69ページのガイドラインに従ってグラウンディングとクロージングをする。ヨガのチャイルドポーズのように額を床につけて余剰エネルギーをアーシングして大地に帰す。追加の浄化、手を叩く、足を踏み鳴らす、ダンス、食べる、入浴するなどする。協力を仰いだ神々に捧げものをする。この経験をグリモワールに記録する。そうあらしめよ！

ステップ7：日常の中で実践する

再び、日常の中でも意図にコミットする。新しい内なる男性神の時代を生きながらも、引き続き家父長制のもたらしたプログラミングを解除し続ける。古い考えを手放すと同時に新しい思考回路を上書きしていく。内なる男性神が現実になった際のリストを読み返し、本章のアファメーションや振り返りの質問集を参考にしながらこのワークを続けていく。必要を感じたら何度でもこの儀式を繰り返す。これは一生続くワークのほんの始まりにすぎないことをお忘れなく。私にはあなたが見える。あなたを信じている。あなたに伝わる。

第10章

エロスを身にまとう道

ここまでくればもうおわかりの通り、聖なるセックスの道は肉体と不可分であり、肉体の持つ知恵と力を拒絶することとも無関係ではない。聖なるセックスは一体化、あるいは自分の身体という乗り物をフルに体感することに主眼を置いている。エロスを身にまとう道とは、物質としての人間を通した魂の表現に根差すものだ。それはあなたに内在する神性、超自然、宇宙をすべての中に、特にこの場合では、肉体の中にそれを見出すことを問いかける。日常のすべてに神性を見出すとは、あなたが今いる場所でこの次元の快楽と出合うことを意味する。日常を愛、創造、そして性的エネルギーの顕現として見ることを意味する。エロスを身にまとう行為は、人生を丸ごと味わい尽くす恍惚的な喜びを遠ざける古い概念を捨て去るようあなたを導く。

古い概念や慣用句には、美や装飾には価値がなく、軽薄で不必要という趣旨のものが少なくない。これが暗に主張するのは、外見や服装を気にかける者（特に女性）は、浅知恵で愚かだということだ。私のように西洋の文化圏で育った人々にとって、女性がやること、女性の楽しみ、女性が作るものに対する拭い難い嫌悪感が浸透していることは周知のことだ。しかし美や装飾―あるいは覆い隠すことにより変容を起こす手段である性的魅力―には神聖なものとなる潜在能力がある。美は女神・宇宙の言語であり、神への畏敬の念と直結している。それは恋人の美しさに見とれたことがある人なら誰でも知っていることだ。

美は信奉、称賛、発展的愛へと誘う。美は幻想を伴い、幻想は魔術とセックスにとって重要な要素だ。実際、魔術と幻想は手を携えて共に進むべきものだ。原初の人々の最初の衣服の目的は、自然の脅威から身を守るというより、儀式やセレモニーでの立場を示すためのものだったことだろう。

魔術はあなたを内側から変容させ、性的魅力はあなたを外側から変容させる。これらがそろって初めてあなたは真の進化を遂げるためのツールを得る。あなた自身のエロスの本質と潜在能力にアクセスする手段として身を飾ることは意味のある行為だ。かと言ってあなたの内面世界と外見を一致させるために大枚を投じる、あるいはわずかな金銭すら投じる必要はない。セックスは身体で行うものだから、身体を「生きたセックス神殿」としようではないか？

聖なるセックスの領域で、性的魅力とエロスの体現は快楽への道であり、身体崇拝への道だ。呼吸、身体の動き、装身具や衣服を通じて肉体の神聖さを探ることとは、宇宙をあなたに引き込むことだ。どのボディタッチ、キス、セックスも1つひとつが女神、神、宇宙、精神、宇宙の根源への祈りの証となる。香水を振り、金の衣装を身につけ、恋人の前でダンスを踊る——その恋人が他者でも自分自身でも——あなたは自らの力をまとい、肉体を持つ喜びによって生きている。

セックスアピールとは？――エロスを身にまとうこと

私にとって性的アピールはエロスの神との関係へと導くという役割を担っている。私の個人的セックス体験、愛と欲望の女神のように着飾ることを通じて、私は自らの性的エネルギーを創造力、献身、愛に変えることができる。自分の肉体を魂の投影として敬意を表すことで、私は自分と一体となる。首輪をつけたり娼婦の服装をしたりすることは、セックスの女神を信仰し、ダンスを踊るのと同じだ。自分をエロティックな預言者として掲げることは、自分自身を崇拝する手法として乳房をマッサージしたり刷毛で撫でたりするのと同じだ。神との一体化は赤い口紅やゴールドの衣装など、性的アピールを身につけることから始められる。しかしそれは始まりにすぎない。肉体は私の性的自我を尊重することを可能にしてくれる媒介《メディア》だ。

エロスを身にまとう道を進むあなたの旅のインスピレーションとして、以下のリストを試してみよう。興味を持ったものはグリモワールに書いておく。

✧口紅をつける。男性でも女性でも真っ赤な口紅がよく似合う。

✧欲望を示す赤、愛を示すピンク、金星エネルギーを示す緑など、特定の色を身につけて身体を聖なるセックスのエネルギーにチャネリングする。

✧醜悪さや腐敗の中に美を見つける。人の肉体に収まって生きることの最も暗い襞の奥に美を見出す。肉体を伴うすべての経験から人間であることの神聖さへと導かれる。

✧愛の女神の金属である金や銅色の衣服や装身具を身につける。数は多いほどいい。次のセクションで解説する、ジュエリーを聖なるセックスのタリスマンとして神聖化する儀式を行う。

✧ダンスを踊る、身体を動かす、叫ぶ、泣く。あなたの中にある最も野蛮な、原始的な、野性的な、エロティックな自分自身を掘り起こす。決めつけや羞恥心を追い出すこと。音楽やドラムの音をかけ、呼吸や声に導かれて身体を動かす。動物を選ぶ――ライオン、ヒョウ、蛇、狼など、あなた自身がその獣になりきってみる。これがあなたの性的表現や身体のエネルギーにどんな影響を及ぼすかに注目する。その動物の絵柄、毛色、デザインを性的アピールの特徴とする。

✧エロティックな気分をあおるような衣服を着る。レース、デニム、ラテックス、レザー、スパンデックス、ビニールなどの素材。黒、白、赤、キャメル、チータやヒョウ柄、透け透けなど。何を着るかより、着たことでどう感じるかが重要だ。何を着ても別にどうということはないなら、やる必要はない。外見をつくるとエロスの神に一歩近づくと感じたら、やればいい。自分の気持ちに正直に、この手法を進めるなり無視するなりしてほしい。

✧あなたの創造的な性的表現の受け皿として、エロティックな分身（もう1人の自分）をつくる。お気に入りの映画スター、キャラクター、アーティスト、モデルなどをベースにしてもいいし、タロットカード、神々、動物、花などにしてもいい。ビジョンボードをつくり、名前をつけ、そのエロティックなキャラクターのプロフィールをつくる。性的アピールを身につけさせてエロス満載にする。その人物になりきって性魔術をする。その時素の自分とどう違うか、どこがどうシフトしたかに注目する。

✧性の神・女神になるとはどういうことか、定義を考える。その神話を書く。それを演じてみる。もしあなたが性の神・女神だったら、あなたの信奉者はあなたの何にお祈りをするだろう？　信奉者はあなたにどんな捧げもの、どんな礼拝をするだろう？　あなたの創造神話とは？　信者はあなたの姿をどんなふうに飾り、どんな聖なるアートをつくるだろう？

聖なるセックスのための衣服や装身具を浄化・神聖化する儀式

以下は聖なるセックスで着用する衣服を奉納するための手順だ。対象とするのはキャミソール、ハーネス、白いリブ編みのタンクトップ、宝石類、香水などだ。これは性的魅力を高める魔術なので、身に着けるものがいい。それらが持つエネルギーを水で浄化し、炎と聖なる煙で神聖化し、最後にパワーを注入した性分泌液を使って意図を吹き込んでいく。たとえばこんなふうに考える——赤い口紅はセックスアピールを高める、革製のハーネスは内なる父親《ダディ》を想起させる、香水は愛の女神を召還する、など。

用意するもの：聖なるセックスに奉納するアイテム、水（水道水または浄水、ムーンウォーター、ローズウォーター、フロリダウォーター、聖水など）、聖なるハーブ（ラヴェンダー、松、杉、ドジョウツナギ、ミルラ、フランキンセンス）、ライターかマッチ、耐熱ボウル、性玩具や潤滑剤。

ステップ1：対象の装飾品をひとつ選び、意図を設定する

あなたのアクセサリー、衣服、装飾品について考えてみる。それについてどんな気持ちを持っているか。それを身に着けるとあなたはどう変化するか。その答えについて考え、意図を決める。

ステップ2：必要なものを集め、場所のセッティングをする

もうお分かりのことと思う。第1章の指示に従って場所のセッティングを行う。

ステップ3：グラウンディングとセンタリング

第1章に従ってグラウンディングとセンタリングを行う。自分の身体に流れ込んでくるエネルギーを感じる。もしあなたの意図が、革のハーネスにダディのエネルギーをチャージすることだった場合、あなたの内なる父親エネルギーを召還する。身体がそのエネルギーと意図を感じて振動するまでそこにとどまる。

ステップ4：浄化

身体のエネルギーレベルが上がったら、水を使ってそれを浄化する。あなたの意図に合わないエネルギーをすべて外に放出していく。対象のものに水道水を流し、または水滴を振りかけながら、以下の言葉を言う。

エロスの神の領域で、私はこの［対象物］から、私に不要なものをすべて浄化する。私の聖なるセックス表現を助けるものだけが残る。すべての場所、すべての方法で100％神の光に共振しない、ネガティブで不要なエネルギーを排除する。

天から白い光が降り注ぐ様子をイメージし、あなたの身体を通してその対象物に流れ込んでいくのを感じる。この魔術と調和しないものが水とともに外に出ていくのをイメージする。

ステップ5：神聖化

ステップ4と同じプロセスを炎と煙で行う。聖なるハーブに火を点けてからすぐに消して煙をつくる。対象物を煙にくぐらせ、白い光に照らす様子をイメージして以下の言葉を言う。

エロスの神の領域で、私はこの［対象物］に性的エネルギーを吹き込み、神聖化する。この［対象物］がチャージされたエネルギーの聖なる触媒となり、すべての場所、すべての方法で聖なる振動を私に与えんことを。すべての場所、すべての方法で、これが私の真のエロスの本質の発露の助けとならんことを。

天から白い光が降り注ぐ様子をイメージし、あなたの身体を通してその対象物に流れ込んでいくのを感じる。対象物が煙を通じて聖なるセックスエネルギーを吸収する様子をイメージする。

ステップ6：性分泌液採取のための性魔術

注意：これを心地よく感じない人はこのステップは割愛していい！　ここであなたは対象物をチャージするために性魔術を行い、体液（セックスの分泌物、唾液、血液、汗でもいい）を対象物に塗布する。自慰やセックスをしながら、あなたがこの対象物に発してほしいエネルギーを感じる。それが現実に起きていると信じ、絶頂を迎え、またはそれに限りなく近づいたら、オーガズムのエネルギーを頭頂から宇宙へと放出する。それをイメージし、真実だと感じながら余韻に浸る。

ステップ7：塗布

金色の光があなたの身体を包む様子をイメージし、エネルギーレベルが上昇したことを確認する。準備ができたと感じたら、性分泌液（愛液、精液、汗、血液、唾液など）を対象物（裏面や商品タグでもかまわない）に塗り、以下の言葉を言う。

エロスの神の領域で、私はこの［対象物］に聖なるセックスの意図を吹き込む。この［対象物］がすべての場所、すべての方法で私の［意図］の表現の助けとならんことを。この［対象物］が私の最も神聖で陶酔を誘うセクシュアリティにつながる助けとなり、私の中にあるエロスパワーを楽々と引き出さんことを。私は今この［対象物］が性的・魔術的にチャージされ、存在する最良のものが私の真の意思とともにあらんことを願う。そうあらしめよ。

宇宙の神のエネルギーが体中を巡るのを感じ、そのエネルギーが対象物に流れ込むのを感じる。対象物が聖なるセックスのポータルとなるのを感じる。

ステップ8：儀式のクロージング、対象物を使う

心地よく座れる椅子に座り、エネルギーをチャージした対象物を手に持つか近くに置いて、内面に向かう。目を閉じ、どう感じるかを観察する。クロージングとグラウンディングをする時が来たと感じたらそうする。

エネルギーをチャージした対象物は正式な儀式、またはデート、セックスパーティー、ダンスパーティー、買い物やコーヒーブレイクなど、どんな場所やシチュエーションであれエロスパワーを発揮したい場所で着用する。これらは神聖なものであり、そのように大切に扱うべきものだということを忘れないこと。宝石類はしかるべき色のベルベットの袋に収納するか、祭壇に置く。衣服は飾っておく。香水は美しい化粧箱に入れる。下着類はベルベットのハンガーにかける。この経験の官能的雰囲気を楽しむ。そうあらしめよ。

美神《ミューズ》としてのセックスシンボル

あなたのエロスの錬金術的妖艶さを引き出す方法の1つに、あなたの性的本質を物理次

元に表現させてくれるインスピレーションを見つけるというやり方がある。あなたの内面を表現するにあたり、波長の合うファッションや美の形とは何だろう？　どれがあなたに合っていて、どれが合っていないかを識別する作業は、あなたのセックスの価値観・興味・信条に見合った個人的スタイルをつくるための重要かつ楽しいスタート地点となる。

私の人生で最も影響力があるスタイル見本となっているのは皆何かしらの性的表現を発信する人々で、モーティシア・アダムス、クランプスのポイズンアイヴィー、ヴィヴィアン・ウェストウッド、キャットウーマン、エルヴィラなどだ。ファッションであなたがインスピレーションを感じる人々のリストを作り、それぞれどこに惹かれるのかを分析すると、あなた自身のエロスの魔術がよりはっきり見えてくる。少なくとも服装を選ぶ際の参考にはなる。

以下はセクシュアリティに取り組み、独自の性的アピールと聖なる変態性を作り出した傾城の美女、女神、美神の例だ。あなたにもインスピレーションを与えられることを願っている。

愛と欲望の女神

愛と欲望の女神は、敬意を抱き、その魔力に取り組むには最適の対象だ。これによりあなたの人生により多くの愛とセックスがもたらされる（あなたが望むような美とセックスそのものになれるので）だけでなく、あなたが自らの美を新たな方法で表現するのを助けてくれる。

美のインスピレーションを得るには、芸術や神話に親しむといい。ヴィーナス、アフロディーテ、美・セックス・愛・欲望の女神は多くの場合裸身で、肩のあたりまで伸びた黄金の髪だけが身を隠している。ヴィーナス、アフロディーテはその聖なるガードルで知られ、見た者すべてが恋に落ちると言われている。その魅力は祖先イナンナまたはイシュタルから受け継いだとされる。前述の儀式を使って自分のガードルを神聖化するといい。

プリンス

ファッションと音楽の偶像、彼が愛した色とシンボルを以て時代を超えて記憶に残るルックスと声を持つ神聖なる変態について何を書けるだろう？　彼が愛した紫色、身体にぴったりしたボディスーツ、ほとばしるエロティシズム。どれをとってもプリンスは伝説であり、神聖なるセクシュアルなセレブリティだ。彼の遺したもの、彼のパワー、彼の欲望、信じられないファッションセンスが、あなたのセクシュアリティの解放と性的表現の旅にインスピレーションを届けられるよう願っている。

デヴィッド・ボウイ

デヴィッド・ボウイによってもたらされた、彼のたくさんの転生の中の衝撃的な魔術は、1つの箱《ジャンル》に収めることができない。ボウイは魔術、儀式、セックスアピール、独創的でオリジナルなイメージやビジュアルを駆使して比類なきエロスの元型を打ち立てた。彼の存在が、あなたのセクシュアリティや創造性を含むすべての要素を、魂の顕現として愛するためのガイドとなるよう願っている。

マドンナ

マドンナは単なるポップスターではなく、抑えることのできない女性的なセクシュアリティの象徴だ。彼女は挑発、パフォーマンス、なりきりといったテクニックを操り、聖なる破壊の女神として君臨する。マドンナはステージ上のキャラクター、芸術、そして音楽を使って純真さと俗っぽさ、神聖さとタブーを並列させていく。マドンナはあなたの肉体に隠されたパワーを思い出したい時に引き出せるエロティックな表現を取り揃えている。

エロスを表現する運動の道

この道を試す方法の1つに、身体を装飾するのではなく、身体を動かすというやり方がある。セックスは身体を使うものであり、ヨガのポーズやダンス、呼吸など、身体の動きに注目するのもエロティックな自我を開発する道となる。あなたがヨガやダンスをする目的が自分の意識開発だったとしても、その運動はあなたのセクシュアリティとより深くつながる助けにもなる。

以下はヨガや呼吸法などにインスピレーションを得た簡単な運動で、エロスを表現する道となる。

1. 猫と牛のポーズ

心地よい場所を選び、もしあればヨガマットを敷き、四つん這いになる。両手は肩幅、膝の幅は腰と同じくらいにして背骨はまっすぐにする。息を吸いながらお尻が天井に引っ張られるよう背骨を逸らせる（牛のポーズ）。背中と腰の伸びを感じる。ただし身体の声を聴きながら無理はしない！　次に息を吐きながら背骨でアーチをつくり、頭と腰を下げる。猫がフーッという時の古典的ハロウィーンポーズだ。呼吸を止めずに自分のペースで、吸いながら牛のポーズ、吐きながら猫のポーズを繰り返す。息を吸いながら性的中心にあるエネルギーを中枢神経を通って頭頂まで送り、息を吐きながらこのエネルギーを頭頂から骨盤底部にまで戻していく。これを少なくとも2分以上続ける。心に浮かんだことをグリモワールに記録する。

2. 会陰ロックと火の呼吸

このエクササイズでは、火の要素とエネルギーロック（ヨガでバンダと呼ばれるもの）を取り入れた呼吸法を行う。これから行うのはムーラバンダと呼ばれ、骨盤底筋の辺りのルートチャクラ（生殖器を司る）からエネルギーが下に漏れるのを防ぐというものだ。この部分をロックすると男性は早漏を抑え、ペニスに精液をとどめることができるようになり、女性はオーガズムを高めることができる。これを簡単に経験するには排尿中に途中で止めてみるといい。会陰ロックはこの筋肉を引き締め、活性化する。女性にとってこれはケーゲル体操に似ているが、違いは骨盤底部からエネルギーを引き上げるところだ。

ムーラバンダの呼吸はテジャスのタットヴァに関係がある。ヒンドゥーの伝統で、タットヴァ（現実、または真実の意）は4大要素の姿をしていて、テジャスは火の要素で、緑の背景に赤の三角形で表される。呼吸はエネルギーを増やし、浄化し、逆三角形の道を辿る。つまり息を吸い、息を止め、その息を吐くという順に行う。

まず三角形の下の角からどちらかの辺を進み（一辺に4秒かける）、息を吸う。天辺の辺を進みながら息を止め、下りながら息を吐く。心地よくできるようになったら3つのプロセスで均等にペースを遅くしていく。逆三角形を心に描きながら、ルートチャクラ（第一）から息を吸いながら右か左の肩へと上昇する。息を止めながらもう片方の肩へと移動、そして吐きながらルートチャクラへと戻っていく。

息を止めている時に会陰ロック、つまりムーラバンダを行う。4秒かけて息を吸い、次の4秒で息を止めながら生殖器の筋肉を引き上げ、排尿を途中で止めているように筋肉を引き締める。次に4秒かけて息を吐き切る。これを2分続けてから通常の呼吸へと戻していく。どう感じただろうか？　さらに次のレベルへと進みたいと感じたら、自慰やセックスをしながらこれをしてみるといい。私は瞑想をしながらこの呼吸とバンダをするのが大好きだ。これをすると私の中のエロティックなエネルギーが活性化し、エネルギーを楽に回せるようになるうえ、変性意識にも入れるからだ。

3．ダンス、シェイク、叫び

動く。とにかく動く。動かす。あなたのエロスの本質に突き動かされているかのように動いてみる。エロスの中心に呼吸を送るようにしながらダンス、シェイク、ボクシングのジャブ、叫ぶ、エネルギーを解放するようにうめき声をあげる。左脳で考えず、自分がどう見られるかを無視し、正しくできているかなどと考えることなく、ただ無心に動かす（身体のごく一部しか動かせない、立てない、流れるように動かせないとしても、意識の上では自在に動かせるだろう）。身体のあちこちから動き始め、音を出し、笑う。ダンスや動き、シェイクして我を忘れる。そして何度でも我に返る。儀式が完了したと感じたら、自分自身に感謝して、よぎった感情や気づきをグリモワールに記録する。これをすると自分の弱いところがもろに出るので、パートナーと一緒にやると面白いことになる。

星のカード　官能的に生きるためのガイド

星の絵柄は古典的に裸なので、装飾によるセックスアピールや自己表現をテーマとしたこの章にふさわしくないと感じるかもしれない。しかし背景の空には星が瞬き、彼女自身も神々しい静謐さと輝きを放っている。豪華な式服に身を包んではいないが、彼女は美を体現し、自らの真実に忠実に生きる者を導く神なる存在には違いない。星は物質次元にあるものを超越した存在を象徴している。

星は肉体をまとって堂々と生きることからくるパワーを示している。彼女のエロティックな表現は衣服から始まるかもしれないが、最も無防備な裸体であっても完全にグラウンディングし、自信に満ちている。星が教えるのは、あるがままの自分自身でいることを心地よく感じることは、あなた

の生得権であり運命だということだ。あなたが美味で満足だと感じるものが何であれ（全身を飾り立てようと、全裸だろうと）、それを表現する権利があなたにはある。この鍵はこの宇宙の中で、まぶしい光の火花として存在する魔術を解禁する。

占星術の水瓶座、水を持つ人に対応するタロットカード、星はあなたが自らのエロティックな真実でグラウンディングするという理想を表し、自分を余すところなく表現すると同時に周りの人々にも同じ道を開く。水瓶座は人道的な先駆者で、星は水瓶座という固定宮のエネルギーにより自信を持って我が道を進むための内なる神聖なガイドとなる。エロスを身にまとう道で、内なるパワーに調和した時、水瓶座エネルギーを湛える星は自らと世界に与える自由について語る。

振り返りの質問集

意識を主体的に使わずして真の一体化や同化は経験できない。したがって一体化について記述することはパワフルなプロセスとなる。質問の答えをまとめる過程は思考を刺激し、分析し、身体とそのエロティックな潜在能力を探求するのに役立つ。そしていざ実際に装身具を身にまとい、性的魅力の表現の儀式を実践する時、あなたの心はすでに多様な思考活動を終えているので、迷うことなく目の前で起きていることに集中できることだろう。

以下の質問の答えをあなたのグリモワールに書き記してみよう。コラージュ、ブレインマッピング、自由記述など、ルールは何もないので自由に楽しみながらやってほしい。

✧私の身体のどこでエロスの神を最も感じるだろう？　身体の他の部分はエロスをどう感じているだろう？

✧エロスを身にまとうとはどういうことだろう？　私の聖なるセックス、性魔術とどんなかかわりがあるだろう？

✧頭だけでなく身体全体でエロスと一体になるために信頼できる活動、訓練はあるだろうか？

✧装飾品を身につける、衣服を着る、身を飾ることで自分のアイデンティティは（どのように）向上するだろうか？

✧エロスを身にまとうことや性的自己表現の観点から、私が目指したいロールモデル、美神《ミューズ》は誰だろう？

✧私の新しいエロティックな自我を開発するにあたり、どんな分身像を掘り起こせるだろう？

✧私の潜在能力とセクシュアリティが全開になったら、私の人生はどんなふうに感じられるだろう？　今ある場所からそれを意識して始めるには何をすればいいだろう？

✧私の美しさ、性的魅力、セクシュアリティをもっと増やすにはどんなアイテムが役立つだろう？　それを使って美と自分信奉の儀式をどんなふうにやるといいだろう？

✧タロットの星のカードは私にとってどんな意味があるだろう？　エロスの体現という意味で何を伝えてくるだろう？

✧ダンス、呼吸、身体の動きその他の活動は、今ある自分の身体に対するやさしさや慈悲心をどのように活性化するだろう？

✧自分の身体や性的魅力を最も実感できる服装とはどんなものだろう？

エロスを身にまとうためのタロット

このタロットはあなたがエロスを身にまとえるように、日常のすべての面で役立てるものだ。それはあなたの意識、精神、魂のそれぞれのレベルでどう生きればいいかを示唆してくれるだろう。身体の声を意識が否定したりすることがないように、このタロットはあなたのすべての面を肯定し、人としてできるすべての経験を肯定し、聖なるセクシュアリティの神聖な世界へと入るよう導く。

このタロットのワークをより明確にするために、タロットを始める前に何らかのエネルギーを取り込む、体現の儀式をすることを強くお勧めしたい。準備が出来たらゆっくりと呼吸をしながらカードに答えてほしい事柄について考えを整理していく。セクシュアリティを身にまとうことについて、性的表現についてでもいいし、「現在の私はどのようなエロスを身にまとうことができるだろう？」などストレートな質問でもいい。聞きたいことを心に唱えながらカードをシャッフルする。普段の習慣に従ってカードをカットする人はカットし、5枚引き、解釈し、記録する。カードのエネルギーをもっと掘り下げ、美やセクシーさについてインスピレーションを得たいと感じたらしばらく瞑想する。降りてきたインスピレーションを、創造的エロス表現の鍵として生かす。

カード1：エロスを身にまとうために何が求められているだろう？

カード2：私の真の性的自己表現を達成するためにどんな意識改革が必要だろう？

カード3：私の創造力や美神がこのワークにどう役立つだろう？
カード4：この道を究めるにあたり、どんな創造的チャレンジができるだろう？
カード5：この道で私はどんな叡智を学ぶことになるだろう？

エロスの神の体現と表現そのものになるアファメーション

はい、その通り。私はついさっき、頭だけでこの道は進めないと言ったばかりだ。なのにこの道をサポートする手段の1つとしてアファメーションをするのは矛盾ではないかと思うかもしれない。しかし真実を言えば、可能な限り体感するためには、意識がそれに逆らわないことが前提となる。つまり自分の強さ、力、性的魅力、美しさを肯定できることが重要だ。それはあなたが美しく着飾ってセックスをする前に、ダンスをし、身体を動かし、官能的に身体を表現する前に、自分自身を景気づけるようなものだ。アファメーションは、あなたにとって馴染みのない自分自身を開拓する際に、その新しい自分を現実に落とし込む碇の役割を果たす。実際に身体を使ったワークや聖なるセックスの装身具の代用にはならないが、アファメーションはあなたが第3の目で見たクリエイティブなイメージに確信を添える。

以下のアファメーションはあなたが自分=身体となってその喜びを（魔術的、神秘的、苦痛に満ちた、快楽溢れる、美しい、発展的エネルギーを含み）まるごと味わい尽くす権利があることを思い出させるためにある。


✧私は自分の最も正直なエロティックな表現を身につける。

✧私は自信と目的意識、インスピレーションをもってエロスを身にまとう道を進む。

✧私の身体は神の乗り物だ。

✧私の身体はエロスへと進む道だ。

✧私はエロスの神の体現と表現そのものだ。

✧呼吸するたびに私は私になっていき、今を生きるというエクスタシーを感じる。

✧私は自分の身体をリスペクトし、愛し、信頼する。

✧私のセクシュアリティは私自身の意識、身体、目的、ハートのさらなる理解へと導く。

✧私は私のすべてをリスペクトしたうえで自己表現する。

✧私の性的・創造的・自己表現は魔術的で神聖だ。

✧私は星のカードの知恵に従って進み、官能的なエロスへの入り口である自分の身体をリスペクトする。

✧私は肉体を通じて聖なるセックスと内なるパワーを経験する。

✧私の身体はエロスの神へと続く通路だ。私はその道に愛と慈悲と感謝と信頼を寄せる。

イナンナ降臨のインスピレーションによる肉体の性的魅力開発の儀式

神との一体化は肉体から始まる。生き方の1つの次元としての一体化の聖なる門、それが肉体だ。この儀式はシュメールの女神イナンナが冥界に降臨したことにインスピレーションを得て生まれたものだ。これは記録されている神話の中で最も古く、イナンナが妹エレシュキガルの夫、グガラナの葬儀に参列するために冥界に行ったという話だ。しかし、イナンナの双子の妹エレシュキガルには別の考えがあった。天と地の女王であるイナンナが妹の領地に入る時、冥界の掟に従って7つの門を通過するたびに衣服を剝ぎ取られ、到着した時は全裸で有限の命となっていた。エレシュキガルはイナンナを刺し、三日三晩肉屋の冷凍倉庫の肉の塊よろしく鉤に吊るした。イナンナの従者ニンシュブルと知恵の神エンキのお陰でイナンナは脱出に成功。しかしエレシュキガルはイナンナの帰還の代償となる犠牲を要求したため、イナンナは自分の代わりに夫ドゥムジを差し出した（ドゥムジはイナンナの留守中イナンナの玉座に座り、妻の不在をまったく気にかけなかったため）。結局ドゥムジは冥界に半年間とどまり、彼の脱出の身代わりに姉がさらに半年とどまることになった。

イナンナが冥界から戻ると、魂の暗闇を経験することでしか得られないイニシエーションのお陰で完全無欠の存在へと生まれ変わった。イナンナは女神の旅を完結した。衣服や身を飾るものをすべて剝ぎ取られ、エゴに付随するものをすべて手放し、宇宙に対して完全なる服従を示したことでのみ、地上に戻ることが可能になった。イナンナは天と地の女王として冥界に行き、帰還した時は天と地と冥界の女王となった。この神話はシャドー（ユングの元型）のワークとして闇を力に変えるという意味と、無意識領域に踏み込んでいき、自分の中にある未開の部分に光を当てるという2つの面で秀逸なメタファーだ。

この儀式の枠組みは、身につけているものを剝ぎ取られ、自らの死の必然性を意識する。あなたは自分を構成する7つの要素を7つの衣服や装飾品になぞらえ、それらを身につけ、儀式で1つずつ順番に剝ぎ取り、人間であることと自らの有限の命を祝福する。タワーのカードの崩壊の後に星のカードが瞬くように、あなたはエロスの表現の世界へと踏み込んで行く。

身につける7つの衣服や装身具はそれぞれ、意志、エゴ、意識（思考パターン）、性的自我、悟りの欲求、魔術、神性を象徴するものを選ぶ。または7つのチャクラ・天体を象徴するもの、またはあなたがエロティックな自分へと脱皮するのを阻んでいる自分の人格の部分を7つ選んでもいい。アイテムとしてはイヤリング、ネックレス、衣服、靴、下着、帽子、手袋、コートなど。これにはあなたの美的センスやファッションの嗜好など個人的創造力や魔術を動員して行う。これらすべてを剝ぎ取られた時、あなたは全裸となる。これに抵抗がある場合、あなたの許容できる限界のところまで（ブラジャー、トランクスなど）でやめてもいい。

神話によると、イナンナはそれぞれの門で以下のものを剝ぎ取られた。

第1の門：王冠
第2の門：ラピスのネックレス
第3の門：胸飾りのビーズ
第4の門：胸当て
第5の門：金の指輪

第6の門：ラピスの物差しと巻き尺
第7の門：王族のガウン

用意するもの：聖なるセックスグリモワール、タロットの星のカード、潤滑剤、性玩具、聖なるセックスキャンドル。

性的魅力は限りなく個人的なもので、
この儀式は内面の錬金術だ。
したがってこの儀式は単独で行う。

ステップ1：場所のセッティングをして、自分を整える

これはとても集中力を要する儀式なので、前か後には入浴の儀式をすることをお勧めしたい。いずれにしても必要なものを集め、7つのアイテムを用意し、それぞれ何を象徴するかを確認する。これは性的魅力を体現する儀式なので、神・女神になったつもりで思い切り着飾ってみよう。儀式のように準備を進め、必要なだけ時間をかけて場所のセッティングをしよう。

ステップ2：明確な意図を決める

場所のセッティングをしたら、次は意図を具体的に決める。そしてあなたが選んだ7つのアイテムとそれらが象徴するものを記録する。これはエゴの死、変容、降伏の儀式だ。それが終わるとあなたは神との一体化のポータルへとジャンプする。あなたに属するものたち──執着、期待、自意識などすべてが剝ぎ取られた後、あなたは神のアバターとなり、自らの肉体の中に収まって生きることを宣言する。これはエロスを身にまとう儀式。イエス！　しかし同時に死と再生の儀式でもある。あなたは自分のどんなところを手放せるだろうか？　自分の身体に関する古い思考パターンや思い込み、美についての執着心、ある条件がそろわないと美と呼べないという決めつけかもしれない。思いつくことを紙に自由に記述してみたり、身につける7つのアイテムについてタロットカード、オラクルカードを引いて考えを深めてみよう。

次にエロスを身にまとう宣言を言葉にして書きとめる。この行為によりあなたは新しい探究のステージへと進むことになる。これはあなたが宇宙と協力的パートナーシップを結んだという宣言だ。これは新しい、より洗練された、進化したセクシュアルな自我の宣言だ。

ステップ3：グラウンディングをして儀式スタート

7つのアイテムをすべて身につける。あなたの習慣に従って浄化やお祓い、オープニングのルーティーンを行う。心地よい場所でグラウンディング、センタリング、シールディングをする。意識を身体の中に向けるために軽くダンス、腰を大きく回す運動、ストレッチなどをする。歌を歌う、祈るのもいい。身体の動きと気持ちに導かれるといい。この時点で女神、神、ガイド、アセンデッドマスター、その他お気に入りの存在を儀式に召喚する。イナンナや他の性と美の女神ヴィーナス、アフロディーテを召喚してもいい。そしてこれから始まるあなたの聖なる誕生に立ち会い、慈悲を以て導いてくれるよう依頼する。

ステップ4：ヴェールの向こう側へ

以下の台本をたたき台にして、あなたの心、これまでの習慣に従って進める。

私は星のカード、宇宙、私のハイアーセクシュアルセルフの前に立ち、天と地の［女王、王、支配者］と完全に一体となる。私は自らの美と力を携え、これより冥界へと進まなくてはならない。これより私はこのエロスを身にまとう儀式、死と再生の儀式を始める。この世界とその外の世界で、私は自らの肉体のパワーに碇を降ろす。

最初のアイテムを脱ぐ。脱ぎながら、あなたの一部が犠牲になっていると感じる。これはあなたの人間としての本質の一部を剝ぎ取るための、意図的な除去の行為だ。以下の言葉を言う。または必要に応じてアレンジする。

私は冥界の第1の門をくぐり、［今脱ぎ捨てたもの］の聖なる美を脱ぎ捨てる。これを手放すことにより、［意思、このアイテムが象徴するもの、手放そうとしているもの］も同時に手放す。

2つ目のアイテムを脱ぎながら、以下の言葉を言う。

私は冥界の第2の門をくぐり、［今脱ぎ捨てたもの］の聖なる美を脱ぎ捨てる。

これを手放すことにより、［エゴ、このアイテムが象徴するもの、手放そうとしているもの］も同時に手放す。

3つ目のアイテムを脱ぎながら、以下の言葉を言う。

私は冥界の第3の門をくぐり、［今脱ぎ捨てたもの］の聖なる美を脱ぎ捨てる。これを手放すことにより、［思考パターン、このアイテムが象徴するもの、手放そうとしているもの］も同時に手放す。

4つ目のアイテムを脱ぎながら、以下の言葉を言う。

私は冥界の第4の門をくぐり、［今脱ぎ捨てたもの］の聖なる美を脱ぎ捨てる。これを手放すことにより、［聖なるセクシュアリティの概念、このアイテムが象徴するもの、手放そうとしているもの］も同時に手放す。

5つ目のアイテムを脱ぎながら、以下の言葉を言う。

私は冥界の第5の門をくぐり、「今脱ぎ捨てたもの」の聖なる美を脱ぎ捨てる。これを手放すことにより、「覚醒への渇望、このアイテムが象徴するもの、手放そうとしているもの」も同時に手放す。

6つ目のアイテムを脱ぎながら、以下の言葉を言う。

私は冥界の第6の門をくぐり、「今脱ぎ捨てたもの」の聖なる美を脱ぎ捨てる。これを手放すことにより、「魔術の成果を求める欲求、このアイテムが象徴するもの、手放そうとしているもの」も同時に手放す。

7つ目のアイテムを脱ぎながら、以下の言葉を言う。

私は冥界の第7の門をくぐり、「今脱ぎ捨てたもの」の聖なる美を脱ぎ捨てる。これを手放すことにより、「神聖さ、このアイテムが象徴するもの、手放そうとしているもの」も同時に手放す。

全裸で立ち、心に浮かぶものが何であれ、それを認め、受け入れる。呼吸しながら身体の中に意識を収め、両手で裸の身体を撫でまわす。感覚は以前と何か違っているだろうか？　今経験していることをじっくり味わい、それが何か、どんなものかを観察する。

準備ができたら、以下の言葉を言う。

私は一糸まとわぬ全裸の姿となって、冥界、暗闇、無の底に立っている。私は宇宙の前に立ち、裸の無防備な身体をさらけ出し、神でなくなり、有限の命を持つ身となった。私はここに立ち、自らを犠牲にし、再び生き返る。私自身を知るために。そして私のエロスの本質と完全に一体になるために。

ステップ5：エロスと一体化した宣言

これであなたはあなたであること、人間であることを発見した。次はあなたのエロスのパワーに向けたアプローチを始める。この飛躍をするためにあなたがひとつ前の儀式のために作った宣言を使う。心の声、心のイメージ、内なる啓示に従って、以下の言葉を言う。

私は冥界の玉座の前で、地下の世界に浄化され、すべてをはぎとられて裸となって神々の前に立つ。私が身にまとっているのは衣服や装身具ではなく肉であり、精神であり、パワーだ。私はここに力として、エロスの神の表現として立ち、この潮流そのものとなる。この日、すべての場所、すべての方法で、私は［エロスを身にまとう宣言を行う。」　暗闇から私は再び誕生する。私は完全にこの身体に戻り、かつてないほどしっかりと大地に足を踏みしめ、わが身に宿る力を感じている。私として、私以上の存在として、セクシュアルな肉体の顕現として、私は上昇する。存在し得る最良のものが私の真の意思とともにあらんことを願う。そうあらしめよ。儀式は完了した。

そこに立つ。星のタロットカードの瞑想をして、絵柄の女性のように衣服をすべてはぎとられてはいるが、完全に肉体の中に収まっている自分自身をイメージする。この儀式の一部としてキャンドルを削り、塗布をする場合はこのタイミングで行う。自分の中で意識の移行が完了したと感じたり、宣言が魂に刻まれたと感じたら、次に進む。

ステップ6：性魔術

ここでは、宣言のエネルギーを性魔術によりチャージする。それにとどまらず、あなたは自らのセクシュアリティ、身体、この生まれたばかりの新しい人生に属する快楽とつながる。それは美しく、官能的で、深遠で特別な感覚だ。エネルギーレベルを上げてオーガズムに達することにはあまりこだわらないで、ただ楽しめばいい。その経験の中に溶けて行けばいい。1人ラブの場合は、誰からもプレッシャーを感じることなく無防備な自分自身のままでいる。オーガズムに達したら、または極力高揚感が高まってきたところで、そのエネルギーを頭頂から宇宙に向かってあなたの意図を放出する。同時にそのエネルギーを全身に巡らせ、身体に養分を与える。呼吸をし、エロスと一体化する宣言の通りに生きている自分自身をイメージし、それらすべてが真実だと感じながら、余韻に浸る。

ステップ7：グラウンディングとクロージング

この儀式を始めたところまで戻ってくる。グラウンディング、シールディング、クロージングをする前に、儀式を終了する宣言として以下のような言葉を言う。

すべての場所、すべての方法に通じる、死・再生・エロスの一体化の儀式が完了した。私は冥界より帰還し、変容し、完全無欠な私自身が生まれた。私はこの肉体、ハイアーセクシュアルセルフのなかに完全に収まり、ここから純粋に自分自身として歩み始める。そうあらしめよ。

儀式に女神、神、ガイド、その他の存在を召還した場合は、ここで感謝して儀式の終了を伝える。普段の自分へと戻り、呼吸を整える。すでに解説した儀式の終了の手順に従って終了する。呼吸をしながらヨガのチャイルドポーズのように額を床につけ、余剰エネルギーを地球に戻していく。お祓いの儀式、手を叩く、足を踏み鳴らす、笑う、詠唱する、最後に1つ雄たけびをするなど。儀式の一部始終、どこが変化したかをグリモワールに記録する。水を飲む、食事をするなどして、新たに誕生した自分を祝福する。キャンドルに彫刻を施した場合、キャンドルをシンクなどに置き、全部燃え尽きるまで火を消さない。あるいは扇いで火を消す。意図と再びつながりたい時にキャンドルに火を灯す。外にあふれた蠟は十字路のごみ箱に捨てる。そうあらしめよ。

エロスの神の魔術の現人神《あらひとがみ》・魔術師となれ

愛する読者よ、あなたは本書のエピローグにたどり着いた。そしてこれはあなたがこれから行く長い旅の出発点だ。今やあなたは自信に満ち、能力を拡大し、スピリチュアルな活動の中心をなすセクシュアリティとつながるためのインスピレーションに包まれていることだろう。私の望みは本書で紹介した儀式や性魔術を下敷きにして、あなた独自のものとして共振し、しっくりくるように適宜アレンジし、あなた本来の聖なるセックスが光り輝く破壊力を発揮するようになることだ。私の望みはあなたがこれまでになかった新しい自分の姿にすっかり馴染み、官能的快楽に満たされた人生を歩み、あなたが信じるものが何であれ、それの信奉者でいられることだ。

しかしまたいつ羞恥心がその醜い顔を覗かせるかもしれないし、この道は平坦とは限らない。それでも本書を読む前に比べたら、あなたは困難に立ち向かい、克服するためのツールをたくさん手にしているはずだ。私は魔術の道の一環で自らのセクシュアリティとつながることがどれほど人の人生を変え得るかを、よく知っている。あなたが自らのセクシュアリティを自分のものとして尊重することがどれほどあなたの人生を変えるかを、知っている。本書を通じてあなたがそれを味わい、肉体の快楽を、恥じる代わりに神聖で神々しいものとして経験できたことを願っている。

あなたのこの先の旅が優雅で、宇宙とつながり、愛、美、エクスタシーに満ちたものであらんことを。本書があなたのハート、愛、世界へと通じる新たな道を見つける助けとならんことを。その道は肉体を味わい尽くし、（もし望むなら）エキセントリックでワイルドなものであらんことを！　そして何より、エロスの神の道を辿る、あなたの聖なるセックスの旅が、すべての場所、すべての方法で、あなたの魂、意識、ハート、そして身体の求めるものであらんことを。そうあらしめよ。

謝辞

本書を執筆する機会をくれた女神に感謝を捧げたい。ババロン、ヴィーナス、オーセット。あなた方の祝福、祈り、貢献、そしてエロスの神への信仰を私に授けてくれたことに深い感謝を届けたい。本書の執筆依頼をしてくれた素晴らしい編集者ニーナ・シールド、これは私にとって言葉にできないほど大きな機会だった。素晴らしい代理人ジル・マー、私の仕事を信じ、いつでも支えてくれた。私のチーム、サンドラ・ディークストラ、ターチャー・ペリジー、ありがとう、ありがとう、ありがとう。私の素晴らしい家族、双子のアレクサンドラ、そして両親シルヴィアとロンは、無条件の愛でいつでも私に寄り添っていてくれた。協力と祝福を惜しまない私のティタ、私のガイドの祖母ローズ、祖父ハリーとホセ、家族とともにいる天使たち、私に人生をもたらしてくれた善良な祖先たち。限りない協力とユーモアとビーグルをくれたツインソウルのマリッサ、最良の魔術のパートナーでソウルメイトのアメリア。私が想像しうる限りの不純の女神の姉妹、女神ダディ。私がこの旅を進む間中そばにいてくれて、私をより大きく、より悪くなるよう励まし、私が羞恥心で縮こまらないよう促してきた友人たち。私に知識を与え、導き、勇気を与えてくれた物質界、エーテル界のたくさんの指導者たち。カバラへの道を開いてくれたナハ、私のエロスの神探究の後ろ盾となってくれたアレクサンドラ・ロクソ、私の合わせ鏡となり、本書を書かせてくれたすべての過去・現在のパートナー・恋人たち。尽きることのないインスピレーション、コミュニティ、愛をくれたドミニオンの家族たち。本書に盛り込むための情報をくれ、叡智に触れる喜びをくれた、インタビュー対象者たち。私をここまで導いてくれた過去・現在・未来の魔女たち、私はこの潮流の一部となっていることに深く感謝している。オカルトのミューズたち、過去の性魔術師たち、ロスアンゼルス、妖精、愛、セックス、エロスの神に。私のミューズ、ガイドとして無限のインスピレーションをくれるタロットに。光をくれる月と太陽に。グラウンディングさせてくれて知恵を授けてくれる地球に。限りなく広がる大空に。私の故郷、出自であり、やがて還る場所である星に。そして最後に、私に命をくれた宇宙に。

著者について

ガブリエラ・ハースティクは"Inner Witch: A Modern Guide to the Ancient Craft（内なる魔女：古代儀式のモダンガイド）"、"Bewitching the Elements: A Guide to Empowering Yourself Through Earth, Air, Fire, Water and Spirit（エレメントの魔術：地、火、空、水、霊でパワーアップする方法）"、そして"Embody Your Magick: A Guided Journal for the Modern witch（魔術実践：現代の魔女入門）"の著者。また『ヴォーグインターナショナル』、『グラマー』、『i-D』、『コスモポリタン』、『デイズドビューティ』などの雑誌に魔術や魔法に関する記事を書き、"NYLON"、"High Times"、"Chakrubs"などでコラムを担当し、セックスアピールやセクシュアリティ、女性の神聖さについて書いている。彼女は"The Guardian"、"LA Weekly"、"Tattler Asia"、"The Atlantic"、"USA Weekly"、"VOGUE Spain"など、世界中の媒体の取材を受け、オカルト分野での貢献について語っている。ガブリエラは13歳から魔術を始め、愛と欲望の女神を信仰している。ガブリエラはエキセントリックな儀式と会話集団を主催し、魔女のための月の周期・休日などの儀式マニュアルを書いている。肉体の持つパワーと魔術にインスパイアされたエロティックアートを制作している。彼女は「魔術はすべての人のためのもの」と信じている。彼女の近況についてはgabrielaherstik.comにアクセス、またはインスタグラム、Xの@gabyherstikへどうぞ。

この項ではあなたの聖なるセックスの旅に役立つ参考資料を紹介する。まず取り上げているのは、性労働者、セクシュアリティ専門家、キセントリックセックスを扱うセラピストなど、本書の執筆にあたり私がインタビューした素晴らしい人々に関する情報だ。次に紹介するのは私のお気に入りの性玩具ショップ、性労働者支援情報、エロティックなタロットカードの数々、エキセントリックセックスの入門のための情報だ。これらの情報により、あなたの聖なるセックスの旅が決して孤独なものではないと知り、エロスの神とのダンスが続けられることを願っている。

本書の執筆でインタビューした人々

ヘイヴンとセバスチャン

ヘイヴンは愛そのものを愛する、夢多きライターであり冒険家だ。彼女は福祉業界で働いている。人とのかかわりに生き、それを生業にする傍らで、困難に直面し、社会から疎外された人々のために闘っている。彼女はパートナー、母、娘、姉妹、そして友達だ。セバスチャンは夫、父、会社役員、アスリート、そして哲学と物理次元が融合する場所の住人としてのアイデンティティの間でバランスを取っている。自宅にいない時、彼は海にいるか山でトレッキングをしている。

シドニー・ジョーンズ

シドニー・ジョーンズは南カリフォルニア在住の臨床催眠療法家で、ＳＭプレイの女帝、著述家、そして霊能者だ。シドニーは数十年の経験をもとにクライアントの心の暗部《シャドウ》のヒーリング、催眠療法、徹底的な自己愛を通じてクライアントのセクシュアリティと潜在能力を引き出している。彼女は性魔術をヒーリングに取り入れると、クライアントが自らを閉じ込める壁を突破し、本来の潜在能力を発揮するのに大いに役立つと信じている。シドニーはサンディエゴ州立大学で女性学と宗教学の学士（ＢＡ）、ナショナル大学でクリエイティブライティングの修士（ＭＡ）を取得している。

シドニーの詳細　www.goddesssydney.com
シドニーの連絡先　インスタグラム／TicTok: @goddessunveiledtarot

リナ・デューン

リナ・デューンは、1日24時間、週7日でバイセクシュアルの服従役、正気でヒーリング効果のあるBDSMの推進者だ。リナはインスタグラムで @askasub のアカウントでエキセントリックセックス関連情報を発信し、主従カップルをはじめ、彼女を信奉するすべての人々にフェアリーサブマザーとしてアドバイスを送っている。リナはまた、Ask a Sub というポッドキャストの創設者・ホストで、主従カップルの相談に彼女らしい温かさと叡智たっぷりのアドバイスを送っている。

リナの詳細　www.askasub.com

リナの連絡先　インスタグラム／X：@askasub

アップルまたはスポティファイのポッドキャストにも出演している。

アメリア・クイント

アメリア・クイントは占星術師、魔女として10年のキャリアを持つ。アメリアの聖なるアートや文章は、allure, Teen Vogue, Glamour, NYLON その他の番体で紹介されている。彼女はまた Bumble app. の常任占星術師でもある。アメリアは Bad Astrologers というポッドキャストのホストで、鑑定も行っている。彼女はLGBTQIA＋や、複数の恋愛対象を持つことに肯定的で、エキセントリックセックスにも好意的な姿勢を持っている。彼女の信条は星とともに人生設計をすることで、占星術をもっと楽しく、ポジティブで魔術的なものにするのを使命としている。

アメリアの詳細　www.ameliaquint.com
アメリアの連絡先　インスタグラム／X：@ameliaquint

ステファニ・ゴーリック

ステファニ・ゴーリックは、セックスセラピストの有資格者で、"The Leather Couch: Clinical Practice with Kinky Clients"の著者だ。彼女は「Bound Together Counseling」のオーナー・運営者で、異端宗教、ジェンダー、多様な取り合わせのカップルの問題を専門としている。

ステファニーの詳細　www.boundtogethercounseling.com
ステファニーの著書　"The Leather Couch: Clinical Practice with Kinky Clients"

ライアン・ハリソン

ライアン・ハリソンはクリエイターとしては日中のみ、神秘家として四六時中過ごしている。魔術全般に対する彼の愛は、神との合一、そして調和へと進展していった。彼のタロット研究、ゲイ体験などの集大成がアビスタロットとなった。ライアンはニューヨークシティの西岸に暮らしている。彼のアビスを辿り、自分を再発見してほしい。

アビスタロットの詳細　https://graveneffigy.com

ライアンの連絡先　インスタグラム：@baebae_yoga または @theabysstarot

ドミナ・ディア・ダイナスティ

ドミナ・ディア・ダイナスティは、クライアントの人生が変わるほどの経験をサポートするため、BDSMの行為にスピリチュアル・儀式的手法を取り入れた、プロフェッショナルなSM女帝、女性シャーマンだ。ニューヨークシティ、そして世界中で12年にわたるプロの女帝としての実績に加え、生涯にわたりコミットしてきたヨガ・魔術・メタフィジックス探究は、魔術、エネルギーワーク、ホリスティックヘルスの実践、そして個人仕様の儀式などが混ざり合った彼女独特のヒーリングテクニックとなった。彼女はニューヨーク郊外のエキセントリックセックスストリート施設「ファムドムファーム」の女主人としてもよく知られている。

ドミナ・ディアの詳細　www.dominadynasty.com

ドミナ・ディアの連絡先　インスタグラム：@dia_dynasty

X：@DominaDynasty

イサベラ・フラピア

イサベラ・フラピアはボディリテラシー、セックス至上主義に基づいたセクシュアリティ活動家、快楽愛好家だ。イサベラは個人のビデオセッションやグループのワークショップ（エロスコミュニティなど）で、フェミニストBDSM、性魔術、占星術などを取り入れて各人のセクシュアリティを高めている。彼女はまたSex Magicというポッドキャストのホストとして人気を博している。

イサベラの詳細　www.isabellafrappier.com

イサベラの連絡先　インスタグラム：@bellatookaphoto

X：@RiseOfAphrodite

パム・シャファー

パム・シャファーは、結婚・家族問題の心理療法家で、Best Self Psych と Galaxy Brains 創設者でもある。カリフォルニア在住の個人やカップル、そしてオンラインで世界中のクライアントの治療を行っている。彼女は人の人生の禍福を温かく受け止め、実用的で魔術的な手法で解決へと導いている。彼女の専門はＥＮＭ、エキセントリックセックスで、ＬＧＢＴＱＩＡ＋に肯定的なスタンスを取っている。人間関係やパートナーシップ、職業、創造力に問題を抱えるクライアントを扱うことが多く、とりわけ絶望、不安、複雑性ＰＴＳＤ、ＡＤＨＤなどの疾患を専門としている。ミュージシャン、ポッドキャストのホスト、医療従事者、少女時代に妖精夢想躁病を克服した人物として、パムは活動のすべてを統合した多面的でクリエイティブな道を進んでいる。

パムの詳細　www.bestselfpsych.com

店舗

Babeland Toy Store　www.babeland.com　@babeland_toys
The Pleasure Chest　www.thepleasurechest.com
The Smitten Kitten　www.smittenkittenonline.com
The Stockroom　www.stockroom.com

エロティックタロット・オラクルカード

Eros Garden of Love Tarot
Slutist Tarot
Manara Tarot
Manara Erotic Oracle
Tarot of Sexual Magic
Decameron Tarot
Kamasutra Tarot
Erotic Fantasy Tarot
Valentina Tarot

Tantric Dukini Oracle

BDSM入門書

SM 101 by Jay Wiseman

Screw the Roses, Send Me the Thorns by Phillip Miller and Molly Devon

The Ultimate Guide to Kink by Tristan Toaramino

The New Bottoming Book by Dossic Easton and Janet W. Hardy

The New Topping Book by Dossic Easton and Janet W. Hardy

性労働者救済と相互扶助グループ

SWOP (Sex Worker Outreach Project) USA　www.swopusa.org

SWARM (Sex Worker Advocacy and Resistance Movement) Collective
www.swarmcollective.org

St James Infirmary　www.stjamesinfirmary.org

Red Canary Song　www.redcanarysong.net

Black Sex Worker Collective　www.blacksexworkercollective.org

Sex Workers Project　www.sexworkersproject.org

Desiree Alliance　www.desireealliance.org

エキセントリックセックス（変態）関連情報サイト

Shibari Study　www.shibaristudy.com

Kink Coven　www.kinkcoven.love

Midori　www.fhp-inc.com/resources/

The Twisted Monk　https://www.twistedmonk.com
https://www.youtube.com/user/twistedmonkstudios

Vox Body　www.voxbody.com

性教育関連情報

Haylin Belay, sex educator and pleasure witch　https://www.haylin.co
https://www.haylin.co/sexedforall

著者　ガブリエラ・ハースティク Gabriela Herstik
プロフィールは450～451ページを参照。

翻訳者　西山レオン
翻訳家。占星術師。カバリスト。ヒプノセラピストとして潜在意識の領域を科学的に掘り下げる傍ら、神秘学や有史以前の地球の歴史の探究を続けている。軽井沢の大自然の中で愛犬数頭と暮らしている。

The magick and Path of the SACRED SEX by Gabriela Herstik
Copyright © 2022 by Gabriela Herstik
All rights reserved including the right of reproduction in whole or in part in any form.
This edition published by arrangement with TarcherPerigee,
an imprint of Penguin Publishing Group,
a division of Penguin Random House LLC
through Tuttle-Mori Agency, Inc., Tokyo

性魔術のバイブル
聖なるセックス
あなたのエロスを覚醒させる方法

第一刷 2023年12月31日

著者 ガブリエラ・ハースティク
訳者 西山レオン

発行人 石井健資
発行所 株式会社ヒカルランド
〒162-0821 東京都新宿区津久戸町3-11 TH1ビル6F
電話 03-6265-0852 ファックス 03-6265-0853
http://www.hikaruland.co.jp info@hikaruland.co.jp
振替 00180-8-496587

本文・カバー・製本 中央精版印刷株式会社
DTP 株式会社キャップス
編集担当 川窪彩乃

落丁・乱丁はお取替えいたします。無断転載・複製を禁じます。
©2023 Nishiyama Leon Printed in Japan
ISBN978-4-86742-321-9

みらくる出帆社
ヒカルランドの

ITTERU BOOKS
イッテル本屋

ヒカルランドの本がズラリと勢揃い！

　みらくる出帆社ヒカルランドの本屋、その名も【イッテル本屋】。手に取ってみてみたかった、あの本、この本。ヒカルランド以外の本はありませんが、ヒカルランドの本ならほぼ揃っています。本を読んで、ゆっくりお過ごしいただけるように、椅子のご用意もございます。ぜひ、ヒカルランドの本をじっくりとお楽しみください。

ネットやハピハピ Hi-Ringo で気になったあの商品…お手に取って、そのエネルギーや感覚を味わってみてください。気になった本は、野草茶を飲みながらゆっくり読んでみてくださいね。

〒162-0821 東京都新宿区津久戸町3-11 飯田橋 TH1ビル7F　イッテル本屋

みらくる出帆社ヒカルランドが
心を込めて贈るコーヒーのお店

ITTERU COFFEE
イッテル珈琲

絶賛焙煎中！

コーヒーウェーブの究極の GOAL
神楽坂とっておきのイベントコーヒーのお店
世界最高峰の優良生豆が勢ぞろい

今あなたがこの場で豆を選び
自分で焙煎《ばいせん》して自分で挽《ひ》いて自分で淹《い》れる

もうこれ以上はない最高の旨さと楽しさ！

あなたは今ここから
最高の珈琲 ENJOY マイスターになります！

《不定期営業中》

◉イッテル珈琲（コーヒーとラドン浴空間）
http://www.itterucoffee.com/
ご営業日はホームページの
《営業カレンダー》よりご確認ください。

イッテル珈琲
〒162-0825　東京都新宿区神楽坂 3-6-22　THE ROOM 4 F

ヒカルランド　好評既刊!

地上の星☆ヒカルランド　銀河より届く愛と叡智の宅配便

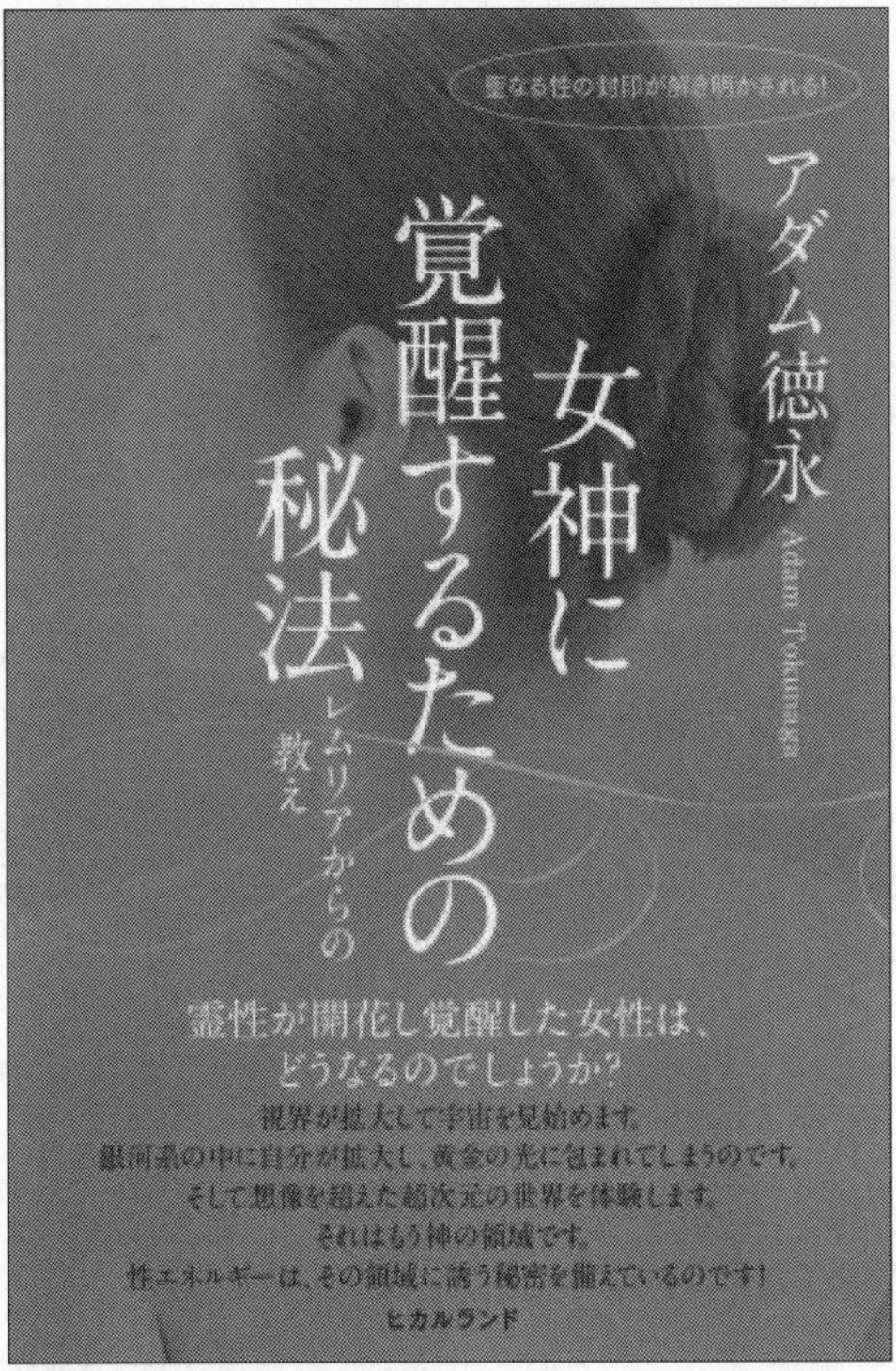

聖なる性の封印が解き明かされる!
女神に覚醒するための秘法
レムリアからの教え
著者：アダム徳永
四六ソフト　本体 1,800円+税

ヒカルランド　好評既刊！

地上の星☆ヒカルランド　銀河より届く愛と叡智の宅配便

戦場サバイバルから生まれた
人体物理式超越施術
著者：服部修身
四六ソフト　本体 2,000円+税

ヒカルランド　好評既刊！

地上の星☆ヒカルランド　銀河より届く愛と叡智の宅配便

神脈と天命につながる
浄化のコトダマ
著者：つだあゆこ
四六ソフト　本体1,900円+税

ウォークインが
教える宇宙の真理
著者：のりこ
四六ソフト　本体1,700円+税

サイン
著者：ローラ・リン・ジャクソン
訳者：田元明日菜
四六ソフト　本体3,600円+税

自愛は最速の地球蘇生
著者：白鳥 哲
四六ソフト　本体2,000円+税

生理・子宮・卵巣・骨盤を
自分で良くする
『女子の神５』メソッド
著者：三雅
四六ソフト　本体1,500円+税

レイキ（靈氣）
人生を見つめ直す最高のタイミング
著者：中島めぐみ
四六ソフト　本体1,800円+税

ヒカルランド　好評既刊！

地上の星☆ヒカルランド　銀河より届く愛と叡智の宅配便

チャクラ・リチュアルズ
著者：クリスティ・クリステンセン
訳者：田元明日菜
A5ソフト　本体2,700円+税

古代のWi-Fi【ピンク法螺貝】のすべて
著者：りーこワケワケ
四六ソフト　本体1,600円+税

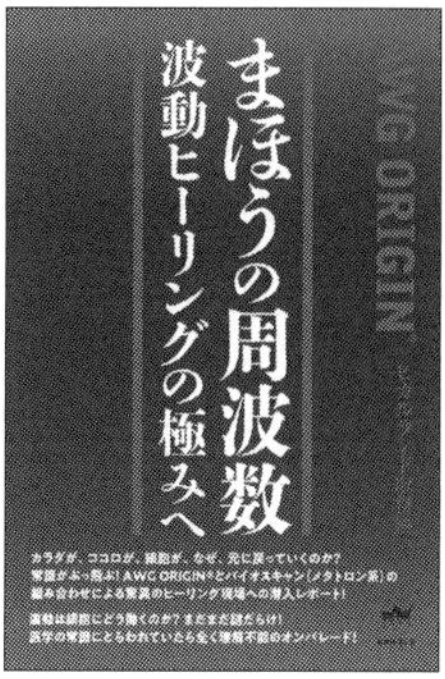

まほうの周波数
波動ヒーリングの極みへ
著者：ヒカルランド取材班
四六ソフト　本体2,200円+税

究極のCBD【奇跡のホップ】のすべて
著者：上古眞理／蒲生展之
四六ソフト　本体1,800円+税

シンクロニシティカード《完全活用》バイブル
著者：FUMITO＆LICA
四六ソフト　本体1,800円+税

【パワーアップ版】
根源神エナジーヒーリング
著者：岡部公則
四六ソフト　本体2,000円+税

ヒカルランド　好評既刊！

地上の星☆ヒカルランド　銀河より届く愛と叡智の宅配便

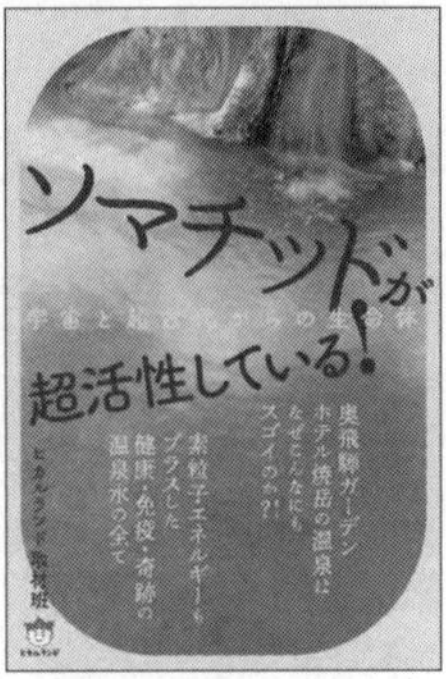

宇宙と超古代からの生命体
ソマチッドが超活性している！
著者：ヒカルランド取材班
四六ソフト　本体 1,800円+税

やはり、宇宙最強！？
蘇生の靈草【マコモ伝説】のすべて
著者：大沢貞敦
四六ソフト　本体 1,700円+税

長寿の秘訣
松葉健康法
待望の名著、ついに復刻！
著者：高嶋雄三郎
四六ソフト　本体 2,400円+税

[復刻版] 医療殺戮
著者：ユースタス・マリンズ
監修：内海 聡
訳者：天童竺丸
四六ソフト　本体 3,000円+税

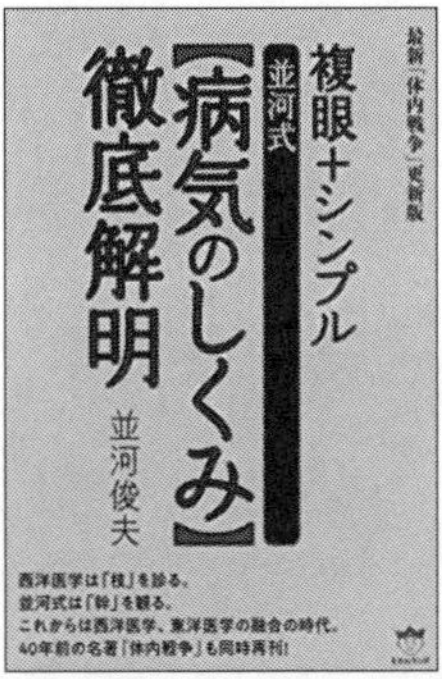

複眼+シンプル【並河式病気のしくみ】徹底解明
著者：並河俊夫
四六ハード　本体 1,800円+税

[超復刻版]
体内戦争
著者：並河俊夫
四六ソフト　本体 3,000円+税

ヒカルランド　好評既刊！

地上の星☆ヒカルランド　銀河より届く愛と叡智の宅配便

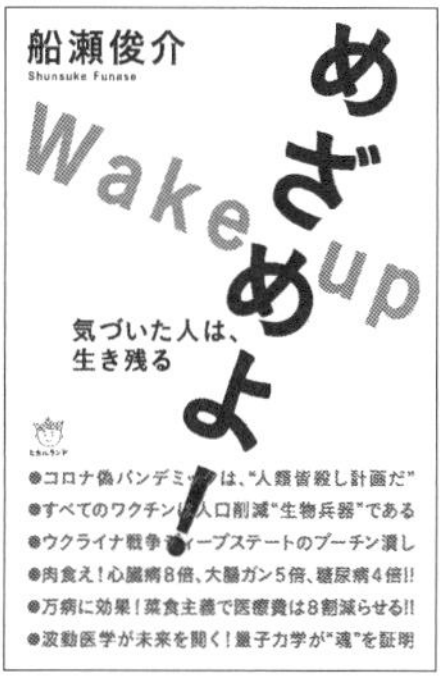

めざめよ！
著者：船瀬俊介
四六ソフト　本体2,000円+税

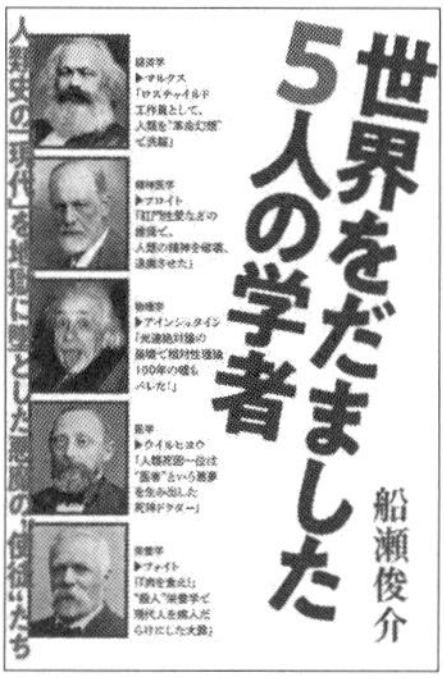

世界をだました５人の学者
人類史の「現代」を地獄に堕とした悪魔の"使徒"たち
著者：船瀬俊介
四六ソフト　本体 2,500円+税

コロナは、ウイルスは、感染ではなかった！
電磁波（電波曝露）の超不都合な真実
著者：菊川征司
四六ソフト　本体 2,000円+税

身体と心と建物の免疫力を高める！
「免疫力の家」16の秘密
著者：伊豆山幸男
四六ソフト　本体 2,000円+税

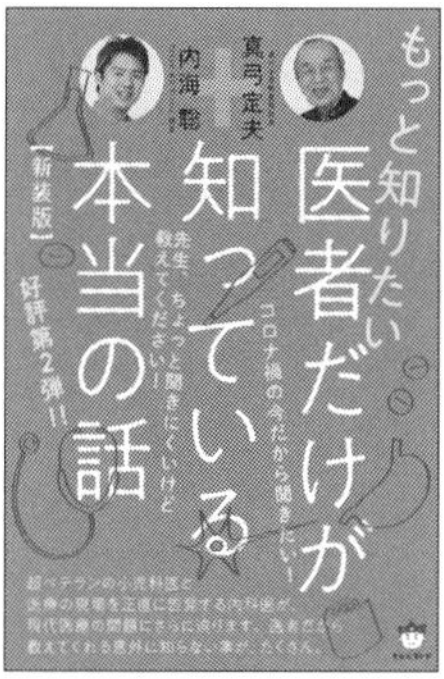

【新装版】もっと知りたい
医者だけが知っている本当の話
著者：内海 聡／真弓定夫
四六ソフト　本体 1,700円+税

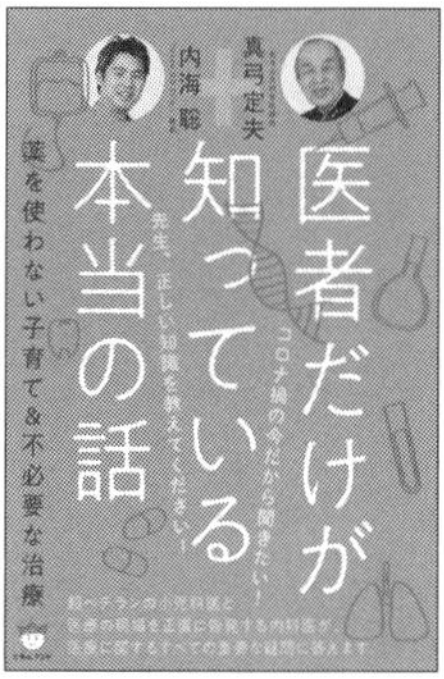

【新装版】
医者だけが知っている本当の話
著者：内海 聡／真弓定夫
四六ソフト　本体1,700円+税

ヒカルランド　光田 秀の本 好評既刊&近刊予告！

地上の星☆ヒカルランド　銀河より届く愛と叡智の宅配便

エドガー・ケイシー療法の本！

エドガー・ケイシー療法のすべて 1
皮膚疾患／プレ・レクチャーから
特別収録
著者：光田 秀
四六ハード　本体 2,000円+税

エドガー・ケイシー療法のすべて 2
がん
著者：光田 秀
四六ハード　本体 2,000円+税

エドガー・ケイシー療法のすべて 3
成人病／免疫疾患
著者：光田 秀
四六ハード　本体 2,000円+税

エドガー・ケイシー療法のすべて 4
神経疾患Ⅰ／神経疾患Ⅱ
著者：光田 秀
四六ハード　本体 2,000円+税

エドガー・ケイシー療法のすべて 5
婦人科疾患
著者：光田 秀
四六ハード　本体 2,000円+税

エドガー・ケイシー療法のすべて 6
美容法
著者：光田 秀
四六ハード　予価 2,000円+税